U0449143

学校课程发展丛书
丛书主编 李正 杨四耕

学校课程与文化变革

段立群 主编

华东师范大学出版社
·上海·

图书在版编目(CIP)数据

学校课程与文化变革/段立群主编. —上海：华东师范大学出版社,2019
(学校课程发展丛书)
ISBN 978-7-5675-9343-5

Ⅰ.①学… Ⅱ.①段… Ⅲ.①中小学-课程建设-研究 Ⅳ.①G632.3

中国版本图书馆 CIP 数据核字(2019)第 182972 号

学校课程发展丛书
学校课程与文化变革

丛书主编	李　正　杨四耕
主　编	段立群
责任编辑	刘　佳
项目编辑	林青荻
特约审读	施寿华
责任校对	孙彤彤
装帧设计	卢晓红

出版发行	华东师范大学出版社
社　址	上海市中山北路3663号　邮编 200062
网　址	www.ecnupress.com.cn
电　话	021-60821666　行政传真 021-62572105
客服电话	021-62865537　门市(邮购)电话 021-62869887
地　址	上海市中山北路3663号华东师范大学校内先锋路口
网　店	http://hdsdcbs.tmall.com
印 刷 者	上海华顿书刊印刷有限公司
开　本	787×1092　16开
印　张	17.75
字　数	277千字
版　次	2019年10月第1版
印　次	2021年3月第3次
书　号	ISBN 978-7-5675-9343-5
定　价	52.00元

出 版 人　王　焰

(如发现本版图书有印订质量问题，请寄回本社客服中心调换或电话021-62865537联系)

丛书编委会

主编
李　正　杨四耕

成员
李　正　杨四耕　田彩霞　王德峰
高德圆　胡培林　李荣成　曹鹏举
段立群　张燕丽　孙　鹏　张元双

本书编委会

主 编
段立群

副主编
张燕丽 孙 鹏

编 委
刘 辉 王小蔷 赵纪军 陈喜顺 徐建志 焦 憬
孙冬梅 段立群 张燕丽 孙 鹏 苏少华

丛书总序

课程改变，学校改变

学校课程变革有三种形态：一是1.0，这种形态的课程变革，以课程门类的增减为标志，学校会开发一门一门的校本课程，并不断增减；二是2.0，这种形态的课程变革，学校会围绕某一特定的办学特色或项目特色，开发相应的特色课程群；三是3.0，此种形态的课程变革，学校课程发展以多维联动、有逻辑的课程体系为标志，这是文化创生形态的课程变革。

学校如何迈进3.0课程变革？我们在郑州市金水区中小学与幼儿园进行了多维度的探索与实践，得出了一些规律，有了一些感悟和体会。

1. 家底清晰化：很多时候起点决定了终点

发展是既定基础上的再提升，学校课程深度变革必须清晰"家底"。根据各种不同的办学基础给学校课程发展准确定位，是迈向3.0的学校课程变革所面临的首要任务。我们运用SWOT（强项、弱项、机遇、危机）分析，对学校的地理环境、在地文化、政策环境、课程现状、行政领导、学生需求、教师现状等因素分别进行SWOT分析，把握学校课程发展的优势与问题所在。同时，我们注重课程发展思路的研究，把破解影响当前学校课程发展的热点、难点问题，特别是制约课程发展的重大问题，贯穿于调研过程的始终，以增强课程发展情境研究的宏观性、针对性和实践性，以准确合理的目标体系引导学校课程变革，切实做到清晰把握学校课程发展的"起点"。须知，很多时候起点决定了终点。

2. 愿景具象化：让课程哲学映照鲜活的实践

课程愿景是学校课程使命的具象，是与学校教育价值观联系的、可以调动师生情感的图景。如果说，目标提供过程的满足，那么愿景则提供事业的动力。推进学校课程深度变革,我们需要明确学校的课程愿景,并将课程愿景具象化。学校可以用具象化的方式想象课程、观察课程、思考课程、分析课程、建构课程。当我们在与师生沟通的时候,要善于用具象化的愿景去说明学校课程究竟是为什么、是什么以及怎么做。我的体会是:"课程即品茶,需哲思;课程即吟诗,需想象;课程即力行,需实践。"人们总是会被伟大的愿景所感动。校长要善于把抽象的东西表现得具体些,把看不见的、不容易理解的东西变得看得见、容易理解,让学校课程理念带着一股清香,透着一种诗意,变成激发师生的动力和情愫。推进学校课程变革,您所要做的便是找到大家信奉的课程哲学,并用课程哲学映照课程变革实践。

3. 结构图谱化:改变课程的碎片化格局

如果把课程视为书本,孩子们可能会成为书呆子;如果把课程视为整个世界,孩子们可能会拥有驾驭世界的力量。为此,每一所学校都应致力建构丰富的"课程图谱"。按照一定的逻辑,理顺学校课程纵向与横向关系是学校课程变革需要审慎思考的问题。在横向上,如何将学校课程按照一定的标准进行合理地分类;在纵向上,如何将学校课程按照年级分为不同层级,努力形成一个适应不同年龄阶段的孩子的课程阶梯。具体地说,在横向上,重构学校课程分类,让孩子们分门别类地学习把握完整的世界之格局;在纵向上,强调按先后顺序,由简至繁,从已知到未知,从具体到抽象,保持学校课程的整体连贯。这样,我们就可以形成天然的、严密的学校课程"肌理",让课程有逻辑地、立体地"落地",这样有利于克服课程碎片化、大杂烩问题。

4. 类群聚焦化:聚焦核心素养建构课程群

类群聚焦化,也就是围绕核心素养建构课程群。什么是课程群?课程群是以特定的素养结构为目标,由若干门性质相关或相近的单门课程组成的一个结构合理、层次清晰、彼此连接、相互配合、深度呼应的连环式课程集群。课程群是一种思维,是一种工具,是一种面向碎片化课程的思维方法和操作工具。随着核心素养的倡导,课程改革越来越要求考虑学生素养发展的完整性,课程群构建已成为中小学深化课程改革、优化课程设计的一条有效途径。中小学构建课程群需要关注四点。首先,聚焦目标。聚焦核心素养,聚焦育人目标,聚焦课程目标,是课程群建设的首要原则。课程群建设必须密切关注学生的核心素养,优先发展对某项目标具有关键的支持作用的课程。其次,建构链条。也就是确定课程群内各门课程的相关性,课程之间纵向衔接与横向联系,以及自成体系。再次,组合搭配。课程群是具有关联关系的课程之组合与搭配。在涉及课程序列的安排上,关键是要找到"课程时序"上的衔接点,即根据学时的配比度与开课时序,各门课程在整体中的位置、地位和作用,从系统的观点出发来安排课程。通过标明课程之间的内在关系、课程开设的先后顺序、课程时量等逻辑关系来描述课程之间的内在关系,经过这样的组合搭配,有助于揭示课程之间的重复、脱节、断线和时序安排上的不合理现象。最后,整合优化。课程群是一个基于特定目标而组织化了的课程系统,仅仅把几门有逻辑联系的课程召集一处,只是一个"课程集合"。只有课程间完成了相关整合,成为一个体系,实现课程功能的优化,才能称之为"课程群"。因此,课程群建设应将重心放在相关课程之间内容的整合以及功能的优化上。

5. 内容整合化:还原完整世界的真实面貌

课程是浓缩的世界图景。3.0的课程是富有统整感的课程,是多维连结与互动的课程。不论是学科课程的特色化拓展,还是主题课程的多学科聚焦,都应尽可能回到完整的世界图景上来,努力将关联性与整合性演绎得淋漓尽致,让孩子们领略"世界图景"的完整结构。一般地说,课程整合有两种常见方式:一是射线式整合,即以学科知识为圆点,根据知识的内在逻辑联系而进行多维拓展与延伸;二是聚焦式整合,即以特定资源为主题,多学科、多活动聚焦,以加强孩子们与社会生活的多学科关联与整合。从表现形式来看,既有学科内统整,又有学科间统整;既有跨学科统整,又有学科与活动统整,以及校内与校外统整等。

6. 操作手册化:让课程变革变得易于操作

学校课程变革应是多维主体参与的变革。如何让师生参与、家长参与,需要一套可以清晰告知如何操作的课程资料来指导的。我们倡导的学校课程指南就是学校课程手册化的一种做法。一所学校的课程指南包含如下内容:学校简要介绍、学校课程理念、学校课程目标、学校课程图谱、学校课程项目(将每一门课程的纲要精炼地呈现出来)。

7. 实施立体化:整个世界都是教室

英国课程学者斯基尔贝克说:"设计课程的最佳场所在学生和教师相处的地方。"的确,我们让孩子们采用多样的、活跃的学习方式,如行走学习、指尖学习、群聊学习、圆桌学习、众筹学习、搜索学习、聚焦学习、触点学习、实作学习、仪式学习……但凡孩子们在生活世界里精彩纷呈、活跃异常的"做事"方式,都是课程实施与学习的可能方式。须知,课程实施不仅仅是那些概念化了的"自主、合作、探究"。杜威说:"一切学习来自经验。"实践、沉浸、对话、互动、参与、体验是课程最活跃、最富灵性的形式,也是课程实施的最重要方法。重视孩子们直接经验的获得,让孩子们亲近自然,走进社会,通过一系列的实践活动,扩充和丰富孩子们的经验和见识,是 3.0 课程的重要表征。

8. 经验模型化:有逻辑地推进学校课程变革

一所优质学校应该有自己的课程模式,应该建构基于特定课程哲学而组织化了的课程系统,将各课程有机地结合成一个联系紧密的、有逻辑的育人图景。学校课程哲学、课程结构、课程功能、课程实施及课程管理与评价是课程模式不可或缺的构成要素。其中,学校课程哲学是课程模式的灵魂,课程功能和课程结构框架是课程模式的主体内容,课程实施是课程模式的必要落实,课程管理与评价是课程模式的基本保障。建构学校独特的课程模式,是由学校内涵提升与特色发展的要求所决定的。学校课程变革要运用系统思维把自己的经验模型化,形成自己独特的课程模式。一所学校构建了自己的课程模式,并有逻辑地推进课程变革,学校课程发展就会出现不一样的格局,学校发展就会呈现不一样的态势。在郑州金水,我们看到的结果是:课程改变,学校改变;课程灿烂,学校灿烂!

学校课程发展丛书是郑州市金水区教育体育局和郑州未来教育研究院以及全国品质课程联盟团队通力合作的成果,是"品质课程"区域探索与实践的又一个成功例证。

祝愿金水教育的明天更灿烂!

杨四耕

2019 年 7 月 5 日于上海市教育科学研究院

目 录

前言 / 1

第一章　课程旨趣：让每一个生命更加灿烂 / 1

乌申斯基说："教育的主要目的在于使学生获得幸福。"每一个孩子都是优秀的，都是一朵等待绽放的花朵。学校课程建设，就是要给孩子成长提供合适的土壤、阳光、养料和环境，让孩子自然地、不断地生长，让其绽放独特的美，使他成长得更加优秀。课程的价值追求就是生命的成长，课程的展开过程就是师生以其本真状态投入生命的过程。因此，个体生命呈现出的所有场景都是课程，包括孩子的足迹以及人际关系所在。课程应注重从孩子的足迹和人际关系入手，发现课程、设计课程，让孩子在真实的生命成长过程中得到发展。学校课程旨在为孩子的卓越发展服务，让每个孩子心强体健，让每个孩子涵养气质，让每个孩子张扬个性，让每个孩子走向优秀，让每一个生命更加灿烂。

大拇指课程：优秀，在这里生长　／ 2

第二章　课程哲学：学校文化上空的一盏明灯 / 43

课程哲学来源于学校的历史背景和文化理念，对学校课程建设具有明确的方向性指导作用。学校课程哲学是学校的课程价值观，是学校对自身课程及其发展定位的一种理解,因此,学校课程建设应基于学校课程哲学。学校文化是一种氛围,更是一种精神,它是学校发展的灵魂所在。校园场域内的一草一木,无不彰显着对教育的深刻理解,如同空气一般,无处不在、无时不在,在整个学校场域内,影响着在该场域下的个体,使得每个走进校园里的学生和教师感受得到令人肃然起敬而心向往之的氛围。课程哲学,是课程生活中自然流淌着的生命,是照耀在学校文化上空的一盏明灯。

暖记忆课程:让每一个生命得到温暖的滋养　　/ 44

第三章　课程愿景:从现在开始孕育美好未来　　/ 85

斯宾塞认为:教育即为未来人的完美生活做准备。学校课程愿景旨在充分表达让学习者作为一个具有生命意义的个体,即作为一个真实的人在课程内容方面的领悟、知识生成方式的选择、课程评价手段的自我调控的主体身份,让学生真正感受到作为一个独特的个体,拥有与课程知识相遇时的美丽和生动。学校课程愿景从广度和深度上丰富了学校课程,让孩子在课程中调动起每一个细胞的活力与智慧,能够大胆地去追寻自我,展现自我,唤醒生命中的灵性,发出耀眼的光芒。每个孩子都有着一种生命的创造冲动,课程呵护着它、关怀着它;课程唤醒着孩子个体的生命,孕育着每一个孩子美好的未来。

美之约课程:与美相约　向美而行　　/ 86

第四章　课程组织:让学习的逻辑清晰可见　　/ 117

依据学校独特的教育哲学和办学理念,在梳理现有课程的基础上,富有针对性地组织学校课程。在课程组织内容上,关注科学与探索、运动与健康、艺术与审美、语言与人文、逻辑与思维和自我与社会六大核心素养。同时由偏重学生个体的被动接受转向引导其主动探究，尤为强调作为学习者的主动介入。研究和挖掘更为丰富的学习环境，让学生在蕴含广阔而丰富的学校课程组织中进行自主探索、主动探究，进而习得经验、生成知识、建构知识体系,在建构性的学校课程组织中匹配个体学习的最佳途径。也正因此,课程组织让学习的逻辑清晰可见。

艺美课程：邂逅一场唯美的生命之旅　／118

第五章　课程图谱：基于关键素养的学习革命　／149

以文化融合为载体，以促进学生发展为核心，立足于核心素养培育,构建结构严谨的课程图谱。就学校课程而言，在横向上聚焦学校课程的分类，方便学生们把握完整世界格局；在纵向上，由简单到复杂，从已知到未知，从具体到抽象，勾勒出一个适应不同年龄阶段孩子的连贯的课程阶梯，最终形成基于核心素养层面的科学而又严密的学校课程体系。课程图谱，融通生活、重塑个体生命、满足个性发展、促进个体智慧提升，逐步实现从满足标准到满足个体需求的转型，完成基于关键素养的学习之革命。

小水滴课程：让每个孩子成为温润的小水滴　／150

第六章　课程实施：学习方式深度变革的证据　／183

学校课程的有效实施离不开良好的环境，未来社会是急剧变革的社会,学校课程亦应该做出相应的调整。在这之中，学生由过去的被动接受逐渐转变为在新的学校课程氛围中自主探索、主动探究，在具体的实践活动中获得经验的增长和知识的自我建构，逐渐在经验累积的基础上建构起知识框架，获得适合自己的学习方式,并不断提升自我学习能力。合作学习、探究学习、场馆学习、赛事学习、行走学习、项目学习……丰富多样而灵活有趣的课程实施方式,已成为学习方式深度变革的有力证据,为个体积蓄成长的力量,为未来幸福生活奠基。

智立方课程：融通生活养灵性　纵情学海增智慧　/ 184

第七章　课程文化:"会话"的确证与主体的张扬　/ 229

　　课程是文化的载体,是一种复杂意义的会话,在会话的过程中逐渐理解并达成共识。学校课程变革,归根结底是不断挖掘和丰富人的文化实践。学校课程是其教育哲学、办学理念和办学特色等在"会话"过程中的进一步融合和集中体现,因此,每一所学校都有着自己独特的课程文化。立足于学生发展的必备品格和关键能力,最大限度地满足叙述发展上的各种不同层次和水平的需要,彰显学生的主体意识,张扬学生的个性潜能。通过设计科学合理的学校课程体系,丰富和拓展人的文化实践,促进学校文化的建设与发展,使学校文化力得以充分释放。

花自开课程：成就师生最灿烂的人生价值　/ 230

后记　/ 262

前　言

学校文化是一种氛围,更是一种精神,它是学校发展的灵魂所在。校园场域内的一草一木,无不彰显着对教育的深刻理解。如同空气一般,无处不在、无时不在,在整个学校场域内,影响着在该场域下的每一个个体,使得每个走进校园里的学生和教师感受到令人肃然起敬而心向往之的氛围。

一线学校聚焦于学校课程建设,这是学校迈向卓越的必由之路。以课程建设为基石,并与学校文化紧密相连,聚焦文化精细管理、课堂精准转型、课堂精美成长与师生精彩收获,强化创新驱动发展,涵育学生核心素养,坚定学校教育自信,促使课程成为教育综合改革的闪亮标识。通过学校课程变革塑造学校特色文化,并且由学校特色文化引领学校课程变革。学校课程文化变革,归根结底是通过不同形式不断挖掘和丰富人的文化实践活动。

从杜威的实用主义教育思想看出基于经验下课程开发的迫切性。课程作为教育活动的核心组成部分,必须充分考虑到学习者的实际生活,课程一旦脱离了生活则不能称之为真正的教育。其次,个体学习的过程是学习者经验积累的过程,并且课程关照学习者生活的本质是关照学习者积累经验的过程。巴格莱亦认为,教育应传授人类文化发展过程中的共同经验和知识。由此,足见开发适合学生个体的学校课程之重要性。

由封闭走向开放,点燃个体梦想

过去,学校用围墙将自我与社会隔绝开来。而当下,学校不可能一如既往地保持封闭,原有的固守和封闭已经逐渐被科技和变革所冲破。学校在立足于促进学生全面发展的基础上,更多地以开放的心态积极面对周围社会迅速变迁的现实,做出自身的调整和改革,学校课程即是如此。学校的课程改革在开放中前进,点燃学生个体之梦想。在学校课程改革的过程中逐渐确立开放的学校文化,主动向家长和社区宣传学校课程的基本理念,更新家长的教育观念,从而使得学校、家庭、社区密切配合和优势互补,共同为学生的个性发展创造丰富的教育资源。

此外,学校课程在内部取向上,已经呈现出更多向师生开放的趋势,使得师生更多地交流彼此的感受与建议,学生个体能够主动地表达内心的困惑,主动寻求教师的帮助。学校已经越来越倾向于接受新事物,愿意尝试新的教与学的方式,愿意以开放的态度设计本校独特而又有魅力的学校课程,促使学校结构形态由宝塔型向扁平型转换,逐渐走向开放。教师引领学生根据学习主题,整合学习资源,采用多种学习方式,设计有针对性的跨界交叉活动,使得学生获取创新灵感,以期收获较好的学习效果,最终点燃个体之梦想。

由被动接受走向主动探究,积蓄成长的力量

未来社会是急剧变革的社会,学校在内部和外部不断变化的环境下必须注重研究,追求创新。因此,在这一阶段学校课程变革过程中,所关注的焦点由过去的被动接受逐渐转变为关注个体的主动探究。而学校课程在这之中,教师由过去课程的执行者转变为课程的研制者和开发者,在立足于学生核心素养的基础上,对学校课程进行全新的理解。而学生也由过去的被动接受,转变为在新的学校课程氛围中自主探索、主动探究,在具体的实践活动中获得经验的增长和知识的自我建构。而学校课程变革便为个体积蓄成长的力量,为个体未来的幸福生活奠基。

新一轮的学校课程变革亦让我们感知到教育是有温度的。用温暖的心灵去感受学生的存在,用饱满的情感和积极的状态来感染孩子,让孩子的心灵充满温暖和阳光。一个小小的进步,一个小小的愿望,或者只是一个成长进行时的微笑,都来自孩子天真的童心,我们的教育就是要让如萌芽一般的孩子在课程中积蓄成长的力量。而独具特色的学校课程则触动学生个体的心灵,润泽人的生命,开启人的智慧。融教书育人为一体,纳知识与德性为一炉,彰显生命关怀,让每一个学生的生命都美丽绽放!

由竞争走向合作,引领每一个学生全面发展

学校所面临的课程变革本质是让教师和学生个体形成新的思考、新的方法、新的态度,进而通过自主探索和主动探究建构新的知识,培养个体思考问题、分析问题、解决问题的能力和方法。而如此种种在新一轮学校课程变革中体现尤为明显,能够更好地引领学生的个体发展。新一轮学校课程变革关注学生在合作的过程中获得经验和知识,在自主探索、快乐探究过程中引领学生个体的发展。

快乐是一种幸福的人生状态，是每个人永恒的追求。每一个孩子都是快乐的天使，都是一朵等待绽放的花朵。课程为孩子们打开认识世界的大门，带孩子们经历快乐美妙的学习之旅，让每一个孩子都沉浸其中，愉悦身心，流连忘返。而为学生量身定做的学校课程则为学生提供多元化、有层次、有选择的课程，让快乐滋养孩子的心田，让孩子的天性与智慧犹如太阳花沐浴着阳光般缤纷绽放。而在这之中，学生则化竞争为合作，通过和谐融洽、积极参与、自主探索到主动探究，在实践活动的基础上习得经验、建构知识、培养能力、引领个体全面发展。

教育的本质是生命与生命之间美妙的互动。用丰富的学校课程、适切的教学方式，在关注学生成长与发展的同时也关注教师本身的成长愿望和发展潜力。教师是学校课程得以落地的具体践行者，当学校多元的课程文化成为教师共同的价值追求的时候，教师的专业才得以进一步发展，才能够更好地引领学生的个性未来发展，真正实现育人育己、教学相长。

由单一走向丰富，彰显学校课程发展魅力

学校根据已有的文化积淀和特色基础，认真分析特色优势，准确定位学校特色，不断挖掘、整合各类课程资源，丰富学校课程设计，并形成具有学校鲜明特色的课程。学校课程由单一走向丰富，彰显出学校课程发展的魅力。

学校精神是一所学校在长期办学实践过程中创造并积淀所形成的。一所学校的精神不仅体现在学校的办学理念、校风校训、文化氛围、教师和学生的精神追求上，更反映在学校课程建设上。学校精神通过课程潜移默化地熏陶着师生的行为举止与精神面貌，通过课程润物细无声地滋润着师生的生命成长。在一定程度上，丰富而具有特色的学校课程建设从"突击"走向了"常态"，从关注"外显特征"走向了聚焦"内在特质"，使得学校精神等核心理念进一步提炼融合，升华为学校特色文化，给学校营造一个可持续发展的美好未来。

乌申斯基说："教育的主要目的在于使学生获得幸福。"[①]在学校课程哲学的引领下，课程旨在让每一个个体的生命更加灿烂，从现在开始孕育个体更加美好的未来。在这之中，学校逐渐形成了基于关键素养的学校课程变革，勾勒出了科学的特色课程

---

① 郑文樾选编.乌申斯基教育文选[M].北京：人民教育出版社，2007.08.

图谱;在遵循个体学习逻辑的基础上科学组织学校课程,对本土文化进行深度挖掘与巧用,丰富课程资源,引领个体学习方式的深度变革,充分张扬学习者的个性,丰富和拓展个体的文化实践,积蓄个体不断成长的力量,促进学校文化的建设与发展,使学校文化力得以充分释放。

第一章

课程旨趣：让每一个生命更加灿烂

乌申斯基说："教育的主要目的在于使学生获得幸福。"每一个孩子都是优秀的，都是一朵等待绽放的花朵。学校课程建设，就是要给孩子成长提供合适的土壤、阳光、养料和环境，让孩子自然地、不断地生长，让其绽放独特的美，使他成长得更加优秀。课程的价值追求就是生命的成长，课程的展开过程就是师生以其本真状态投入生命的过程。因此，个体生命呈现出的所有场景都是课程，包括孩子的足迹以及人际关系所在。课程应注重从孩子的足迹和人际关系入手，发现课程、设计课程，让孩子在真实的生命成长过程中得到发展。学校课程旨在为孩子的卓越发展服务，让每个孩子心强体健，让每个孩子涵养气质，让每个孩子张扬个性，让每个孩子走向优秀，让每一个生命更加灿烂。

大拇指课程：优秀，在这里生长

优于现在，胜于未来。优胜是师生追求，优胜是教育情怀。优胜是一路之名，优胜是一校之魂；优胜是莘莘学子的成长沃土，优胜是社会瞩目的优质品牌。"优教育"就是要唤醒孩子的潜能，把人的禀赋发展得尽可能地好，把人性的优秀品质在自己身上实现出来。它是优质、优异、优雅、优胜、优秀教育的体现，致力于让每一个孩子全面发展、张扬个性、涵养气质、更加强健优秀，为精彩纷呈的未来做好准备。

这里是书韵飘香的馨园，这里是雅言传承的乐园，这里是哺育英才的学园，这里是成就未来的家园，这里就是郑州市金水区优胜路小学。它创建于1950年，是一所历史悠久、底蕴丰厚的学校。物华天宝的中原大地，人杰地灵的首善之区，滋养着一代代优胜人茁壮成长。绿城名校毓秀钟灵，惟豫有才于斯为盛。学校现有教学班46个，学校教师中拥有研究生学历的有20余位，本科学历占98%；国家和省市级名师、学科带头人、首席教师、骨干教师50多名。园丁辛勤挥汗水，孕育百花万里香。学校的舞蹈队、合唱队多次走进央视频道；啦啦操队荣登国际舞台；央视主播张泽群、豫剧名家小香玉、一级评书演员赵维莉、网坛名将孙甜甜、跳远名将黄庚、足坛名将杜威、泳坛世界冠军宁泽涛……万名学子从这里走出，个个皆成国之栋梁。学校先后获得全国红旗大队、河南省德育先进单位、郑州市教育工作先进单位、文明单位等多项荣誉称号，在社会上享有了较高的声誉。

第一部分　学校课程哲学

优胜路小学的课程哲学是直面学校实际，在已有课程实施的基础上，基于学校历史和传统的个性表达。它是得到全体师生认同的独特的课程哲学理念。

一、学校教育哲学

学校确立了基于校名、校情的教育哲学:"优教育"。"优教育"的"优",取自校名"优胜路小学"中的"优"字。

教育是一种唤醒,是一种影响。基于个体实际,每天进步即为"优",认识自我即为"优",超越自我即为"优",彰显个性即为"优",欣赏他人即为"优"。

"优教育"就是要唤醒孩子的潜能,把人的禀赋发展得尽可能地好[①],把人性的优秀品质在自己身上展现出来。因此:

——"优教育"是优质的教育,致力于让每个孩子全面发展;

——"优教育"是优异的教育,致力于让每个孩子张扬个性;

——"优教育"是优雅的教育,致力于让每个孩子涵养气质;

——"优教育"是优胜的教育,致力于让每个孩子更加强健;

——"优教育"是优秀的教育,致力于让每个孩子更加优秀。

基于此,我们将学校的办学理念确定为:让每个孩子成为更加优秀的自己。

我们坚信,每一个生命都是优秀的;

我们坚信,每一个生命都是独一无二的;

我们坚信,教育能够发现每一个孩子的优势;

我们坚信,让每一个孩子更优秀的地方是学校;

我们坚信,彰显每一个孩子的优势是教育的最美姿态;

我们坚信,让每一个孩子认识到自己与他人的价值是教师的神圣使命。

二、学校课程理念

每一个孩子都是优秀的,都是一朵等待绽放的花朵。学校课程建设,就是要给孩子提供适合的土壤、阳光、养料和环境,让孩子自然地、不断地生长,就一定能够绽放他独特的美,就一定能够使他成长得更加优秀。我们认为,优秀是孩子在课程学习的过程中,自然而然地、不断生长着的。因此,我们将学校的课程理念确定为:优秀,在这里生长。这意味着:

——**课程是优秀的滋养**。学校为孩子们提供的课程,是孩子们成为优秀所需的多

---

① 周国平著.生当优秀[M].北京:求真出版社,2012.01.

种营养。同时，每一个孩子都是独特的，他们所必需的营养也是因人而异的，他们有自主选择营养的权利和机会。优秀而丰富的课程如春之雨露、夏之清风、冬之暖阳，为的是每一个孩子的秋之收获。

——课程是生命的场景。课程的价值追求就是生命的成长。课程的展开过程就是师生以其本真状态投入生命的过程。因此，生命呈现出的所有场景都是课程，包括孩子的足迹所在，以及人际关系所在。课程应注重从孩子的足迹所在和人际关系所在入手，发现课程，设计课程，让孩子在真实的生命成长过程中得到发展。

——课程是丰富的经历。经历让孩子们变得优秀。课程旨在为孩子提供各种各样经历的机会和平台，在互动交流中、在体验操作中、在角色演练中获得发展。

——课程是个性的丰满。每一个孩子都是独一无二的，每一个孩子都是优秀的。优秀的课程是为了更好地帮助孩子认识自己，发现自己的优势。同时，课程也会为孩子提供展示的舞台，让每一个孩子展示自信、张扬个性。

总之，我们要为每一个优秀的孩子点赞，我们要为每一个优秀的孩子竖起大拇指。大拇指代表着优秀、代表着欣赏、代表着鼓励、代表着生长，因此，我们将"优教育"下的优胜路小学课程模式命名为"大拇指课程"。

第二部分　学校课程目标

学校课程哲学是为实现育人目标服务的，所以确定学校课程目标，必须要先明晰学校育人目标。

一、学校育人目标

优胜路小学培养仁善、睿智、健康、优雅的优胜学子。具体如下：

——仁善：懂感恩，乐助人；

——睿智：爱学习，善思考；

——健康：勤健身，有自信；

——优雅：广兴趣，会审美。

二、学校课程目标

为了实现培养目标,我们将"仁善、睿智、健康、优雅"的培养目标进行了细化,形成了低中高年级的分年段课程目标。具体如下(见表1-1)。

表1-1 金水区优胜路小学年段课程目标

育人目标＼课程目标＼年级	低年级	中年级	高年级
仁善	懂礼貌,尊敬老师,孝敬父母、长辈,团结同学;喜爱班集体,愿意为集体服务;热爱校园环境,讲究卫生,爱护公物;遵守学校纪律,听从老师的教导;勤奋学习,自己的事情自己做。	爱祖国、爱家乡、爱科学、爱劳动;遵守校规校纪和社会公德,能自觉以《行为规范》来约束自己的言行;树立环保意识,能积极参加劳动,勤俭节约、不攀比;懂得尊重老师,孝敬长辈,能和谐、融洽地与人相处;拥有良好的意志品格和活泼开朗的性格。	初步具有爱祖国、爱人民、爱劳动、爱科学、爱社会主义的思想情感和良好的品德;具有遵守社会公德的意识和文明行为习惯;拥有良好的意志品质和活泼开朗的性格;能够帮助别人,愿意为集体服务;为使学生成为有理想、有道德、有文化、有纪律的社会主义公民,打下初步的基础。
睿智	喜欢学校和学习,努力养成听说读写的良好习惯,能就感兴趣的内容提出问题。乐于参与讨论,并发表自己的观点,遇到自己不懂的问题大胆主动地提问,并能做到声音响亮。	热爱学校和学习,形成浓厚的学习兴趣,并有主动学习的愿望,养成良好的听说读写的学习习惯,能发现学习和生活中的问题,并有目的地搜集资料、共同讨论,解决问题。在与人交往中,认真倾听,并能就不理解的地方向人请教,就不同意见与人商讨。	热爱学校,乐于学习,养成良好的学习习惯,具备初步的自主学习能力。能够通过自主探究、讨论分享、搜集资料等方式,运用所学知识,解决学习和生活中的问题。与人交往中,勇于发表自己与众不同的观点。能够根据交流的对象和场合,稍作准备,即兴发言。
健康	积极参与体育活动;初步掌握简单的技术动作,感受到体育活动给自己的生活带来的乐趣。会玩1—2项体育运动游戏。	形成参与运动的兴趣和爱好,形成坚持锻炼的习惯,形成健康的生活方式,基本掌握1—2项体育技能。	能积极参加体育活动,动作协调。形成灵敏、力量、耐力、协调等身体素质,体魄强健。通过国家体质健康测试,掌握3—4项体育运动技能,并成为特长项目。
优雅	积极参与艺术活动,感受艺术活动给自己带来的愉悦情绪。	欣赏名家作品,感悟经典,有一定的欣赏美、鉴赏美的能力。	热爱艺术,具备艺术方面的综合素养和能力,丰富艺术底蕴。

第三部分　学校课程体系

学校以"大拇指课程"为抓手,致力于实现培养"仁善、睿智、健康、优雅"的优胜学子的育人目标,因此,建构了学校"大拇指课程"的课程体系。

一、学校课程逻辑

学校基于"优教育"的教育哲学以及学校课程目标,设置了"大拇指课程"课程体系,包括修身、语言、思维、艺术、健康五大类课程。以下是"大拇指课程"逻辑示意图(见图1-1)。

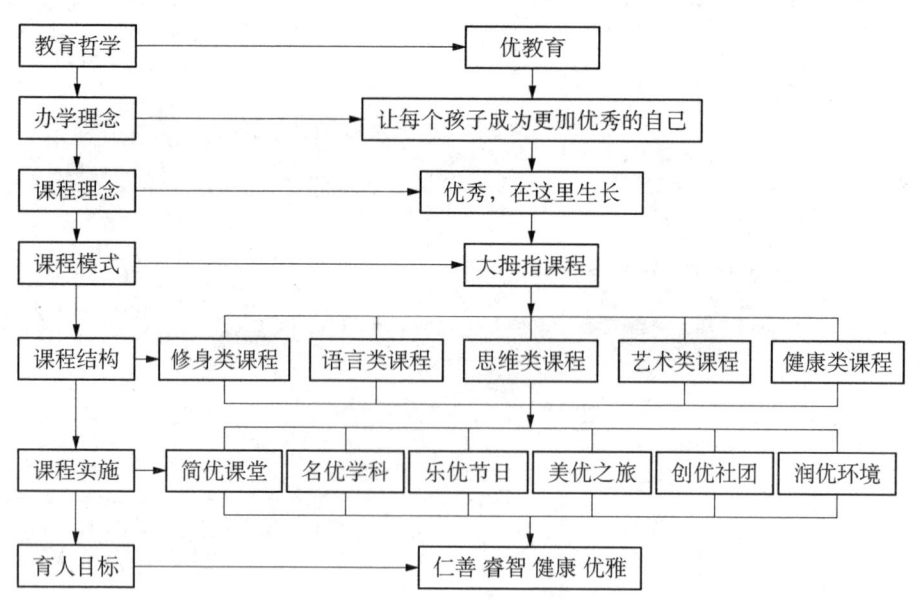

```
教育哲学 ────────────→ 优教育
办学理念 ────────────→ 让每个孩子成为更加优秀的自己
课程理念 ────────────→ 优秀,在这里生长
课程模式 ────────────→ 大拇指课程
课程结构 ──→ 修身类课程 语言类课程 思维类课程 艺术类课程 健康类课程
课程实施 ──→ 简优课堂 名优学科 乐优节日 美优之旅 创优社团 润优环境
育人目标 ────────────→ 仁善 睿智 健康 优雅
```

图1-1　金水区优胜路小学"大拇指课程"逻辑示意图

二、学校课程结构

每个孩子都有自己的特点,有自己独特的需求,那么不同的人要有不同的课程来实现"成为更加优秀的自己"的发展目标,因此,"大拇指课程"分为健康、修身、语言、思

维、艺术五大类,结构如下(见图1-2)。

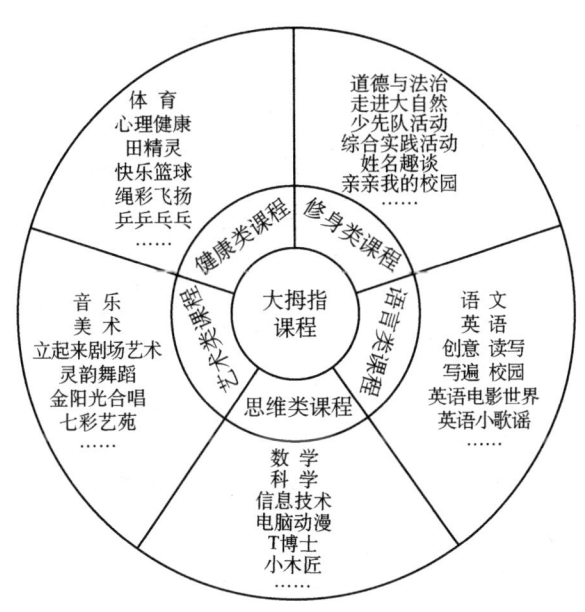

图1-2 金水区优胜路小学"大拇指课程"结构图

三、学校课程设置

根据"大拇指课程"立足学生需求,结合学校课程资源,对课程的内容体系进行系统设置(见表1-2)。

表1-2 金水区优胜路小学课程设置表

年级/学期	课程	修身类课程	语言类课程	艺术类课程	思维类课程	健康类课程
一年级	上学期	道德与法治 少先队活动 综合实践活动 亲亲我的校园 走进动物园 走进昆虫馆 浓浓的亲情 新年新气象	语文 乐识拼音 书艺入门 慧吟字经 亲亲校园 最美童谣 问祖寻根 豫之四季	音乐 美术 彩线漫游 五彩的梦 创意点心 多彩的农民画 来看音乐树 我来听	数学 科学 快乐计算 玩转扑克 立体之美 世界之窗 神奇的数 算式之谜	体育 安全与健康 心理健康 快乐"∞" 独脚兽1 投石小车1 小兔乖乖 乒乓乓乓

(续表)

年级/学期	课程	修身类课程	语言类课程	艺术类课程	思维类课程	健康类课程
		祖国我爱你 传统节日 现代节日 特色节日	拼音节 书的诞生	来唱游 打击乐认一认 卡农小练习	走进超市 祖先识数 "豆"你玩 厨房大探秘 五彩泡泡堂 来磁一乐 探寻蚂蚁的家 走进大自然 太阳与方向	爱拉伸1 小憩的眼睛 自然快跑 宝贝站好
	下学期	道德与法治 少先队活动 综合实践活动 我是少先队员 走进大自然 走进公园 我的小心愿 传统节日 现代节日 特色节日	语文 拼读识字 文字地图 歌唱诗词 校园导游 动听的诗 趣味姓氏 豫之昼夜 汉字节 童年书馆	音乐 美术 春如线 拼绘四季 动物乐园 智趣伙伴 会看音乐树 我会听 会唱游 打击乐敲一敲	数学 科学 计算能手 数学迷宫 换位思考 魅力七巧板 快乐跳绳 数字奥秘 送图书回家 数学之缘 神奇的溶解 七彩风车节 空气在哪里 植物大讲堂 变脸的月亮 太阳与生活	体育 安全与健康 心理健康 四足动物 翻滚吧宝贝1 乒乓乓乓 贪吃小蛇 跳舞的手指 宝贝站好
二年级	上学期	道德与法治 少先队活动 综合实践活动 生日大party 走进图书馆 回声之路 我们的学校 传统节日 现代节日 特色节日	语文 书艺笔画 初始结构 启迪古韵 校园童谣 魅力童话 乡音乡语 豫之节气 绘本节 书的海洋	音乐 美术 缠绕童话屋 缤纷世界 纸立大象 齐白石 了解音乐树 从听到认 来表演 打击乐我会敲 单音节音程 金阳光合唱 灵韵舞蹈 百变皱纹纸 漫世界	数学 科学 跳方格 有趣的人民币 美丽的图案 班级小管家 我是购票员 古人身上的尺子 探秘磁铁 动物小达人 动物节 走进大自然 小小设计师	体育 安全与健康 心理健康 赶"猪"跑 毽无虚发 健步如飞 反转世界1 爱拉伸2 节奏节奏 宝贝站好

第一章　课程旨趣：让每一个生命更加灿烂

(续表)

年级/学期		修身类课程	语言类课程	艺术类课程	思维类课程	健康类课程
	下学期	道德与法治 少先队活动 综合实践活动 读书之路 图书之旅 快乐元宵 我爱妈妈 安全小卫士 传统节日 现代节日 特色节日	语文 仓颉造字 甲骨精神 成长寓言 校园绘本 启智寓言 家乡之味 豫之冷暖 童话节 缅怀英雄	音乐 美术 绕趣树 神秘夜色 节节虫的梦 寻找大师梵高 学画音乐树 从认到听 会表演 打击乐我会选 金阳光合唱 灵韵舞蹈 百变皱纹纸 漫世界	数学 科学 24点游戏 除法大聚会 角的世界 小小采购员 我是工程师 画画为直 什么是"力" 土壤作用大 人与动植物 寻找四季	体育 安全与健康 心理健康 独脚兽2 毽无虚发 青蛙呱呱 投石小车2 爱拉伸3 节奏节奏 宝贝站好
三年级	上学期	道德与法治 少先队活动 综合实践活动 河南博物院 深深思念情 劳动最光荣 校园是我家 传统节日 现代节日 特色节日	语文 英语 巧识布局 书艺渐展 动情小说 校园主播 史以明志 商都寻迹 豫之农谚 成语节 炎黄文化 神奇字母操 丽声拼读有妙招 单词大解谜 绘词绘意	音乐 美术 黑白线描 魅式三原色 创意玩具 多彩的民间美术 来画音乐树 认听能手 来创编 打击乐我能 欣赏二声部 金阳光合唱 灵韵舞蹈 百变皱纹纸 漫世界	数学 科学 横式之谜 创意文化衫 小小气象员 麦田与周长 作息时间表 五官游乐场 土壤的发现 发芽了 观鸟趣闻 小小降落伞 科技之旅 T博士讲科学	体育 安全与健康 心理健康 创意跳 翻滚吧宝贝2 篮精灵 绿茵小将 迎风奔跑 小小马拉松 炫动花球
	下学期	道德与法治 少先队活动 综合实践活动 郑州博物院 二七纪念塔 碧沙岗公园 我来学雷锋 传统节日 现代节日 特色节日	语文 英语 错别之分 趣味字谜 跨越古今 校园设计 点睛名言 文人寻迹 豫之丰收 寓言节	音乐 美术 会动的线条 彩墨游戏 环保小卫士 唐三彩 会画音乐树 认听达人 会创编 竖笛我会持	数学 科学 竖式之谜 画脸谱 小小裁判员 麦田与面积 巧安排 可爱的风 磁铁游戏 谁主沉浮	体育 安全与健康 心理健康 梯形折返 掷向高远1 龙跳虎卧1 篮精灵 绿茵小将 有来有往1 炫动花球

9

(续表)

年级/学期	课程	修身类课程	语言类课程	艺术类课程	思维类课程	健康类课程
四年级			报纸的家 我的口语日常 丽声拼读连连看 主题情景对话 酷我演意	金阳光合唱 灵韵舞蹈 百变皱纹纸 漫世界	收获节 大陆会动吗 白天与黑夜 博士讲科学	
	上学期	道德与法治 少先队活动 综合实践活动 姓名趣谈 科技之旅 劳动最光荣 我是小富翁 别开生"面" 传统节日 现代节日 特色节日	语文 英语 多变部首 美化结构 走进冰心 校园观察 优胜历史 古今名人 豫之花语 诗歌节 黄河母亲 把耳朵叫醒 丽声拼读故事会 小小预言师 故事达人	音乐 美术 异想线开 碰撞色彩 面面相趣 大师画我也画 了解导图 边认边唱 能评价 竖笛我来吹 简单二声部 金阳光合唱 灵韵舞蹈 百变皱纹纸 漫世界	数学 科学 巧用运算律 巧数图形 幸运大转盘 电影票里的学问 科学计数 水是生命之源 动力哪里来 动物大转盘 环保节 神秘的宇宙 饮料瓶大改造 科技之旅 小木匠	体育 安全与健康 心理健康 创意跳 龙跳虎卧2 篮精灵 绿茵小将 穿越火线 舞动绳弦
	下学期	道德与法治 少先队活动 综合实践活动 了解家乡 黄河游览区 邙山游览区 嵩山少林寺 老师辛苦了 我是小农民 悠悠西餐厅 别开生"面" 传统节日 现代节日 特色节日	语文 英语 汉字繁简 字理意向 亲近李杜 校园剧场 最美家书 诗词戏剧 豫之物候 古诗节 中华禅学 舞动你的口 丽声拼读故事赛 改编小能手 故事秀场	音乐 美术 线随心动 玩美色彩 三十六变 对话大师 学画导图 边认边唱 会评价 竖笛我会吹 金阳光合唱 灵韵舞蹈 百变皱纹纸 漫世界	数学 科学 寻根究底 巧算内角和 蒜苗节节高 奥运项目中的数学 算盘文化 跳动的火苗 机械总动员 植物朋友 呼与吸 小木匠	体育 安全与健康 心理健康 多彩跑 掷向高远2 反转世界2 篮精灵 绿茵小将 跳跃极限 舞动绳弦 安全节

第一章 课程旨趣：让每一个生命更加灿烂

(续表)

年级/学期	课程	修身类课程	语言类课程	艺术类课程	思维类课程	健康类课程
五年级	上学期	道德与法治 少先队活动 综合实践活动 姓名趣谈 走近少林寺 科技之旅 郑州市科技馆 河南地质博物馆 别开生"面" 走近"三全" 传统节日 现代节日 特色节日	语文 英语 合理布局 书艺能手 解读苏轼 校园周报 理性讲述 文学故事 豫之地域 书信节 杜甫人生 走进英语原声电影 挑战对白 多彩俚语 角色对对碰	音乐 美术 微观世界 民族色彩 趣味剪纸 艺术大师马蒂斯 会画导图 耳聪目明 展示自我 竖笛我能吹 和谐二声部 金阳光合唱 灵韵舞蹈 百变皱纹纸 漫世界	数学 科学 图解因数 面积变形师 抽奖大转盘 价格学问 奇思妙解 时间都去哪了 游乐场的秘密 体积变化之 食物知多少 宇宙的奥秘 火柴盒3D打印 走进河南造	体育 安全与健康 心理健康 创意跳 反转世界3 篮精灵 绿茵小将 有来有往2 齐心协力
	下学期	道德与法治 少先队活动 综合实践活动 郑州市气象馆 少年中国说 少先队活动 环保小英雄 别开生"面" 认识"白象" 传统节日 现代节日 特色节日	语文 英语 电脑录字 汉字之根 学习鲁迅 校园广告 动情表达 当今河南 豫之物种 对联节 中州荣光 英语原声电影赏析 剧本品读 电影趣音 幼芽影评	音乐 美术 夸张的脸 色彩动起来 创意提袋 抽象的雕塑 我画导图 耳聪目明 合作展示 竖笛我来奏 金阳光合唱 灵韵舞蹈 百变皱纹纸 漫世界	数学 科学 图解分数 画中有理 体积中的学问 我是数据分析师 促销策略 龟鹤原理 电动玩具大揭秘 难忘的春天 我像谁 天气预报员 微观世界 火柴盒3D打印	体育 安全与健康 心理健康 趣味保龄 反转世界4 篮精灵 绿茵小将 跨越极限 齐心协力 安全节
六年级	上学期	道德与法治 少先队活动 综合实践活动 走进优胜名人 离校课程 走近河南造 走近"宇通"	语文 英语 渐入风格 书艺修养 名家引领 微校创作 经典传颂	音乐 美术 微距观察 精美的图案 建筑长廊 走进非遗 创意导图	数学 科学 数字变形记 图形变幻 我是大侦探 理财高手 "圆"来如此	体育 安全与健康 心理健康 创意跳 龙跳虎卧3 篮精灵 绿茵小将

11

(续表)

年级/学期	课程	修身类课程	语言类课程	艺术类课程	思维类课程	健康类课程
		重阳敬老 拥军爱军 传统节日 现代节日 特色节日	一带一路 豫之候鸟 小说节 感受历史 走进剧本 海报设计师 解忧百货店 我是小编剧	心悦有符 我是音乐人 竖笛我来赞 出彩多声部 金阳光合唱 灵韵舞蹈 百变皱纹纸 漫世界	乐器演奏会 神奇的光 植物角 科学之光 阳光小屋 健康小卫士 走进河南造 无线电小制作	迎风奔跑 跨越极限 攻城
下学期		道德与法治 少先队活动 综合实践活动 感恩亲人 跳蚤市场 我是小商人 畅想河南 我是小法官 72行小状元 走进优胜名人 传统节日 现代节日 特色节日	语文 英语 汉字未来 继承创新 步入论语 微校电影 我来朗读 畅想河南 豫之乡土 戏剧节 触摸四季 学问中西 材贵泛杂 脑洞大开 智慧论堂	音乐 美术 有生命的线 奇妙的点彩 创意模塑纸雕 寻找活化石 无限创意 心悦成符 我是音乐达人 竖笛我来演 金阳光合唱 灵韵舞蹈 百变皱纹纸 漫世界	数学 科学 计算变形记 炫彩设计 图劳有功 缩尺为寸 无处不在的圆 祖先的足迹 绿色行动 灵活的金鱼 钻木取火 雨具大改造 无线电小制作	体育 安全与健康 心理健康 智过封锁线掷 向高远3 龙跳虎卧4 篮精灵 绿茵小将 迎风奔跑 跨越极限 攻城

第四部分　学校课程实施

　　课程实施就是为孩子创设成长快乐的过程,让教师享受教育幸福的历程,让学校彰显育人特色的进程。优胜路小学从"简优课堂""名优学科""乐优节日""美优之旅""创优社团""润优环境"等方面入手奉行"让每一个孩子成为更加优秀的自己"的理念,实践"大拇指课程",见证"优秀,在这里生长"。课程评价就是引领"大拇指课程"开发的启明星,把握五大类课程设计的风向标,支撑课程实施效果的"伞骨架"。课程的实施与评价体现了对课程理念的贯彻与执行,是一个动态的过程,是通过教师和学生的课程行动将课程的意识形态转化为现实,从而实现课程内在的意义。

一、构建"简优课堂",扎实有效实施学校课程

课堂是学校推进课程实施的主要渠道。"简优课堂"是优胜路小学"优教育"文化基因的产物和实践创新。"简优课堂"是简约、生成、共生、智慧、本色的课堂。

(一)"简优课堂"的内涵要义

"简",是表现于外的形式和内容;"优",是蕴含于内的本质和灵魂。"简优",是一种切中肯綮的聚焦,是一种匠心独具的设计,是一种灵动调控的智慧,是一种厚积博取的整合。

"简优课堂"是简约的课堂。 明确而精要是"简优课堂"教学目标的准确表达。它明确地直指全面育人,让每一个孩子变得更优秀;简明聚焦核心问题,培养学科思想,发展综合素养,在简约中求优质。在具体操作上,"简优课堂"的目标是科学的、指向是学科的、描述是具体的、制定是适切的。

"简优课堂"是生成的课堂。 交流和碰撞是"简优课堂"教学内容的核心特征。它关注"生成",发挥学生的主体地位,满足学生探求知识的欲望;它孕育"生成",展现课堂教学的真实性,体现教师的教学机智和教学艺术;它创造"生成",表现素养自身动态生成的特点,增进以课堂教学为主的教育综合效率。在具体操作上,"简优课堂"的教学内容要丰富,要基于教材,要立足于学科素养,立足于将课程变得更丰富,学以致用。

"简优课堂"是共生的课堂。 和谐与发展是"简优课堂"师生关系的完美体现。它是教学相长的平等对话,是民主尊重的多元互动,是优势互补的和谐交往。在具体操作上,"简优课堂"的师生关系要体现人与人之间广泛而积极的互动,在互动中相互沟通、相互补充、相互影响,形成师生的共识、共享、共进,从而达到共生的关系。

"简优课堂"是智慧的课堂。 简要而灵动是"简优课堂"教学方法的独特之处。"简优课堂"将课堂自主权还给学生,倡导个性化、多样化学习,通过自主自学、合作探究、多元互动、和谐共生的多种学习方式完成学习目标。"简优课堂"采用科学、适切的教学方法直指教学目标,聚焦学生学习经验和思考过程,准确发现和捕捉课堂上学生学习生长点,师生在智慧的碰撞中实现智慧的课堂。在具体操作上,"简优课堂"的教学方法要体现课堂思路的简明、教学环节的简化、教学手段的简便和课堂提问的简要四方面要求。

"简优课堂"是本色的课堂。简朴而本真是"简优课堂"教学文化的和谐状态。彰显学生本位和学习本色，课堂真实质朴，学生个性化学习得到持续性发展，让孩子们变得更优秀。在具体操作上，"简优课堂"要求体现学生对知识获取的渴望、有敏锐的问题意识、有参与交往合作的精神、有自我管理的能力。

值得注意的是，"学情"是"简优课堂"的核心关注点。它分析"学情"，聚焦真实问题，以简明的内容驱动学习；它尊重"学情"，探究核心问题，以简便的方式开启学习；它遵循"学情"，生成深度问题，以简要的点拨深化学习；它拓展"学情"，评议化解问题，以简洁的评议促进学习。

（二）"简优课堂"的实践操作

学校从备课、上课、科研三个维度，引领老师们对"简优课堂"进行探索与实践，助推教师专业成长，促进学校"简优课堂"落地生根。

重视团队备课，全面深化"简优课堂"理念。 每周二下午是学校固定的备课时间，教研组在学科领导以及教研组长的组织下开展活动。认真解读课程标准、准确把握学科目标、严格遵循教育规律、认真研读教学内容、全面了解学生情况、科学制定学习方案。以"个人板块备课+团队资源共享"备课模式为基础，形成高质量的备课资源，共享教学经验，为"简优课堂"打下坚实基础，整体提升执教水平。

发挥多课平台，切实保障"简优课堂"品质。 学校从全体教师随堂课、青年教师达标课、骨干教师示范课、上级参赛精品课四个维度，紧抓"简优课堂"理念的落实。学科领导参与观课研课全过程，与老师们一起备课、研讨、观课、反思，从而有效地促进骨干教师沉淀教学智慧，提升"简优课堂"高位影响力。

借助教学科研，着力提升"简优课堂"内涵。 课堂是教育思想的呈现，我们在深耕课堂聚焦问题，积极构建"简优课堂"。引导老师们通过教育叙事、课例研究、教学反思、教育行为研究等方面关注真问题，生成小课题。全校提倡"个人研修+集体研讨"的科研模式。在日常教育教学中，老师个人研读专业书籍，结合教学实际撰写教学日记，留下思考的痕迹；每周四下午，学校组织专题讲座、经验交流、专家解答等不同形式、不同层次的交流研讨，共同完成课题研究。全校通力以研促教，推进教师专业成长,提升"简优课堂"品质内涵。

(三)"简优课堂"的评价

依据"简优课堂"的意涵,聚集学情,为检测和反馈"简约、生成、共生、智慧、本色"课堂的达成效果,特制定优胜路小学"简优课堂"教学评价表进行量化测评(见表1-3)。

表1-3 金水区优胜路小学"简优课堂"教学评价表

项目	指标	标 准 解 读	得分
教学目标	简约(20分)	学习目标紧扣课标和学段要求,体现教材特点,切合学情,简单、明了	
		学习目标表述能将"三维目标"有机渗透融合,具体、明确、可操作、可检测,直指核心素养	
教学内容	生成(20分)	主线清晰,重难点突出;结构合理,循序渐进	
		能够根据内容分配时间,单位时间效率高	
		课堂立足学科素养,教学内容丰富	
教学方法	智慧(20分)	将课堂自主权还给学生,倡导个性化、多样化学习,通过自主自学、合作探究、多元互动、和谐共生的多种学习方式	
		切实贯彻"以学定教"原则,最大限度地了解学生学习中遇到的问题,并对问题进行梳理归纳,聚焦问题	
		教师善于引导、鼓励学生质疑,培养学生的质疑能力	
		学习目标问题化,以明确的学习任务作为启动和组织学生学习活动的操作把手,激发学生探究新知的热情	
教学文化	本色(20分)	用问题引领、指导学生探究,学生自主探究时间充分	
		教师参与学生探究活动,能兼顾到各个层面的学生	
		学生参与展示交流时,态度积极,参与面广,参与度深	
		学生在自学和展示的过程中,体现合作、探究、实践、质疑等学习方式;学生能够恰当评价;教师进行适时引导,关注有效生成,问题获得解决	
师生关系	共生(20分)	教师努力营造探究学习的条件,激发学生探究的欲望,设计发散性和探究性的问题,留足探究问题的空间,要给学生足够的自主学习时间和互动的交流时间	
		在目标的达成程度及实现的方式方法上,尽可能照顾到学生的个性差异,尊重学生的心理需求,促使其能进行知识意义的主动建构	
		根据学生学习方式创设恰当的问题情境,鼓励学生有效参与教学过程;创设好宽松、民主、融洽的教学氛围,指导学生灵活运用各种行之有效的学习方法,体验学习过程	

(续表)

项目	指标	标 准 解 读	得分
本课的亮点：		独特的感受：	总分：

每学期由教导处统一组织成立各类课测评小组，校长为主要负责人，学科领导、名师任评审委员，对课堂进行公平、公开的评选。达标课要达到测评70分的成绩，不达标的课要进行二次达标；随堂课标准为75分，不合格的课由责任领导和教研组长跟岗备课、听课；示范课标准为80分，2次达不到相应的水平取消其骨干教师的资格；精品课要求在85分以上才有资格参加更高一级别的比赛资格。全校师生高度重视此四类课的开展，学校严格把关确保"简优课堂"质量。

二、建设"名优学科"，积极推进学科特色课程

学科是学校凸显办学特色的重要路径。"名优学科"是优胜路小学推进特色学科建设的有效路径和实施策略。"名优学科"是优质、共进、特色、共识的学科。

（一）"名优学科"的内涵要义

"名"是名誉的象征，学科建设的特色追求；"优"是品质的体现，学科发展的坚定基石。"名优学科"是指以独特的学科理念为指导，根据老师和学生的发展需求，在已有的学科传统基础上形成的具有特色、被广泛认同并受欢迎的学科。

"名优学科"是优质的学科。它指向学科课程的丰富性和适切性。"名优学科"着力构建新型课程体系，进一步完善教学特色，追求优质教学质量。在具体操作中，教师立足本学科现状，结合学校传统和资源，挖掘学科亮点，依据学科性质，理清学科思路，确定学科理念，凸显核心知识与学科能力，开设丰富的、适切的课程。

"名优学科"是共进的学科。它指向教学团队的整体性和创新性。结构合理和积极创新的团队是"名优学科"建设的基础。名师、骨干教师、学科带头人在学科建设中起到了中坚力量，辐射带领全学科整体性发展。学校高度重视学科团队的专业化发展，教师间共享知识、经验和智慧，实现了个人知识和经验体系的重构，促进了团队教学行为的变革，从而实现学科建设的创新性。

"名优学科"是特色的学科。它指向学科理念的科学性和独创性。科学的学科理念为学科的发展指明了方向,它是学科努力实现的理想状态。学科理念的独创性是依托校情和学情,为学科树立了鲜明的特色,区别于其他学科和其他学校。

"名优学科"是共识的学科。它指向教、学方法的针对性和有效性。"名优学科"以先进的教育、教学方法和学习方法提升教师的教学能力和学生的学习能力。"名优学科"以其高品质受到学生、家长、老师、社会的广泛认同。在实施中形成名优经验宣传推广,以一带多、以点带面激发多学科,有序形成"名推名"、"名促名"的良性循环。

(二)"名优学科"的建设路径

在"大拇指课程"理念的指导下,依据学校教师和学生的发展需求结合良好的学科基础,构建"1+X"学科课程群,发掘学科独特标志以产生特强效应,从而打造学校的"名优学科"。"1+X"课程是指基于学科课程,延伸拓展、自主研发了丰富的课程,形成具有学校特色的学科课程群。

1. "纯真语文"课程群

我们认为"纯真"是学校语文学科的核心精神,也是学校语文学科的共同追求,"纯真语文"是让语文学习真实自然地发生。"纯真语文"是"淳朴自然"的语文,它亲近学生的生命状态,滋润学生的心灵成长,引发学生的学习情趣。"纯真语文"是"务实求真"的语文,远离浮躁虚华的课程形态,踏踏实实地还原课程本色,遵循学习的基本规律。我们以"纯"为始引领学生的自然成长,以"真"为终落实学生的核心素养。除基础课程外,"纯真语文"课程设置如下(见表1-4)。

表1-4 金水区优胜路小学"纯真语文"课程设置表

年级/学期	课程	巧识写	爱阅读	乐写作	善交际	会综合			
一年级	上学期	乐识拼音	书艺入门	慧吟字经	亲亲校园	最美童谣	问祖寻根	豫之四季	拼音节	书的诞生
	下学期	拼读识字	文字地图	歌唱诗词	校园导游	动听的诗	趣味姓氏	豫之昼夜	汉字节	童年书馆

17

(续表)

年级/学期	课程	巧识写		爱阅读	乐写作	善交际	会 综 合			
	上学期	书艺笔画	初始结构	启迪古韵	校园童谣	魅力童话	乡音乡语	豫之节气	绘本节	书的海洋
	下学期	仓颉造字	甲骨精神	成长寓言	校园绘本	启智寓言	家乡之味	豫之冷暖	童话节	缅怀英雄
三年级	上学期	巧识布局	书艺渐展	动情小说	校园主播	史以明志	商都寻迹	豫之农谚	成语节	炎黄文化
	下学期	错别之分	趣味字谜	跨越古今	校园设计	点睛名言	文人寻迹	豫之丰收	寓言节	报纸的家
四年级	上学期	多变部首	美化结构	走进冰心	校园观察	优胜历史	古今名人	豫之花语	诗歌节	黄河母亲
	下学期	汉字繁简	字理意向	亲近李杜	校园剧场	最美家书	诗词戏剧	豫之物候	古诗节	中华禅学
五年级	上学期	合理布局	书艺能手	解读苏轼	校园周报	理性讲述	文学故事	豫之地域	书信节	杜甫人生
	下学期	电脑录字	汉字之根	学习鲁迅	校园广告	动情表达	当今河南	豫之物种	对联节	中州荣光
六年级	上学期	渐入风格	书艺修养	名家引领	微校创作	经典传颂	一带一路	豫之候鸟	小说节	感受历史
	下学期	汉字未来	继承创新	步入论语	微校电影	我来朗读	畅想河南	豫之乡土	戏剧节	触摸四季

2. "灵动英语"课程群

我们认为"灵动"是学校英语学科的核心精神,也是学校英语学科共同的追求,"灵动英语"让英语学习情智兼修。"灵动英语"是"灵活"的英语,学生在英语实践活动中发挥思考和想象,展现潜能和个性,彰显才华和天赋。"灵动英语"是"能动"的英语,学生在英语实践活动中用思想感受词句的内涵,用智慧消除文化的壁垒,用情感领悟语言的魅力。除基础课程外,"灵动英语"课程设置如下(见表1-5)。

表1-5 金水区优胜路小学"灵动英语"课程设置表

年级/学期		课程 优感识	优畅读	优思辨	优表意
三年级	上学期	神奇字母操	丽声拼读有妙招	单词大解谜	绘词绘意
	下学期	我的口语日常	丽声拼读连连看	主题情景对话	酷我演意
四年级	上学期	把耳朵叫醒	丽声拼读故事会	小小预言师	故事达人
	下学期	舞动你的口	丽声拼读故事赛	改编小能手	故事秀场
五年级	上学期	走进英语原声电影	挑战对白	多彩俚语	角色对对碰
	下学期	英语原声电影赏析	剧本品读	电影趣音	幼芽影评
六年级	上学期	走进剧本	海报设计师	解忧百货店	我是小编剧
	下学期	学问中西	材贵泛杂	脑洞大开	智慧论堂

3."能动数学"课程群

我们认为"能动"是学校数学学科的核心精神，也是学校数学学科的共同追求，"能动数学"是让数学学用交融。"能动数学"是"多能"的数学，是在实施基础课程的四基（即基础知识、基本技能、基本思想、基本活动经验）、四能（即发现问题、提出问题、分析问题、解决问题的能力）的基础上，提升学生的数学思维品质与关键能力。"能动数学"是"灵动"的数学，学生自觉地将自己的所思、所感、所悟灵活地运用到现实生活中，发展学生的应用意识。除基础课程外，"能动数学"课程设置如下（见表1-6）。

表1-6 金水区优胜路小学"能动数学"课程设置表

年级/学期		课程 计算之策	图形之幻	统计之美	实践之探	文化之润
一年级	上学期	快乐计算 玩转扑克	立体之美 世界之窗	神奇的数 算式之谜	走进超市	祖先识数
	下学期	计算能手 数学迷宫	换位思考 魅力七巧板	快乐跳绳 数字奥秘	送图书回家	数学之缘
二年级	上学期	跳方格 有趣的人民币	美丽的图案	班级小管家	我是购票员	古人身上的尺子
	下学期	24点游戏 除法大聚会	角的世界	小小采购员	我是工程师	画曲为直

(续表)

年级/学期		课程 计算之策	图形之幻	统计之美	实践之探	文化之润
三年级	上学期	横式之谜	创意文化衫	小小气象员	麦田与周长	作息时间表
	下学期	竖式之谜	画脸谱	小小裁判员	麦田与面积	巧安排
四年级	上学期	巧用运算律	巧数图形	幸运大转盘	电影票里的学问	科学计数
	下学期	寻根究底	巧算内角和	蒜苗节节高	奥运中的数学	算盘文化
五年级	上学期	图解因数	面积变形师	抽奖大转盘	价格学问	奇思妙解
	下学期	图解分数 画中有理	体积中的学问	我是数据分析师	促销策略	龟鹤原理
六年级	上学期	数字变形记	图形变幻	我是大侦探	理财高手	"圆"来如此
	下学期	计算变形记	炫彩设计	图劳有功	缩尺为寸	无处不在的圆

4. "活力体育"课程群

我们认为"活力"是学校体育学科的核心精神，也是学校体育学科的共同追求。"活力体育"让体育身心共育。"活力体育"是"多元"体育，在基础课程发展学生基本运动能力和必备运动技能的基础上，以更丰富的内容、更多样的方法，激发学生运动兴趣，充实学生的体育与健康知识储备，提升学生的体育品质与运动能力。"活力体育"是"健康"体育，以身体练习为基本手段，发展学生体育实践能力，发展良好心理品质、社会适应能力，形成健康的生活方式，拥有积极进取、乐观开朗的人生态度。"活力体育"注重学科核心素养培育，力求通过课程学习，让学生经历走进体育、感知体育、体验运动、享受健康、形成大体育观。除基础课程外，"活力体育"课程设置如下（见表1-7）。

表1-7 金水区优胜路小学"活力体育"课程设置表

年级/学期		课程 活力激趣	活力提能	活力育健	活力促乐
一年级	上学期	快乐"∞" 独脚兽1 投石小车1	小兔乖乖 乒乓乓乓	爱拉伸1 小憩的眼睛 自然快跑	宝贝站好
	下学期	四足动物	翻滚吧宝贝1 乒乓乓乓	贪吃小蛇 跳舞的手指	宝贝站好

(续表)

年级/学期	课程	活力激趣	活力提能	活力育健	活力促乐
二年级	上学期	赶猪跑	毽无虚发 健步如飞 反转世界1	爱拉伸2 节奏节奏	宝贝站好
二年级	下学期	独脚兽2	毽无虚发 青蛙呱呱 投石小车2	爱拉伸3 节奏节奏	宝贝站好
三年级	上学期	创意跳	翻滚吧宝贝2 篮精灵 绿茵小将	迎风奔跑 小小马拉松	炫动花球
三年级	下学期	梯形折返	掷向高远1 龙跳虎卧1 篮精灵 绿茵小将	有来有往1	炫动花球
四年级	上学期	创意跳	龙跳虎卧2 篮精灵 绿茵小将	穿越火线	舞动绳弦
四年级	下学期	多彩跑	掷向高远2 反转世界2 篮精灵 绿茵小将	跳跃极限	舞动绳弦
五年级	上学期	创意跳	反转世界3 篮精灵 绿茵小将	有来有往2	齐心协力
五年级	下学期	趣味保龄	反转世界4 篮精灵 绿茵小将	跨越极限	齐心协力
六年级	上学期	创意跳	龙跳虎卧3 篮精灵 绿茵小将	迎风奔跑 跨越极限	攻城
六年级	下学期	智过封锁线	掷向高远3 龙跳虎卧4 篮精灵 绿茵小将	迎风奔跑 跨越极限	攻城

5."创想美术"课程群

我们认为"创想"是学校美术学科的核心精神,也是学校美术学科的发展目标,"创想美术"是用美术引领学生在实践中创造,在创作中启智。"创想美术"是"优雅"的美术,是在实施国家课程的基础上,致力于让每个孩子提升美学素养,拥有儒雅的气质,力求培养其健全的人格与品质,构建学生健康优美的精神家园,带领学生体验艺术的魅力,丰富精神世界,炼就美学慧眼,让中国传统文化在美育课程的学习中浸润生长,不断滋养学生的心灵。"创想美术"是"创新"的美术,旨在引领学生发现美、欣赏美和创造美。在艺术实践的过程中,开启想象之门,激活创造思维,培养独创精神,发展创新能力。使学生在积极的情感体验中发展观察能力、想象能力和创造能力,提高审美品位和审美能力,养成用手中画笔表达生活的习惯,形成创造美好生活的愿望与能力。除基础课程外,"创想美术"课程设置如下(见表1-8)。

表1-8 金水区优胜路小学"创想美术"课程设置表

年级/学期		童趣线描	玩转色彩	小想大作	对话大师
一年级	上学期	彩线漫游	五彩的梦	创意点心	多彩的农民画
	下学期	春如线	拼绘四季	动物乐园	智趣伙伴
二年级	上学期	缠绕童话屋	缤纷世界	纸立大象	齐白石
	下学期	绕趣树	神秘夜色	节节虫的梦	寻找大师梵高
三年级	上学期	黑白线描	魅力三原色	创意玩具	多彩的民间美术
	下学期	会动的线条	彩墨游戏	环保小卫士	唐三彩
四年级	上学期	异想线开	碰撞色彩	面面相趣	大师画我也画
	下学期	线随心动	玩美色彩	三十六变	对话大师
五年级	上学期	微观世界	民族色彩	趣味剪纸	艺术大师马蒂斯
	下学期	夸张的脸	色彩动起来	创意提袋	抽象的雕塑
六年级	上学期	微距观察	精美的图案	建筑长廊	走进非遗
	下学期	有生命的线	奇妙的点彩	创意模塑纸雕	寻找活化石

6."优美音乐"课程群

我们以"美之熏陶,生当优秀"为音乐课程开发的哲学依据,携手打造"优美音乐"

课程平台,促进师生共同成长。我们认为,音乐课程最核心的目标是丰富学生的情感体验,培养学生的审美情趣,促进学生个性的和谐发展。学生是课程的核心,将学生的发展视为课程的根本目标,并将其目标蕴含在学习过程中,有利于学生的终身学习和音乐上的可持续发展。以"涵养美感,陶冶德性"的音乐课程价值为核心目标从未动摇过,而这一目标的本质则是中华民族朴素的"美育"思想;将此思想贯穿与学生个体发展过程之中,唤醒学生的潜能,彰显其优秀品质。除基础课程外,"优美音乐"课程设置如下(见表1-9)。

表1-9 金水区优胜路小学"优美音乐"课程设置表

年级/学期	课程	导图感知	视唱练耳	歌唱表演	器乐展示	合唱积累
一年级	上学期	来看音乐树	我来听	来唱游	打击乐认一认	卡农小练习
	下学期	会看音乐树	我会听	会唱游	打击乐敲一敲	
二年级	上学期	了解音乐树	从听到认	来表演	打击乐我会敲	单音节音程
	下学期	学画音乐树	从认到听	会表演	打击乐我会选	
三年级	上学期	来画音乐树	认听能手	来创编	打击乐我能做	欣赏二声部
	下学期	绘画音乐树	认听达人	会创编	竖笛我会持	
四年级	上学期	了解音乐导图	边认边唱	能评价	竖笛我来吹	简单二声部
	下学期	学画音乐导图	边认边唱	会评价	竖笛我会吹	
五年级	上学期	会画音乐导图	耳聪目明	展示自我	竖笛我能吹	和谐二声部
	下学期	我画音乐导图	耳聪目明	合作展示	竖笛我来奏	
六年级	上学期	创意音乐导图	心悦有符	我是音乐人	竖笛我来赞	出彩多声部
	下学期	无限创意	心悦成符	我是音乐达人	竖笛我来演	

7."探趣科学"课程群

我们认为"探趣"是学校科学学科的核心内涵,"探趣科学"是指引导学生基于兴趣进行科学探究活动。"探趣科学"是有趣的科学,在拓宽学生科学知识的基础上,激发学生的学习兴趣,保护学生的好奇心和求知欲,引导学生发现身边的科学。"探趣科学"是探究的科学,学生通过自己动手动脑,在体验探究活动中,提高探究能力,培养创新精神。除基础课程外,"探趣科学"课程设置如下(见表1-10)。

表1-10 金水区优胜路小学"探趣科学"课程设置表

年级/学期	课程	物质科学	生命科学	地球与宇宙科学	技术与工程
一年级	上学期	"豆"你玩 厨房大探秘 五彩泡泡堂 来磁一乐	探寻蚂蚁的家 走进大自然	太阳与方向	
	下学期	神奇的溶解 七彩风车节 空气在哪里	植物大讲堂 种植节	变脸的月亮 太阳与生活	
二年级	上学期	探秘磁铁	动物小达人 动物节 走进大自然		小小设计师
	下学期	什么是"力"	土壤作用大 人与动植物	寻找四季	
三年级	上学期	五官游乐场	土壤的发现 发芽了 观鸟趣闻		小小降落伞 科技之旅 T博士讲科学
	下学期	可爱的风 磁铁游戏 谁主沉浮	收获节	大陆会动吗 白天与黑夜	博士讲科学
四年级	上学期		水是生命之源 动力哪里来 动物大转盘 环保节	神秘的宇宙	饮料瓶大改造 科技之旅 小木匠
	下学期	跳动的火苗 机械总动员	植物朋友 呼与吸		小木匠
五年级	上学期	时间都去哪了 游乐场的秘密 体积变化之谜	食物知多少	宇宙的奥秘	火柴盒3D打印 走进河南造
	下学期	电动玩具大揭秘	难忘的春天 我像谁 天气预报员 微观世界		火柴盒3D打印
六年级	上学期	乐器演奏会 神奇的光	植物角 科学之光 阳光小屋 健康小卫士		走进河南造 无线电小制作

(续表)

年级/学期	课程	物质科学	生命科学	地球与宇宙科学	技术与工程
	下学期		祖先的足迹 绿色行动 灵活的金鱼		钻木取火 雨具大改造 无线电小制作

(三)"名优学科"的推进策略

"名优学科"建设是学校的根本性建设。我们从学科课程、学科团队、学科教学、学科学习构成一面四体的学科"三棱锥"模型推动学科建设。

1. 结合学科特质,构建特色学科课程群

学科课程群是教师基于国家课程自主开发的顺应学生发展需求的特色课程。学校从两方面入手:一方面通过挖掘学科内部或学科之间的逻辑来构建专业的学科课程群;另一方面充分利用地域特色来渗透多门学科。各学科基于特色追求,教师根据对学科的独特理解、独特优势、独特资源,开发课程、汇聚课程群,共同打造"名优学科"。

学科课程群的具体操作采用长短课时相结合嵌入实施。充分利用早读、课前5分钟、课后小交流、主题学习课等时间高效完成课程内容达成课程目标。在空间上打破教室的框架,将网络平台、书本漂流、作业共享等形式拓展学习的方式。

2. 打造团队特色,凸显教、研、学全方位发展

学校以学科为单位,业务主管领导为主要负责人整体把握和引领课程群建设,学科教研组引领各级优秀骨干教师研发学科课程群,在实施中不断提升全体教师的课程领导力。教师结合自身情况组建"新秀工作坊""智趣数学工作坊""创意读写工作坊""三人行工作坊""名师工作室""课程中心"等形成学习共同体,明确目标定期活动,打造"领航团队",形成教学、科研、学习全方位发展,为学科课程群的高质量建设奠定了基础。

3. 关注高效教学势态,提升学科教学品质

学科团队基于学校"简优课堂"文化形态和各学科本质研究教学,制定指向学科核心素养的学科课程规划,编写基于课程标准的学期课程纲要和与教学目标、学习活动、评价任务一致的教学方案。学科教师大胆开拓课程实施方式,形成独具特色的教学风

格，提炼个人教学主张。在不断优化课程实施的过程中提升学科的教学品质，使学科课程群高效逐层落实。

4. 构建多种学习方式，聚焦学科核心素养

每一门学科都有适合自己的学习方式，每一个学生都有不同于他人的学习方法，我们聚焦学科核心素养，引导学生寻找适合自己的学习方式，创建如"数学快速心算法""语文海量阅读法""英语分阶拼读法""体育竞赛提速法"等学科学习方式指南。在课程实施中树立"以生为本"的学科教学理念，培养促进终身发展的学习方法。

(四)"名优学科"的评价

我们根据"名优学科"的意涵从学科课程、学科团队、学科教学、学科学习四个方面制定评价标准，评选校内领先有显著特色的学科群，形成具有学校特色的"名优课程"，促进学校各学科持续性、跨越性发展。具体要求如下(见表1-11)。

表1-11 金水区优胜路小学"名优学科"评价细目表

项目	指标	标准解读	得分
学科课程	优质 (25分)	贯彻落实学校教育思想、课程理念	
		有明确的学科价值观，学科亮点突出	
		课程体系科学、完整、有逻辑	
		课程内容丰富，凸显学科核心知识与关键能力	
		整合优化相关课程的内容形成体系	
学科团队	共进 (25分)	团队组建结构合理、分工明确	
		教研氛围良好，形成具有特色的学习、教研文化	
		有完备的科学教研制度，人人有课题	
		团队形成适合课程研发与有效实施的运行机制	
		团队具有进取意识和创新精神	
学科教学	特色 (25分)	以学科核心素养为依据确立教学目标，开展基于学科本质的课堂教学研究，构建以学为主线、以学为本的课堂教学体系和结构	
		以课程标准引导教学行为改变，以课程标准理念、目标、要求、任务的落实，展示出课堂教学的学科特质	
		教学设计中学习目标、学习活动、评价任务融为一个整体，三者具有内在的一致性	
		课程实施方式多样，形成具有学校特色的学科教学方法和经验	

(续表)

项目	指标	标准解读	得分
学科学习	共识 (25分)	教研组形成有特点的学科教学理念,教师提炼教学主张,构建个性鲜明的课堂教学	
		确立"师生都是学习者"的师生观,形成"以学生为本,让学习发展贯穿始终"的教学结构	
		坚持"发现与实践相结合"的学习意识,提倡自主、合作、探究的学习方法,培养学生思维的逻辑性与批判性,鼓励学生观察问题、研究问题、创造性解决问题	
		要从学科特点和学校实际出发,制定学科学习规范,引导学生自主学习	
		指导学生确立正确的学习观念和思路,构建科学的学习策略、方法和技术系统,提高学习效率	
		学生能够结合自身特点灵活运用学习方法形成个性化的学习,提高学习品质	
备注			

学校按照学科申请、公平竞争、择优选拔的原则确定学校名优学科。名优学科建设过程中将实行全程动态管理和考核,定期评估。

1. 自我评审,申报评优。名优学科的评选每2年一次,由学校教导处负责组织。各学科均可参照评选方案和《金水区优胜路小学"名优学科"评价细目表》自愿参加评选。

2. 答辩审核,公平竞争。教导处组织校长、教学副校长、教研员、优秀教师、学生代表等组成评审委员会。首先对申报资料进行审核、评估,由申报的学科负责人介绍本学科的基本情况和建设方案,并对评审委员提出的问题进行答辩。评审委员会根据学科团队提交的材料和答辩情况进行实地考察,并依据《金水区优胜路小学"名优学科"评价细目表》以定性和定量相结合的方式进行评选。

3. 资格认定,定期考核。教导处根据评审委员会的意见结合学校实际情况认定"名优学科",并颁发"金水区优胜路小学名优学科"证书,明确责任和义务,定期考核。"名优学科"团队的成员在评优评先和绩效考核中均要有所体现。

三、创新"乐优节日",努力营建校园文化课程

节日是生活中值得纪念的日子,是生活仪式感的体现。"乐优节日"是优胜路小学弘扬校园文化打造学校特色的有效途径。"乐优节日"体现其时效性、活动性、体验性、育人性四大特点。

(一)"乐优节日"的内涵要义

"乐"是节日营造的气氛和带给学生的真实体验,"优"是活动的整体效果和育人本质,"乐优节日"是拓宽学校课程内容、丰富学生精神生活的育人契机。

把握时机,开展课程。"乐优节日"的课程开展要把握好节日的时间,在恰到好处的时间内,营造节日氛围,开展课程活动,取得教育的最好时机,体现育人的时效性。

借助活动,实施课程。"乐优节日"是一个系统的教育课程,贴近学生的生活、开展形式多样的活动、引发学生参与的兴趣、丰富学生的经历是课程实施的主要途径。

重视体验,深化课程。"乐优节日"为学生创设真实的活动场景,激发真实的情感,领悟高尚的道德和情操,选择健康行为方式,最终实现自我教育。

广泛育人,提升课程。"乐优节日"不单是为学生的发展,更是增进子女与家庭、学生与社会的关系,通过"小手拉大手"的学校工作特点将良好的道德风气和文化风尚广泛传播。

(二)"乐优节日"的实践操作

学校从"传统节日课程""现代节日课程""校园节日课程"三个方面入手实施"乐优节日",以多种渠道开发创新节日课程,努力营建校园文化课程。

1. 传统节日课程。传统的节日具有丰富的和谐文化内涵,民族的文化精神通过课程系统的传递,使传统的文化变得可感可触、生动形象。我们以节日课程为依托,通过体验节日文化习俗,开展"精神寻根"。学校"乐优节日""传统节日课程"安排如下(见表1-12)。

表1-12 金水区优胜路小学"传统节日课程"设置表

月份	节日	主题	活动
一月	春节	浓浓的亲情	剪窗花、写对联、拜年话
一月	元宵节	烈烈的思乡情	赏花灯、猜灯谜、吃元宵
三月	清明节	深深的思念情	忆先烈故事、制作思念花、到烈士陵园扫墓
五月	端午节	强烈的爱国情	包粽子、念屈原、讲爱国故事

(续表)

月份	节日	主题	活动
八月	中秋节	淳淳的民族情	做月饼、绘月亮、讲故事
九月	重阳节	真真的敬老情	走进敬老院、为老人做件事、献孝心
十一月	冬至节	切切的回归情	研娇耳、包饺子
十二月	腊八节	美美的期盼情	读腊八故事、分享腊八粥

课程教师根据学情组织学生参与"传统节日课程"活动。通过观看、设计、制作专题宣传片，深入了解传统节日的日期、由来等相关知识。利用亲子观灯、猜谜、包饺子、品月饼、送祝福等活动体验节日传统习俗。借助手抄报、观后感、日记、文艺汇演、主题班会等形式将节日体验充分交流，汇集成册，形成资源。

2. 现代节日课程。现代节日包含着人们对美好生活的寄托和希望，我们开展"现代节日课程"引导学生关注生活，增强生活仪式感。学校"乐优节日"的"现代节日课程"安排如下（见表1-13）。

表1-13　金水区优胜路小学"现代节日课程"设置表

时间	节日	主题	活动
一月	元旦	新年新气象	制作一份新年规划、定下一个小小目标
三月	妇女节	我爱妈妈	亲手给妈妈制作一张贺卡、给妈妈唱一支歌、给妈妈说一句暖心的话、为妈妈做一件力所能及的事
五月	劳动节	劳动最光荣	我是社区服务小能手、我身边的劳动模范、评选班级劳动小模范
六月	儿童节	少年强则国强	亮亮我的成绩单、才艺展示
七月	建党节	我是优秀少先队员	讲讲党的历史故事、我身边的党员、党旗我爱你、党徽我会画
八月	建军节	拥军爱军	走进军队、革命故事比赛、赠送拥军大红花
九月	教师节	老师，您辛苦了	出一版敬师黑板报、我给老师敬杯茶、说一句感谢老师的话
十月	国庆节	祖国妈妈我爱你	学唱国歌、国旗国旗我爱你、爱国歌曲合唱比赛、我做升旗手

在实施"现代节日课程"中，我们充分发挥家长和社会资源的作用，积极建立社会与学校、教师与家长共同协作关系。我们结合具体的现代节日确定活动主题，利用升旗仪式、主题队会、校报宣传栏等形式宣传活动主题，通过社会走访、家校互动等方式

落实活动,在活动中发现亮点及时在校园广播站、国旗下演讲等活动中进行宣传,同时做好活动的总结和经验的记录。

3. 校园节日课程。校园节日是以学生的校园生活为依托,由学生自主设计的校园文化课程,它充满了仪式性,增强了学生的责任心和参与度。丰富多彩的节日活动成为孩子们成长的助推器,帮助孩子探寻到更广阔的生命空间,帮助孩子有更真切丰沛的人生体验。学校"乐优节日"的"校园节日课程"安排如下(见表 1-14)。

表 1-14 金水区优胜路小学"校园节日课程"设置表

时间	节日	主题	活动
一月	心愿节	我有一个小心愿	制作心愿卡、收集心愿箱
二月	安全节	我是安全小卫士	我是安全员、排查安全隐患、劝阻不安全行为、安全演练
三月	好事节	我来学雷锋	"雷锋故事我来讲"故事会、我是小雷锋
四月	种植节	我是小农民	在家种植一种植物、照顾观察记录植物的生长过程
五月	环保节	我是环保小英雄	垃圾分类我宣传、节能减排我先行
六月	跳蚤节	我是小商人	将自己闲置的物品拿来义卖
七月、八月	生活节	校园是我家	和爸爸妈妈在校园居住一天
九月	建筑节	了解我们的学校	认一认学校的布局、设计我的学校(某一项)
十月	收获节	我是小富翁	展示种植的结果、品尝果实、分享种植时的经验和心情
十一月	动物节	研究一种小动物	介绍我最喜欢的小动物、饲养一种小动物、我的小动物展
十二月	法制节	我是小法官	知法小宣传展、用法来维权案例宣讲、模拟小法庭

"校园节日"是学校特有的节日,它是由学生提名投票选举出来的,在实施上也独具特色。节日前夕营造浓郁的节日氛围,利用上网查阅、积累资料、经验借鉴等方法搜集素材布置教室及校园,使学校充满浓厚的节日气息,也使师生对节日充满了期待。节日期间学生活动丰富多彩,根据学情的不同采取不同的活动方式,体现"人人有事做、事事有人做"的大舞台,学生们充分展示自己、交流分享。节日之后深情回顾、记录点滴,让学生谈体会、记体验、留下真情实感、珍藏美好的经历。

"传统节日""现代节日""校园节日"不同的节日过出不同的乐趣,相同的节日过出不同的新意。就这样任何一个普通的日子,赋予其特殊的含义,便具有非同寻常的意义。

(三)"乐优节日"的评价

过节是学生喜闻乐见的学习方式。为了使"乐优节日"课程不流于形式,真正了解节日的意义和内涵,实现认识体验到情感体验的转变,使节日教育落到实处,我们根据"乐优节日"的意涵和特点制定了评价细目表(见表1-15)。

表1-15 金水区优胜路小学"乐优节日"评价细则

项目	指标	标准解读	得分
主题	时效性 (20分)	主题鲜明、立意新颖、寓意深刻	
		主题具有时代性、科学性、针对性、实效性、教育性	
		根据学生的生活实际和身心发展确定主题	
目标	育人性 (20分)	目标明确,有明确的导向和时代性	
		受到良好情感、态度、价值观的引导和熏陶	
		学生有认识、有感悟,自我教育能力得到增强,能促进学生身心健康发展	
内容	活动性 (20分)	贴近社会现实、贴近学生实际生活、贴近学生身心发展规律	
		紧扣主题,准确定位	
		分出层次,突出重点	
实施	体验性 (20分)	情景设计合理,操作性强,能体现综合运用知识的能力 要依据所确定、分解、细化的具体内容选择活动	
		按照"时效性、活动性、体验性、育人性"四大活动原则采取多种形式呈现活动方式	
		设置拓展性的、开放性的、能给以学生思考空间的问题,引导学生体验和感悟	
		面向全体学生,关注学生的个性和差异,注重培养学生的实践能力,教育作用明显	
		师生互动,学生参与面广,能充分体现学生主体、教师主导的新课程理念	
		活动设计有特色有创意,体现课程的实践性、自主性、综合性、创造性和趣味性	
效果	全面性 (20分)	新颖、独特、多样,让学生充分展示自我	
		注重学生的感悟和体验	
		重视活动的群体性,引导学生合作学习	
		节日氛围生动、活泼,活动目标达成有效	

"乐优节日"的评价遵从师生双向评价原则,建立"乐优节日"记录袋。在记录袋中师生利用展示过程的照片、真实的案例、描述性的语言呈现被评价人的节日表现,并根据《金水区优胜路小学"乐优节日"评价细则》为节日打分。每次节日的评价结果都将记入《金水区优胜路小学"乐优节日"档案》,并将评价结果通过全体师生大会、家长会等形式向教师、学生、家长及相关人员或社会公布,接受大家对"乐优节日"实施效果的监督。

四、做活"美优之旅",着力落实研学旅行课程

研学旅行是学校教育和社会教育衔接的创新形式。"美优之旅"是优胜路小学实现综合实践育人的有效途径。"美优之旅"是启迪、开放、综合、实践的旅行研学。

(一)"美优之旅"的内涵要义

"美",是教育思想的开放和视野的拓宽;"优",是教育目的的落实和意义的升华。"美优"是致力综合素质的提升,是破除围墙教育的体现,是聚焦生活的学习意识,是教育资源的整合开发。

"美优之旅"是启迪人生的旅行学习。读万卷书,行万里路。我国自古就有实践求真的优良学习传统。唯有走出去见多识广才会有人生的大格局,有利于促进学生培育和践行社会主义核心价值观,激发学生对党、对国家、对人民的热爱之情。

"美优之旅"是开放办学的教育思路。我们摒弃"两耳不闻窗外事,一心只读圣贤书"的陈旧教学理念,打开校园围墙,将学生带到更加广阔的空间去学习,使书本知识和生活经验深度融合,学为所用。

"美优之旅"是综合学习的有效落实。社会是融合的,生活是全面的,旅行是综合的。在旅行中有目的有计划地引导学生观察景色和事物,感受文化和精神,主动适应社会发展是跨界学习的综合体现。

"美优之旅"是实践探索的创新研究。生活是最好的老师,在真实的问题中学习,在真实的环境中感受才能激发真正的学习动力,衍生有效的学习方法,产生有价值的学习成果。美优之旅有利于推动全面实施素质教育以及创新人才培养模式。

(二)"美优之旅"的实践操作

"美优之旅"结合教育部发布的《关于推进中小学生研学旅行的意见》,积极开展具有"一校一旅一特色,彰显个性与快乐"的研学旅行课程。主要方式及其关键要素具体

包括考察探究、社会服务、设计制作、职业体验等。其中,考察探究是学生基于自身兴趣,在教师的指导下,从自然、社会和生活中选择和确定研究主题,开展研究性学习;在观察、记录和思考中,主动获取知识、分析并解决问题,如野外考察、社会调查、主题走访等。金水区优胜路小学"美优之旅"的活动安排如下(见表1-16)。

表1-16 金水区优胜路小学"美优之旅"的活动安排表

课程	地点	活动
走进大自然	人民公园、昆虫馆、动物园、植物园	观察大自然,亲近大自然
读书之路	河南省少儿图书馆、回声馆、河南日报社	参观图书馆和书店,感受书的魅力,培养读书的好习惯
探寻历史之根	河南博物院、郑州博物馆、二七纪念塔、碧沙岗公园	了解家乡的历史,争当家乡宣传员,激发家乡自豪感
了解家乡	黄河游览区、邙山游览区、嵩山少林寺、杜甫草堂	参观景区,了解历史,学习地域文化,增强环保意识,激发对家乡的热爱
科技之光	郑州市科技馆、郑州市气象馆、河南地质博物馆	感受科学的魅力,激发对科学的热爱
走进河南造	三全食品厂、白象集团、宇通客车厂	参观现代化工厂,体验新科技,学习企业精神,感受企业文化
艺术之美	河南艺术馆、郑州艺术馆	欣赏艺术作品,感受多样的艺术形态,接受美的熏陶,成为美的使者
爱心之行	郑州福利院、郑州敬老院	走进爱心机构,表演节目,赠送爱心礼物,留下爱的祝福

在课时安排方面,小学1—2年级,平均每月不少于1课时;小学3—6年级平均每月不少于2课时。充分利用寒暑假,以小组合作方式为主,也可以在家长陪伴下个人单独进行。小组合作范围可以从班级内部,逐步走向跨班级、跨年级、跨学校和跨区域等。教师要根据实际情况灵活运用各种组织方式,要引导学生根据兴趣、能力、特长、活动需要,明确分工,做到人尽其责、合理高效。我们既要让学生有独立思考的时间和空间,又要充分发挥合作学习的优势,高度重视培养学生的自主参与意识与合作沟通能力。鼓励学生利用信息技术手段突破时空界限,进行广泛的交流与密切合作。

(三)"美优之旅"的评价要求

优胜路小学的"美优之旅"课程要做到研之尽兴、学之扎实、旅之有获、行之成长。

1. 系统的课程创意设计。设计完善的研学旅行课程纲要。研学旅行的落脚点应该在于"学",而"旅"是形式,是服务于"学"的。因此,每次的研学旅行应有明确的研学目标、研学内容、评价方式,而不仅仅是简单的游玩。研学旅行课程应该更多地体现出实践性和创新性。

2. 充分的课程实施准备。撰写具体的课程实施方案。做好实施准备,是提高研学旅行课程教学效果的需要,是在研学旅行课程中培养学生良好学习习惯的需要,是促进研学旅行课程教师专业成长的需要。

3. 精致的课程实施安排。设置时宜的课程实施历。精致的课程实施安排有利于研学旅行课程内容的深度有效学习,又有利于多种学习方法的内化。

4. 丰富的课程实施体验。汇集课程实施体验积累成册。研学旅行课程中丰富的体验是学生们最真实的学习,学生在最真实的场景下留下最独特、美好的感受,从而获得多方面的成长。

5. 足够的安全配套保障。配备完善的安全保障制度。在实施研学旅行计划时,一定要做好安全方案和应急预案,以确保课程的顺利进行。

总而言之,根据不同学段、年龄特点的学生,设计更具针对性的课程评价方案,对学生的学习效果不能简单地以分数来评价。在整个研学旅行过程中,教师对学生更应进行形成性评价和发展性评价。

五、丰富"创优社团",全面优化兴趣特长课程

社团是学生课堂活动的延伸与拓展。"创优社团"是优胜路小学培养学生的爱好和兴趣,发展学生的特长,给全体学生参与的机会,切实提高每一名学生的综合素质的活动组织。"创优社团"是激发潜能、发展个性、培养能力、提高素质的社团。

(一)"创优社团"的内涵和要义

"创优社团"是学生全面地、健康地发展的需要,是以"提升学生的主体性和注重学生学习经验,促进学生全面、和谐、有个性地发展"为理念,以核心素养为依托开展丰富多彩的社团课程。

"创优社团"是激发潜能的社团。在共同目标的鼓舞下,学生各尽所能不断创新,在团队帮助下激发自我的潜能。

"创优社团"是发展个性的社团。社团活动内容丰富多彩,不受教材和课时的束缚,真正为学生提供展示自我的天地,多种媒体和平台为发展学生的个性提供无限的可能。

"创优社团"是培养能力的社团。社团成员来自各个年级,多角度多侧面的信息来源使学生不断取长补短,共同提高。

"创优社团"是提高素质的社团。在社团活动和建设中学生承担责任、尊重承诺、理解支持,树立正确的人生观和价值观。

(二)"创优社团"的建设路径

学校从"生活小主人""人文小专家""科技小达人""艺术小明星""体育小健将"五个专题入手组建各种社团,丰富、延伸"修身""语言""思维""艺术""健康"五大类课程。

1. "生活小主人"类社团。将学生的生活引入到学校中,加强学习与现实生活的联系,扩宽学校教育的思路,扩展学生学习的空间和视野,落实修身类课程,从而培养会学习、爱生活的新时代学子。"生活小主人"类社团主要有:"悠悠西餐厅""别开生'面'""健康小卫士""72行小状元""亲亲我的校园""离校课程""生日大Party"等。

2. "人文小专家"类社团。人文素养是"中国学生核心素养"的重要组成部分,"人文小专家"类社团丰富了语言类课程的内容和形式。在这些特色社团的激发下,学生以兴趣为起点,积极参与社团活动,掀起全校"语言表达"的高潮。"人文小专家"类社团主要有:"优胜诗社""姓名趣谈""阳光心桥""创意读写""写遍校园""英语小歌谣""英语电影世界""课本剧展演"等。

3. "科技小达人"类社团。创新是一个民族的灵魂,学校不断打造未来教室和智慧校园等先进科技平台,不断提高学生的科学素养,实施"创客教育"完善思维类课程。"科技小达人"类社团主要有:"小木匠""T博士""小魔术""玩转悠悠球""无线电小制作""火柴盒3D打印""航模能手""电脑动漫"等。

4. "艺术小明星"类社团。艺术可以陶冶人的情操,丰富人的精神世界。学校紧紧把握艺术教育的特点开展社团活动浸润学子的心灵,延展艺术情趣。"艺术小明星"类社团主要有:"立起来剧场""T台秀""墨韵飘香""金阳光合唱团""乐海飞扬管乐团""灵韵舞蹈""七彩花苑""百变皱纹纸"等。

5．"体育小健将"类社团。强健的体魄是人类发展的基础。学校因地制宜地利用自身的特点锻炼学生的体魄，培养学生勇于拼搏、自立自强的体育精神，从而实现"健康"的育人目标。"体育小健将"类社团主要有"田精灵""一毽如故""跃来跃高""乒乒乓乓""棋乐无穷""篮精灵""咏春拳"等。

(三)"创优社团"的实践操作

社团学习是团队成员中共同的意愿和爱好，是学校落实全面育人、发展个性的有效实施路径。学校从"定时间、定人员、定内容、定地点"四个角度出发规范"创优社团"的实践操作。

定时间。学校利用每天7：00—7：50的早训练时间、放学后的四点半课堂和周四下午的自主走班时间全面实施"创优社团"。

定人员。学校每学年选聘校内外的专业技术人员为社团的指导教师，并为这些教师颁发聘书。学生根据自己的特长和爱好自主选择社团，在社团中呈现出混龄学习的特色。能力强的学生在社团中可成为指导老师的小助手，锻炼和发展学生的能力；初入团的学生在团队中可寻找榜样、认真学习、不断突破。

定内容。在学习和训练内容上，老师做到科学合理地定制课程计划、实施方案，组织到位、管理有序，为发展学生的兴趣爱好搭建了平台，为学校的各类竞赛发现了人才，为学校的品牌建设输送了奖牌。

定地点。充分利用学校的各类功能教室和场馆(所)，既做到充分合理又体现区域明确。同时学校鼓励社团利用校外活动场地，充分发挥校外的活动资源。

(二)"创优社团"的评价要求

良好的评价可以促进社团自身的建设，有指导性的评价项目和内容确保了社团的正常活动和健康发展。"创优社团"的评价主要从社团的制度、管理、实施、效果四方面进行，突出学生的潜能、个性、能力和综合素质的全面提升，学校研发了具体的细则(见表1－17)进行评价。评分为85分以上的社团被评为"创优社团"。在"创优社团"社团中的老师可被命名为"创优社团优秀辅导教师"。在社团中的学生采用资格认定制，学生依据各社团的评价标准采取自我评定、同伴评定和教师评定的方法，评选出"生活小主人""人文小专家""科技小达人""艺术小明星""体育小健将"。学校将在升旗仪式、主题队会、散学典礼、开学仪式中对获得这些荣誉称号的学生进行表彰。

表1-17 金水区优胜路小学"创优社团"评价细目表

项目	指标	标 准 解 读	评估方式	得分
制度	激发潜能（30分）	社团管理体制完善,机构设置合理,制定符合学生实际的社团建设实施方案	实地查看材料核实师生座谈活动展示	
		目标明确,建立、健全并严格执行社团各项规章制度		
		社团会员人数适合,规模适度,成员资料档案齐全		
管理	发展个性（30分）	指导教师认真负责		
		学生社团要突出学生的主体性和创造性,使学生在社团活动中自治自理、健康发展		
		社团活动空间固定,环境良好,有相应的文化建设		
实施	培养能力（20分）	定期开展社团活动,组织有序,记录完善,社团活动内容丰富,形式多样,体现实践性和综合性,有利于培养和锻炼学生多方面的素质,体现校园文化精神		
效果	提高素质（20分）	社团成员或集体活动成果显著		
		活动取得良好的教育效果,在学生中有一定的影响		
亮点:			总分:	
不足:				

六、活跃"润优环境"，精心打造校园生态课程

环境是承载生活的基础。学校是培养人才的地方，只有在良好的学校环境中才可以培育出德、智、体、美、劳全面发展的人才。"润优环境"崇尚自然、活跃、和谐、明晰、美好，它以润物细无声的姿态浸润学生的童年。

（一）"润优环境"的内涵和要义

"润"是环境对学生潜移默化的影响作用，"优"是学校全方位育人的理想与追求。"润优环境"是一部多彩、立体、富有吸引力的教科书，具有奇特的感染力、约束力，有利于陶冶学生的情操、净化学生的心灵。

"润优环境"是彰显自然的学校环境。"山光悦鸟性，潭影空人心"，自然的学校环境和学生融为一体，以生为本，统一规划。重视整体化布局，切实达到"学校无闲地，处处能育人"的效果。

"润优环境"是凸显活跃的学校环境。学校的环境跟随学情、季节和社会的发展有计划地更换宣传栏、文化墙、板报的主题和内容,不断地与时俱进、发展创新。

"润优环境"是和谐统一的学校环境。学校积极构建朴实的校风、严谨的教风、积极的学风,使其所形成的隐形学校环境对学生的价值取向、思想品德和生活方式产生潜移默化、滴水穿石的影响。

"润优环境"是宜学明晰的学校环境。明确的区域划分、充沛的功能室实施、清楚的规章制度,是优质学校的基础设施保证,也是整合教育资源体现环境育人的重要组成部分。

"润优环境"是创造美好的学校环境。人是环境中最不可或缺的因素,创造美好环境的目的是为人服务。立足学校发展精神、情感空间,学校良好的师生关系、生生关系、家校关系是创造美好学校环境的完美呈现。

(二)"润优环境"的建设路径

文化是一个民族的灵魂,学校是传承文化和创生文化的地方,学校本着每一处角落育人的意识在校园、长廊、教室进行环境建设,使学校处处充满着文化色彩。

1. 校园环境是学校显性环境的核心。校园环境从整体入手宣传学校的核心文化。校门口的"精神文化墙",国旗台上的"优胜颁奖台",北操场上的"文化栏""道德栏""宣传栏",南操场的"快乐农场""党员美德树"……学校的每一处场所都体现学校的个性和精神,给学生一种高尚的文化享受和催人奋发向上的力量。我们努力使校园的环境成为一位沉默而有风范的老师,起着无声胜有声的教育作用。

2. 长廊环境是学校显性环境的特色。占地面积少是学校的客观特点,我们不断开拓打造立体空间,使长廊场馆化,让每一面墙壁会说话。我们东楼梯走廊与校史链接打造"优胜星光大道",将西楼梯走廊和荣誉相接开创"优胜荣誉走廊"。我们以书香打造校园味道,建设"优胜阅读步廊"。漫步长廊,可以跨越时空,与优胜的名人对话;可以欣赏荣誉,感到身为优胜人的骄傲;可以咀嚼佳作,共沐书香的快乐。别具一格的校园文化长廊使整个校园充满个性化的文化氛围,为学校师生创造了优美的艺术环境,营造了浓厚的文化氛围,提升了校园文化品位。

3. 教室环境是学校显性环境的重点。教室是学生在校生活最主要的场所,良好的教室环境能够使生活在其中的学生不知不觉,但又自觉自愿地受到熏陶和感染,有些影响甚至会伴随学生的一生。我们在班级环境建设上不断地捕捉热点,投入精力,充分地发挥师生的主人翁精神,创设了"班级文化展""班级制度区""班级小明星""才艺展示墙""图书角"等特色设计,使教室成为班级发展和学生健康快乐成长的动力和源泉,让师生在不知不觉中放松了心情,在陶冶了情操的同时丰富了学生的课外生活,增强了学生的才干,使学生在良好的环境中健康、快乐成长。

(三)"润优环境"的推进策略

学校从构建"绿色校园、和谐校园、书香校园、平安校园、节约校园"入手实施"润优环境"的建设,使学校洋溢着自然、活跃、和谐、明晰、美好的生态人文之美。

1. 完善校园自然环境,建设绿色校园。充分利用自然空间进行绿化、美化。利用四季的变化、建筑物的特点进行合理搭配,形成错落有致、疏密有方、寓意深刻的绿色景观,使学校建筑布局合理,环境整洁雅致。学校的面积不大,所以尽可能地利用墙面空间体现文化的内涵和底蕴。

2. 树立主人翁意识,共创和谐校园。学校坚持以人为本,在环境建设中发挥师生的主体性,明确"学校是我家,建设靠大家"的意识。树立教师的责任心,培育学生的责任感。利用"学校环境建设方案征集""走廊环境我出力""班级环境我来建"等环境建设活动,让学生在与环境和材料的对话中获得丰富的经历、有益的体会,促进学生全面的发展。学校紧紧抓住环境育人的特点让环境说话,依托校长信箱、心灵小屋、学生座谈会、学生评教、家访和家长会等形式构建健康和谐、积极向上的师生、生生、家校关系,为学生营造强烈的归属感,形成良好的学习氛围和学风。

3. 积极开展读书活动,营造书香校园。学校积极成立以读书为中心的学习共同体,制定共读计划,建立读书交流平台、朗读展示平台、好书推介平台。开放学校图书室,建设班级图书角,完善漂流书屋,收集读书语录,征集读书心得,营造全员读书的良好学校环境。

4. 借助丰富校外资源,构建平安校园。学校建全安全管理制度,及时对校园各个部位进行安全隐患的排查。联合派出所、法院、工商管理局等校外教育资源,聘请法制副校长,积极开展六员(护校巡防员、法制辅导员、公安联络员、消防指导员、食品监督员、心理疏导员)进校园活动。建立校园安全齐抓共管工作机制,形成职责明确、风险可控的管理格局。同时对师生进行法律法规教育,培养学生的法律意识,养成遵纪守法的好习惯,构建平安校园。

5. 提高环保意识,打造节约校园。学校开设环保主题专栏,进一步强化与环保有关的主题教育,如节约用水、节约粮食、节约用电、垃圾分类、爱护公物、讲究环境卫生等等。每项活动能够做到有方案、有布置、有检查、有总结。设立环保监督岗(员),以教育为主,辅以有效的管理,促使学生形成环保的意识和良好的习惯。

(二)"润优环境"的评价

学校"润优环境"的评价从多个方面有针对性地进行。在考察显性环境建设时利用实地参观和访问的方法,邀请专家、教师、学生、家长组成的评价团队依据评价标准(见表1-18)进行考核。

表1-18 金水区优胜路小学"润优环境"建设评价表

项目	指标	评价内容及参考分值	得分
校园环境建设	活跃(10分)	校园布局整体规划,校内花草树木错落有致、疏密合理,校内无土不绿,达到"春有花、夏有荫、秋有香、冬有绿"	
	自然(10分)	校园环境整洁,地面无纸屑、墙面无污迹;设施齐全,卫生整洁,制度上墙,操作规范	
	明晰(10分)	校内各处室布置合理,特点明显,制度上墙;校内行为提示语、提示牌富有学校特点	
	和谐(10分)	功能室精心布置,充分体现学生的年龄特征和各自的功能,制度上墙,有个性,定期向学生开放	
	美好(10分)	人文景观设置精美,有雕饰、标志牌、警示语、画廊、宣传栏、展示牌	
走廊环境建设	活跃(5分)	体现学校的整体文化特色,结合育人的目的来进行走廊文化建设,以环境育人的理念来为师生们创造一个温馨舒适、充满文化知识的走廊育人环境	
	自然(5分)	走廊区能根据学生的年龄特点进行设计,有主题、有新意、美观大方	
	和谐(5分)	能根据具体的地点设计形式多样的板块,反映师生生活,具有艺术性、思想性	
	明晰(5分)	物尽其用,体现安全性、环保性、实用性、创造性	
	美好(5分)	走廊环境设计体现了学生主体,融入了学生的智慧	
教室环境建设	活泼(5分)	班级布置协调、大方、美观、实用,体现本班学生良好的精神风貌	
	自然(5分)	教室设计符合学生特点,整体性强,风格统一,有一定的艺术性,能够营造良好的育人氛围,突出本班特色	

(续表)

项目	指标	评价内容及参考分值	得分
	和谐(5分)	班务栏内容完整,班级公约健康向上,板报设计美观、大方,立意鲜明	
	明晰(5分)	教室设施有专人管理,摆放整齐有序	
	美好(5分)	教室环境体现学生动手操作及学生作品的展示和交流功能	
	您的建议		总分

在考察隐性环境建设时采取调查问卷测评。每学期的期末我们均向学生发放评教问卷,组织年级、学科分管领导进行问卷汇总和分析和反馈。我们以优胜路小学学生评教调查问卷为依据进行测评。

学校高度重视"润优环境"的建设,借助评价促进"一草一木皆文化,一墙一画皆育人"的显性环境建设,利用调查问卷评价形成校风、教风、学风相互促进、螺旋上升的隐形环境建设形态,两者共利完成环境育人的作用。

综上所述,课程实施是将课程规划的美好愿景转化为丰富多彩的学习生活。"大拇指课程"正以"简优课堂""名优学科""乐优节日""美优之旅""创优社团""润优环境"等实施方式落实教育哲学,实现育人目标。"大拇指课程"为学生播下"仁善、睿智、健康、优雅"的种子,使其在"优教育"的滋养中,成长为更加优秀的自己!

(撰稿人:刘辉 徐晓杰 张敏)

第二章

课程哲学：学校文化上空的一盏明灯

课程哲学来源于学校的历史背景和文化理念，对学校课程建设具有明确的方向性指导作用。学校课程哲学是学校的课程价值观，是学校对自身课程及其发展定位的一种理解，因此，学校课程建设应基于学校课程哲学。学校文化是一种氛围，更是一种精神，它是学校发展的灵魂所在。校园场域内的一草一木，无不彰显着对教育的深刻理解，如同空气一般，无处不在、无时不在，在整个学校场域内，影响着在该场域下的个体，使得每个走进校园里的学生和教师感受得到令人肃然起敬而心向往之的氛围。课程哲学，是课程生活中自然流淌着的生命，是照耀在学校文化上空的一盏明灯。

暖记忆课程：让每一个生命得到温暖的滋养

在郑州市金水区纬五路第二小学的校园里，有一棵高大的皂荚树，它是学校发展的记载者、见证者和守望者。纬五路第二小学以"暖教育"哲学为文化引领，确立了"让每一个生命得到温暖的滋养"的课程理念，以皂荚树的花语"留住美好的回忆"为学校课程命名为"暖记忆课程"，并从学生发展核心素养的形成需要出发，整体建构了暖之源、暖之语、暖之思、暖之创、暖之力、暖之韵六大类课程，并以智暖课堂、融暖学科、灵暖社团、乐暖节日、和暖主题、趣暖研学为主要路径推进课程实施，努力让课程成为孩子童年最温暖的记忆。

郑州市金水区纬五路第二小学始建于1954年，地处中原腹地，比邻区域行政文化中心，在厚重的历史文化传承中，学校面向未来，革故鼎新，教育生命不断焕发新的活力。学校目前有37个教学班，127名在职教师，占地面积为14067平方米。多年来，学校秉承"给学生温暖、自由、快乐的童年"的办学理念，以"精细成就卓越"的管理文化为切入点，通过美化校园环境、提升管理效能、加强师资建设、深化课程改革、培育学校文化等多个渠道，努力践行培养"阳光智慧"的新时代好少年的育人目标。学校先后获得全国中小学"心理健康教育研究与实验"优秀教科研成果一等奖、河南省课改教育成果一等奖、河南省家长示范学校、郑州市文明标兵学校等多项荣誉称号，在社会上享有较高的声誉和口碑。

第一部分　学校课程哲学

鲜明的学校文化是彰显教育品牌、提升管理效能的重要载体，是学校可持续发展的核心竞争力。多年来，金水区纬五路第二小学始终将培育学校文化作为教育管理的重要抓手，不断明晰、完善、固化学校教育哲学，使之内化于心、外显于行，成为学校教育共同体的价值信仰。

一、学校教育哲学

学校结合多年办学经验,结合当今教育发展的趋势和对未来人才的要求,遵循教育规律,坚持儿童立场,提出了"暖教育"哲学。苏霍姆林斯基说:"学校学习,不是毫无热情地把知识从一个头脑装进另一个头脑,而是师生间每时每刻都在进行心灵的接触。"①这种贴近心灵的教育就是"暖教育",用温暖传递温暖,用智慧启迪智慧。学校遵循"给学生温暖、自由、快乐的童年"的办学理念,引导教师从细微之处关爱、尊重和信任孩子,让孩子在温暖的教育土壤中懂得感恩、包容和进取,从而自由、灵动和快乐地生长。

暖是一种教育氛围。 教育给予学生最重要的东西不是知识,而是对知识的热情、对自我成长的信心、对生命积极乐观的珍视。美国著名作家、哲学家梭罗用《种子的信仰》启示我们要怀着教育的信仰期待每一颗种子萌芽,期待每一个孩子创造奇迹。而奇迹的产生依赖于生长环境,依赖于互为依存的师生关系。因此,"暖教育"致力于营建友善、包容、激励、认可、充满正能量的师生关系,让温暖像空气一样时刻包围着孩子,让孩子内心滋生出被尊重、被信任、被期待的安全感、存在感和责任感,自然生发出向上生长、向美生长的力量。

暖是一种教育品质。 "教育不是灌输,而是点燃火焰。"教师作为点火者,既要把握好点火的时机,又要把握好点火的温度,这就是教育的智慧。"暖教育"需要教师有点火的智慧,能够给孩子适切、有效、有质的教育,激发学生的学习兴趣,培养良好的学习品质,获得必备的学科素养,唤醒心灵深处的力量。

暖是一种教育生态。 "暖教育"追求教学相长、和谐共生的教育生态。教师拥有温暖的情怀,举止优雅,精神敞亮,专业自信;学生具有温暖的品行,阳光灵动,表情舒展,学有所长。每一个生命都自然而然地生长,温温不绝,绵绵若存,创生出"浴乎沂,风乎舞雩,咏而归"②的温润与和谐。

---

① 李明主编.高效课堂细节处的10种教育智慧[M].广州:花城出版社,2014.08.
② 思履主编.论语译注[M].北京:中国华侨出版社,2013.01.

我们的教育信条

我们坚信,温暖是生命萌发必需的力量;

我们坚信,每一个孩子都是蕴藏无限潜能的种子;

我们坚信,每一位教师都是给予生命温暖滋养的园丁;

我们坚信,学校是承载温暖童年、涵养温暖品行的田园;

我们坚信,教育是撒播温暖、孕育温暖、守护温暖的旅程;

我们坚信,让生命在温暖的滋养中美美生长是教育最本真的姿态。

二、学校课程理念

在历史的沿袭变革中,学校的校园几经修整,很多建筑拆了又建,很多花草移了又栽,但蘑菇亭内的皂角树却历经风雨而不倒,依旧郁郁葱葱,迎来了一批批新学童,送走了一届届毕业生。它就像纬五路第二小学发展的记载者、见证者和守望者,联想到鲁迅先生百草园里"高大的皂荚树",也是孩子们童趣的乐园。因此,我们借用"皂荚树"的花语"留住美好的回忆",将"暖教育"下的纬五路第二小学的课程模式命名为"暖记忆课程",课程理念确定为"让每一个生命得到温暖的滋养",让学校成为能创造儿童温暖回忆的学园、乐园、家园。这意味着:

——课程即广袤的田园。好的课程一定不拘泥于知识技能的传授,而是像广袤的田园,裹挟着更多有鲜活生命气息的主题和内容,让孩子们有更多的机会去面对深度思考和创新实践的挑战,去选择满足个体生长需要的适宜土壤。

——课程即丰沛的养料。小学教育是人生成长的奠基工程,每一个孩子就像一粒种子、一棵幼苗、一朵花苞,教师就像园丁,以课程为核心的学校教育要给孩子提供阳光、雨露等丰沛的养料,让每一个孩子在生命之初得到温暖的滋养,在每一阶段的成长历程中内心充满自信和力量,美美地生长,最终成为最好的自己。

——课程即生命的拔节。一个孩子就是一个丰富的世界。课程的意义就在于创设适合不同孩子的学习情境,满足不同孩子的成长需要,让每一个生命在对接细胞生长需要的滋养中、在与课程的对话中,萌芽、抽枝、蓄叶、绽放,引悟、选择、发现、撷取,不断完成生命的拔节,靠近生命的彼岸。

"教育,要生长在学生的心里,课程一定是最重要的滋养。""暖记忆课程"注重挖掘一切暖的元素,营造暖的氛围,追求暖的品质,以暖润心,以暖启智,以暖创思,以暖育能,以暖怡情,以暖蕴暖,让课程成为孩子童年最温暖的记忆,践行"让每一个生命得到温暖的滋养"的课程理念。

第二部分　学校课程目标

课程要基于儿童发展需要,走进儿童心里,才能更好地为实现学校育人目标服务。因此,确定课程目标首先要明晰育人目标。

一、学校育人目标

学校的育人目标是培养"阳光智慧"的新时代好少年。这一育人目标自建校初提出后,其内涵被不断地丰富和完善。依据中国学生发展核心素养的内涵要求,参照新时代教育发展对未来人才培养的需要,学校重新对"阳光、智慧"的内涵进行界定和丰富。

"阳光"指向学生的品行、性格发展。希望通过学校教育,使学生在人文底蕴的涵养中,具备健康生活的能力和责任担当,照亮自己、温暖别人,即品端尚善有德行、言暖行美有情趣。

"智慧"指向学生的才智、能力发展。希望通过学校教育,使学生学会学习、明辨决断,在科学精神的指引下,实践创新,适应社会发展的需要,成就最美好的自己,即学优尚思有才智、艺丰体健有特长。

二、学校课程目标

为了实现培养"阳光智慧"的新时代好少年的育人目标,学校将课程目标具体细化分解为低、中、高年级的课程目标,具体课程目标设置如下(见表2-1)。

表2-1　金水区纬五路第二小学"暖记忆课程"年段课程目标

育人目标	年段课程目标	低年级	中年级	高年级
阳光	品端尚善有德行	爱班级、爱学校，喜欢上学，乐于和同学交往；尊敬老师，懂礼貌，遵守纪律，爱护校园环境；有一定的学习自觉性，知道自己的事情自己做。	爱家乡、爱社区，乐于助人，热心班集体活动；自觉遵守《中小学生行为规范》和校规校纪；养成良好的学习习惯和行为规范。	爱祖国、爱社会，有强烈的家国情怀和社会公民意识；遵守社会公德，养成基本的社会行为规范；初步形成积极向上的价值观、人生观，具有阳光温暖的品质。
阳光	言暖行美有情趣	能使用一些简单的礼貌用语与人沟通；注重自己的衣着与仪表，养成正确的坐姿、站姿和走姿；喜欢美的事物，具备简单的分辨是非能力。	掌握一定的沟通方法和技巧，互相礼让，乐于帮助他人，能站在他人的立场上考虑问题；明辨是非、善恶。	平和谦逊、自信大方，能熟练运用沟通技巧与人沟通，对自己的行为负责；能够发现美、欣赏美、创造美，形成自己的价值观。
智慧	学优尚思有才智	有浓厚的学习兴趣，对未知事物充满好奇心；快乐学习，能够达到低年级学科课程标准的基本要求。	能积极主动地学习，有适合自己的学习方法，会独立思考；养成问题意识，能发现学习和生活中的问题，并有意识地尝试解决问题；能够达到中年级学科课程标准的基本要求。	乐学、善学，学会总结学习方法，根据具体的学习任务调整或选择学习策略；能与同伴合作探究，运用多种方法解决问题，有一定的学习力；能够达到高年级学科课程标准的基本要求。
智慧	艺丰体健有特长	喜欢体育运动，初步掌握基本的运动技巧，并能感受到运动的乐趣，达到国家体质健康测试合格以上标准；喜欢动手操作，能在老师的引导下把学习材料进行拼装、组合，建构新的模型，并体验动手的快乐；喜欢艺术活动，乐于参与艺术表演，并能从中获得美的享受。	积极参与体育锻炼，养成良好的运动习惯，掌握1—2项体育技能，达到国家体质健康测试合格以上标准；乐于动手探究，大胆进行实践探索，寻求解决问题的规律和方法，形成初步的科学意识；掌握一门乐器或艺术表演才能，初步形成一定的艺术欣赏能力。	体育锻炼成为生活的重要组成部分，拥有健康的体魄和良好的身体素质，掌握3—4项体育技能，达到国家体质健康测试合格以上标准；乐于动手创造，善于总结实验操作原理，并尝试解决生活中的问题，具有一定的科学素养；精通一门乐器或艺术表演才能，具有一定的艺术素养。

第三部分 学校课程体系

为进一步加强课程规划顶层设计的科学性、先导性，厘清课程元素间的内部逻辑关系，使课程成为上承教育哲学、下启育人目标的载体，学校基于"暖教育"哲学及"给孩子温暖、自由、快乐的童年"的办学理念，构建了"暖记忆课程"体系。

一、学校课程逻辑

"暖记忆课程"体系遵循"让每一个生命得到温暖的滋养"的课程理念，以培养"阳光智慧"的新时代好少年为育人目标，以智暖课堂、融暖学科、灵暖社团、乐暖节日、和暖主题、趣暖研学为主要路径推进课程实施，建立起"暖记忆课程"逻辑体系（见图2-1）。

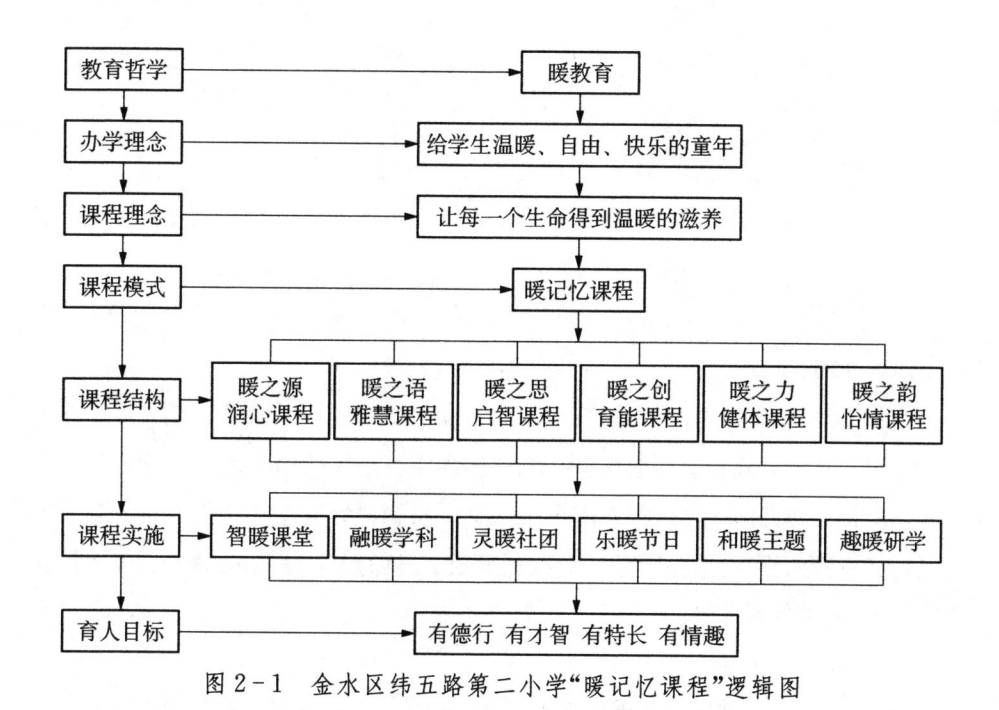

图2-1 金水区纬五路第二小学"暖记忆课程"逻辑图

二、学校课程结构

"生命需要哪些温暖的滋养""如何给予生命温暖的滋养"是课程内容和课程实施的问题范畴。在选择建构课程内容时，我们依据加德纳"多元智能理论"，将"暖记忆课程"横向分为六个领域，分别是暖之源润心课程、暖之语雅慧课程、暖之思启智课程、暖之创育能课程、暖之力健体课程、暖之韵怡情课程。每个领域的课程又根据其在学生核心素养发展中的作用进行纵向归类，分为初阶课程、中阶课程、高阶课程，初步确定了"三阶六维"的课程结构（见图2-2）。

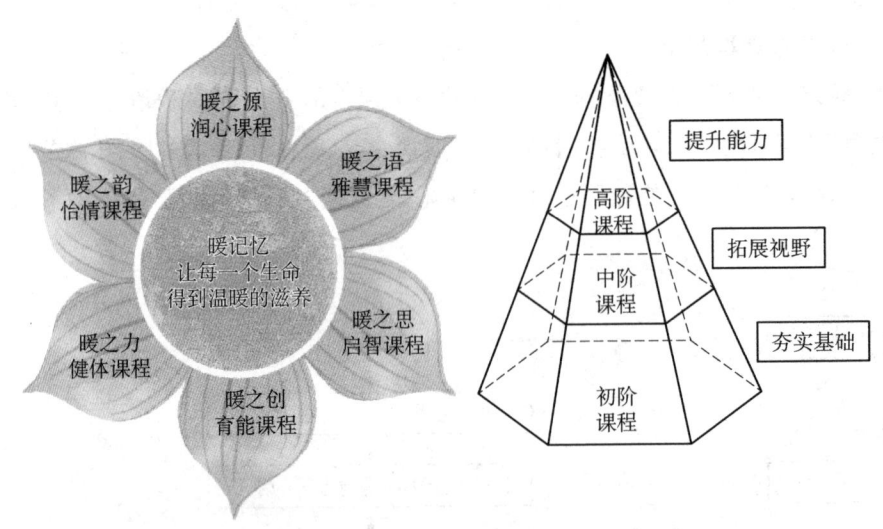

图2-2 金水区纬五路第二小学"暖记忆课程"结构示意图

三、学校课程设置

"六维"紧扣学生发展的六项核心智能，"三阶"分层体现了对学生差异需求的关照，初阶课程关注基础知识和基本技能，旨在夯实学科基础；中阶课程关注学习领域的延伸与拓展，旨在开阔学科视野；高阶课程关注学科知识的综合运用，旨在提升学科能力。通过"三阶六维"的课程设置架构多元、开放、立体的课程体系，让每个孩子都能获得课程带来的丰富滋养。

1. 暖之源润心课程

"暖之源润心课程"是以道德与法制、品格教育、爱国教育等德育课程为主的一个课程领域,旨在让学生在丰富多彩的课程活动中培养良好的品格,感知自我与社会的责任,树立成长的自信,体验成长的幸福。"暖之源润心课程"设置如下(见表2-2)。

表2-2　金水区纬五路第二小学"暖之源润心课程"设置表

学期＼课程	初阶	中阶	高阶
一年级 上学期	道德与法治 每月好习惯	亲亲校园入校课程 新年新气象 拜年啦——春节礼仪 安全逃生演练	自然之旅 爱国之旅我爱我家
一年级 下学期	道德与法治 每月好习惯	做灯笼庆元宵 交警进校园 安全逃生演练	自然之旅 爱国之旅我爱我家
二年级 上学期	道德与法治 每月好习惯	红领巾礼仪 交警进校园 春节习俗知多少 安全逃生演练	百科之旅 爱国之旅我爱学校
二年级 下学期	道德与法治 每月好习惯	猜灯谜庆元宵 清明忆英雄 学习雷锋见行动 安全逃生演练	百科之旅 爱国之旅我爱学校
三年级 上学期	道德与法治 每月好习惯	老师您好 我是小交警 春联妙对 安全逃生演练 社区里的小暖娃	读书之旅 爱国之旅我爱社区
三年级 下学期	道德与法治 每月好习惯	我是爸妈小暖娃 红军爷爷讲故事 安全逃生演练 社区里的小暖娃	读书之旅 爱国之旅我爱社区
四年级 上学期	品德与社会 每月好习惯	我为党旗献礼 校园里的小暖娃 国旗护卫队 行走的压岁包 安全逃生演练 社区里的小暖娃	水域之旅 爱国之旅我爱家乡

(续表)

学期＼课程	初阶	中阶	高阶
四年级下学期	品德与社会 每月好习惯	校园里的小暖娃 走进端午 我是小交警 校园反欺凌教育 安全逃生演练 社区里的小暖娃	水域之旅 爱国之旅我爱家乡
五年级上学期	品德与社会 每月好习惯	校园里的小暖娃 暖娃在重阳 我为祖国献礼 团圆饭团圆年 安全逃生演练 社区里的小暖娃	天地之旅 爱国之旅我爱祖国
五年级下学期	品德与社会 每月好习惯	校园里的小暖娃 我与小树有个约会 校园反欺凌教育 安全逃生演练 社区里的小暖娃	天地之旅 爱国之旅我爱祖国
六年级上学期	品德与社会 每月好习惯	校园里的小暖娃 感谢有您 地球村里的中国年 安全逃生演练	寻根之旅 爱国之旅我爱世界
六年级下学期	品德与社会 每月好习惯	校园里的小暖娃 朝花夕拾离校课程 校园反欺凌教育 安全逃生演练	寻根之旅 爱国之旅我爱世界

2. 暖之语雅慧课程

"暖之语雅慧课程"是以中文、英语等语言交流为主的课程领域,旨在通过听、说、读、写、综合运用等语言活动,全面提高学生的语言感悟能力、表达能力、沟通能力,提升学生的人文素养。"暖之语雅慧课程"设置如下(见表2-3)。

表2-3 金水区纬五路第二小学"暖之语雅慧课程"设置表

学期＼课程	初阶	中阶	高阶
一年级上学期	语文	每日乐诵 每周乐写 每日乐说	每周乐享 每月读写绘
一年级下学期	语文	花样朗诵 汉字王国 请听我说	每周一记 小小擂台赛
二年级上学期	语文	阅·趣 字·趣 言·趣	文·趣 乐·趣
二年级下学期	语文	读·趣 墨·趣 说·趣	写·趣 行·趣
三年级上学期	语文 英语	书声琅琅 方寸之间 锦心绣口 Phonics song 字母规范我来写	妙笔生花 身临其境 美音学舌 Story time
三年级下学期	语文 英语	声情并茂 挥毫落纸 出口成章 Phonics song 字母规范我来写	奇文瑰句 无敌小当家 美音学舌 Story time
四年级上学期	语文 英语	初识古文 汉源识字 妙语连珠 动漫英语城 配音达人秀	周周有记 暖娃剧场秀 校园小记者 红领巾广播站 小小外交官 Magic pen
四年级下学期	语文 英语	古文诵读 字海拾趣 能说会道 动漫英语城 配音达人秀	纸上光阴 创意广告牌 校园小记者 红领巾广播站 小小外交官 Magic pen

(续表)

学期 \ 课程	初阶	中阶	高阶
五年级 上学期	语文 英语	书韵飘香 字趣探究 百家讲坛 英语视听说 Poetry reading club	下笔成章 快乐拾忆 校园小记者 红领巾广播站 Little actors Writing club
五年级 下学期	语文 英语	咏传经典 汉字听写 "话"茧成蝶 英语视听说 Poetry reading club	语妙绝伦 佳片有约 校园小记者 红领巾广播站 Little actors Writing club
六年级 上学期	语文 英语	我为诗狂 日有所练 家风分享 英语沙龙 英文美文鉴赏	笔上年华 我要去旅行 校园小记者 红领巾广播站 English drama club Big book
六年级 下学期	语文 英语	古文赏析 午书时光 辩出自我 英语沙龙 英文美文鉴赏	毕业寄语 流光剪影季 English drama club Big book

3. 暖之思启智课程

"暖之思启智课程"是以数学课程为基础，围绕数学核心素养建构的一个课程领域，旨在通过计算、空间感知、数据分析、生活运用等活动，发展学生的逻辑与思维能力。"暖之思启智课程"设置如下（见表2-4）。

表2-4 金水区纬五路第二小学"暖之思启智课程"设置表

学期 \ 课程	初阶	中阶	高阶
一年级 上学期	数学	数从哪里来 趣味七巧	物品站队 我的校园

(续表)

学期 \ 课程	初阶	中阶	高阶
一年级下学期	数学	口算达人 巧搭积木	春夏秋冬 种子拼画
二年级上学期	数学	巧算达人 设计图案	最爱的水果 数学华容道
二年级下学期	数学	巧算大数 让角动起来	作业统计 四面八方
三年级上学期	数学	巧算24点 美丽分形	搭配大师 社区测量
三年级下学期	数学	数独游戏 巧移火柴棒	社区调查 设计徽标
四年级上学期	数学	巧用运算律 马路小帮手	和时间赛跑 主题调查
四年级下学期	数学	巧算小数 魔幻平面图	掷骰子游戏 奇妙的负数
五年级上学期	数学	购物小能手 小小设计师	小小裁判长 旅游方案
五年级下学期	数学	X的秘密 图形变变变	蒜苗的成长 测量小实验
六年级上学期	数学	巧算分数 圆的奥秘	我是调查员 思维导图
六年级下学期	数学	我是促销员 图形之美	统计家族 绘制平面图

4. 暖之创育能课程

"暖之创育能课程"是以科学、信息技术为基础的一个课程领域，旨在通过观察实验、动手操作、发明创造、研究性学习等活动训练，培育学生的探究能力、信息处理能力、动手能力和创新能力，发展学生的科学素养与信息素养。"暖之创育能课程"设置如下（见表2-5）。

表2-5 金水区纬五路第二小学"暖之创育能课程"设置表

学期\课程	初阶	中阶	高阶
一年级上学期	科学	不说话的朋友 暖娃学"导航"	暖娃看世界 巧用废品
一年级下学期	科学	探秘动物园 月亮的脸	暖娃看世界 巧用废品
二年级上学期	科学	巧认植物 乐"磁"不疲 暖娃报天气	玩偶游乐场 暖娃启"智"
二年级下学期	科学	巧认动物 乐"磁"不疲 暖娃报天气	我们来造纸 暖娃启"智"
三年级上学期	科学 信息技术	珍稀植物 "小爱"实验室 暖娃气象站	"走马"观花 暖娃初"编"
三年级下学期	科学 信息技术	珍稀动物 "小爱"实验室 泥巴里的学问 魔力画图师	小电器大梦想 暖娃初"编"
四年级上学期	科学 信息技术	萌宠到我家 力理 T博士讲科学	石头记 暖娃初"编"
四年级下学期	科学 信息技术	T博士讲科学 力理 影子的秘密 文编我最棒	"摩尔根"行动 暖娃初"编"
五年级上学期	科学 信息技术	我们的身体 "行走"的能量 地心历险记 电子小报show	我手扮我家 鸟瞰世界 未"智"生活
五年级下学期	科学 信息技术	动物家谱 "行走"的能量 浮光掠影 PPT里观世界	暖娃炫技 鸟瞰世界 未"智"生活

(续表)

学期＼课程	初阶	中阶	高阶
六年级上学期	科学 信息技术	观"微"识"微" 变来变去 小动画大乐趣	星空大冒险 小小机械师 未"智"生活
六年级下学期	科学 信息技术	基因密码 变来变去 我爱剪辑	星空大冒险 小小机械师 未"智"生活

5. 暖之力健体课程

"暖之力健体课程"是以体育与健康、心理健康课程为基础的一个课程领域,旨在通过体育运动技能训练与心理健康疏导,让学生掌握体育与健康的基础知识、基本技能,体验运动的乐趣,养成终身锻炼的生活习惯,培养积极健康的心理品质和顽强拼搏的体育精神。"暖之力健体课程"设置如下(见表2-6)。

表2-6 金水区纬五路第二小学"暖之力健体课程"设置表

学期＼课程	初阶	中阶	高阶
一年级上学期	体育与健康	交个新朋友 丛林小战士 我爱篮球	棋乐无穷(象棋) 乒乓少年
一年级下学期	体育与健康	巧乐热身 "小手"爱啦啦 拍球达人	棋乐无穷(象棋) 乒乓少年
二年级上学期	体育与健康	课间十分钟 啦啦"进门" 球球搬家	方与圆(围棋) 乒乓少年
二年级下学期	体育与健康	我爱我的班 大眼睛亮晶晶 啦啦"进门" 球左球右	方与圆(围棋) 乒乓少年

(续表)

学期 \ 课程	初阶	中阶	高阶
三年级 上学期	体育与健康	他人眼中的我 饮食与运动 阅兵小战士 指上篮球	控球高手 奔跑吧少年
三年级 下学期	体育与健康	做情绪的主人 疾控知多少 啦啦"初成" 协力传球	控球高手 奔跑吧少年
四年级 上学期	体育与健康	Bye Bye 坏心情 饮食与健康 花球啦啦操 运球小达人	运球帷幄 跳得更高 旋风排球
四年级 下学期	体育与健康	我是最棒的 我们的身体 花球啦啦操 我是传球王	运球帷幄 跳得更远 旋风排球
五年级 上学期	体育与健康	玩转"朋友圈" 疼痛消消乐 炫美啦啦操 百发百中	巧攻妙防 旋风排球 晨曦田径
五年级 下学期	体育与健康	"星星"里的学问 炫美啦啦操 弹无虚发	巧攻妙防 旋风排球 晨曦田径
六年级 上学期	体育与健康	沟通无极限 青春课堂 体操达人 旋风排球	篮球小明星 晨曦田径
六年级 下学期	体育与健康	向快乐出发 运动救生员 体操达人 旋风排球	篮球小明星 晨曦田径

6. 暖之韵怡情课程

"暖之韵怡情课程"是以音乐、美术课程等综合艺术为基础的一个课程领域,旨在通过绘画、表演、手工、创意造型等活动,培养学生的艺术兴趣和艺术素养,陶冶艺术情操,提高审美能力。"暖之韵怡情课程"设置如下(见表 2-7)。

表 2-7 金水区纬五路第二小学"暖之韵怡情课程"设置表

学期 \ 课程	初阶	中阶	高阶
一年级上学期	音乐 美术	自然之声 敲锣打鼓 听歌学舞 有趣涂鸦 奇妙的撕纸画	萌娃舞蹈 琵琶霓裳 "画"说母爱 美食总动员
一年级下学期	音乐 美术	生活之声 儿歌连连唱 小小指挥家 趣味刮画 趣味折纸	自然配音 萌娃舞蹈 琵琶霓裳 "画"说折纸 快乐泥塑
二年级上学期	音乐 美术	你我之声 大家一起唱 听歌猜名 线描写生 美丽的染纸	说唱古诗词 萌娃舞蹈 琵琶霓裳 "画"说老师 春节文化
二年级下学期	音乐 美术	迷你打击乐 歌唱小评委 音节滑滑梯 科幻画 贴贴乐	听音变脸 萌娃舞蹈 琵琶霓裳 "画"说节日 民俗文化
三年级上学期	音乐 美术	模音大自然 乐器之王 四季之歌 灵动的线条 彩泥 DIY 乐陶陶	小雨滴合唱 萌娃舞蹈 琴音雅韵 线描写生 现代服饰
三年级下学期	音乐 美术	男声女声 听音模仿 听音画画 水粉艺术 乐陶陶	小雨滴合唱 萌娃舞蹈 琴音雅韵 铜管小乐团 环保家园 变废为宝

(续表)

学期 \ 课程	初阶	中阶	高阶
四年级 上学期	音乐 美术	魅力回声 自制乐器 国画 四季之美 乐陶陶	小雨滴合唱 社区萌娃秀 琴音雅韵 创意版画 流光剪影 穿针引线
四年级 下学期	音乐 美术	听音辨乐器 小雨滴合唱 水粉艺术 绕绳艺术 乐陶陶	歌词改编家 走进音乐厅 琴音雅韵 穿针引线 生活与艺术
五年级 上学期	音乐 美术	小雨滴合唱 花样打节拍 C位训练营 黑白画 绕绳艺术	舞剧赏析 动漫小剧场 "画"说河南 串珠DIY
五年级 下学期	音乐 美术	小雨滴合唱 随乐舞蹈 电影里的歌 情趣水墨 动漫形象	萌娃舞场秀 音乐剧场 篆刻艺术 名家赏析 串珠DIY
六年级 上学期	音乐 美术	画出旋律线 我是小演员 素描静物 快乐手绘DIY 绕绳艺术	节奏变变变 初学音乐史 综合材料 皮革世界 珠趣
六年级 下学期	音乐 美术	情绪"音"你变 科技之声 布莱梅音乐会 快乐手绘DIY 装饰画	音乐无国界 "画"说昆虫 民族服饰 珠趣

第四部分　学校课程实施

课程实施是课程理念落地的过程,也是师生共同成长的过程。学校从"智暖课堂""融暖学科""灵暖社团""和暖节日""乐暖主题""趣暖研学"六个方面实施"暖记忆课程",践行"让每一个生命得到温暖的滋养"的课程理念。

一、打造"智暖课堂",整体提升学校课程实施质量

课堂是学校教育发生的主阵地,是课程实施的主载体。为整体提升学校课程实施品质,学校基于"暖教育"的价值追求和目标定位,致力于构建"智暖课堂"文化,通过文化引领改变教师的教学理念、改进教学行为、改善师生关系、提升教与学的有效性。

(一)"智暖课堂"的内涵

"智暖课堂"的"智"指向教学效能。教师以丰厚的专业素养、恰当的教学策略、巧妙的教学设计,在教给学生知识的同时,让知识迁移转化为能力,让能力发酵提炼成智慧;学生在"不愤不启,不悱不发"的课堂情境中与教师产生思维的碰撞、观点的共鸣和情感的融合。其内涵可与三维目标中的"知识与技能、过程与方法"对接,体现在知识的传授与获得、过程的经历与呈现、方法的指导与练习。

"智暖课堂"的"暖"指向课堂氛围。课堂充满人文关怀,学生的个性、尊严得到充分尊重,潜能得到充分挖掘,师生双方在教学中相互尊重、相互信任、相互促进,课堂气氛愉悦和谐,情趣共生。其内涵可与三维目标中的"情感、态度、价值观"对接,体现在师生关系、情感体验、课堂价值取向等方面。

具体到课堂教学的每个环节,学校进一步明晰了"六有"的课堂文化内涵,具体而言:

——**学习目标适切有据**。学习目标的制定要依据学科课程标准、学段教学目标和不同班级学生的具体学情具体设置,要紧扣三维目标的达成要求,还要契合不同学习水平儿童的学习需要。

——**学习资源丰富有融**。教师要深度解读课标,分析教材,读懂学生,立足于学生发展,需要将对教材的解读及结合学生生活体验拓展的学习内容巧妙整合,使学习资源丰富多维。

——学习过程智慧有序。 教师根据学习需要创设鲜活的情境,提出有针对性、有启发性的问题,并能根据学生的个体体验巧妙地点拨指导,促进学生思维的深度发展。整个教学组织有序,环节安排流畅自然。

——学习氛围温暖有趣。 教师用富有感染力、启发力的语言组织课堂,建构循循善诱、不悱不发的课堂氛围。学生在轻松、温暖的环境下愉悦学习,个性与潜能得到充分发展。师生关系和谐融洽,课堂充满人文关怀。

——学习成果扎实有效。 通过课堂学习,学生能掌握相关基础知识和基本技能,能形成有效的学习策略,发现问题、解决问题、综合运用等各方面的能力得到有效提升,同时收获积极的情感体验。

——学习生态目中有人。 课堂充满生命活力,学生和教师作为学习共同体在课堂上都能获得生命成长。学生作为学习的主体始终处在课堂的正中央,他们全情参与,个性张扬;教师在引导学生习得知识、收获技能、涵养品性的同时也在不断丰富自我教学机智,淬炼教学智慧。

(二)"智暖课堂"实施策略

在"智暖课堂"文化形态的引领下,学校加强教学常规的规范化、精细化管理,深入开展创新教学方式和学习方式的研讨与实践,以教科研为先导,以课例为载体,通过课堂观察诊断、课型研讨、课题研究等活动,逐步形成了对"智暖课堂"文化的理论与行动共识。具体实施策略如下:

1. 课堂诊断为"智暖课堂"寻根

理想的课堂教学生态的形成基于对课堂教学现状和教学问题的梳理与分析。学校课程中心选取不同学科、不同年龄段、不同教龄教师的常态课,从学习目标、学习资源、学习过程、学习氛围、学习效果、学习生态等不同的维度进行课堂观察,汇总相关数据,提炼优秀课堂的共性特质,为"智暖课堂"文化内涵的确定提供实例支撑;同时加强对课堂问题的梳理,为基于问题改进的课堂教学实践与研究提供具体参考。

2. 文化凝练为"智暖课堂"铸魂

在课堂诊断、提炼优秀课堂特质的基础上,学校进一步厘定了"智暖课堂"的文化内涵,明确了学习目标适切有据、学习资源丰富有融、学习过程智慧有序、学习氛围温暖有趣、学习效果扎实有效、学习生态目中有人的"六有"课堂教学评价标准,并通过专题培训、课例研讨、课题研究等形式,不断加强课堂文化内涵的宣介,使其成为全体教师课堂教学的理论共识与行动纲领。

3. **课题研究为"智暖课堂"塑形**

为保障"智暖课堂"落地生根,学校以教学研究为抓手,坚持校本教研与课题研究两手抓,通过基于课例、基于具体教学问题的研究完善丰富实践经验。一方面充分发挥同伴互助的力量抓好校本教研,做到常规教研不松懈、主题教研有实效、即时教研重反思;另一方面加强专项课题引领,引导教师从教学中的具体问题入手进行小课题研究,通过对一个问题的持续关注与实践反思,形成有效的课堂教学策略,从而促进"智暖课堂"建构向纵深发展。

4. **教学实践为"智暖课堂"提质**

"智暖课堂"文化要转化为具体的教学行为才能促使课堂改变真实发生。学校以"五味课堂"为抓手,即新教师亮相课、青年教师过关课、骨干教师展示课、学校名师示范课、各级比赛公开课等,开展以课例为载体的教学实践研究,将磨课研课纳入"暖之训"梯级教师培养工程,纳入教师专业发展规划,常态化开展学科及全校性课例观摩研讨活动,集思广益、互相切磋、共同提高。在实践—研讨—反思—再实践—再反思的行动研究中,学校初步提炼总结了"智暖课堂"的四个实施关注点,即以自然新奇的情境激趣,启迪智慧;以恰当深入的问题探究,激荡智慧;以艺术高效的梳理指导,发展智慧;以开放广博的运用拓展,提升智慧。

5. **教学评价为"智暖课堂"助力**

"智暖课堂"因学生而"生",学生对课堂的评价是改进教学最好的镜子。每学期,课程中心组织学生代表作为观察员参与课堂教学评价活动,以问卷和访谈的形式收集评价信息。结果显示,学生对课堂的感性评价与学校"智暖课堂"所提倡的理念互相吻合,这样的课堂教学对话既激发了学生的学习热情,也促进教师聚焦课堂、基于问题改进教学。

同时,学校还通过家长进课堂、家长座谈会等形式邀请家长参与课堂评价,通过学校、教师、学生、家长共同参与的互动、多元评价全方位为"智暖课堂"把脉问诊,有效促进课堂教学质量的提升。

(三)"智暖课堂"评价

对课堂教学的评价分为即时性评价和终结性评价两个方面。即时评价主要体现在随堂观课及"智暖课堂"的展示观摩后,由学科领导组织学科教师进行随机教研,听课教师填写评价量表,并与授课教师进行互动性即时评价。终结性评价主要结合每学期开展的家长、学生评教活动,以问卷和访谈的形式对教师课堂教学情况做出整体性评价,评价结果作为学校年度最美教师评选的重要依据。

在"智暖课堂"的建构实践中,学校基于对"智暖"的内涵解读,设计了《金水区纬五路第二小学"智暖课堂"评价表》,具体评价标准如下(见表2-8)。

表2-8 金水区纬五路第二小学"智暖课堂"评价表

评价维度		评价要素	权重	等级 A	B	C
学习目标适切有据		学习目标紧扣课程标准,凸显学段目标,贴合学情,重难点恰当,关键问题把握准确。	5%			
学习资源丰富有融		教师深度解读课标,分析教材,读懂学生,立足于学生发展需要拓展整合学习资源。	5%			
学习过程智慧有序	情境蕴暖启迪智慧	情境的创设、任务的提出符合学科特点,简洁明了。	5%			
	问题探暖激荡智慧	自主学习:能独立思考,探究问题有主见,能总结提炼学习所得。	20%			
		合作(探究)学习:组织有序,讨论热烈,同伴协作,帮扶到位,按时完成小组分配的学习任务。				
		思维状态:善于思考质疑,能提出个人观点,见解独到、有价值,并引发学生思考。				
		参与状态:精神饱满,兴趣浓厚,学习投入,状态良好。				
	点拨思暖发展智慧	展示状态:大胆自信,表达简洁,解疑答惑正确,征求意见谦虚。	25%			
		交流状态:尊重同学和老师,清晰表达自己观点,耐心听取别人的意见,质疑研讨诚恳,评价客观公正。				
		教师点拨:及时整理提炼学生生成的问题;适时、适度指导学生的学习活动;矫正纠错、提炼总结,体现智慧型指导。				

(续表)

评价维度		评价要素	权重	等级 A B C
	运用品暖提升智慧	练习设计注重层次性、针对性和科学性。	10%	
		练习过程适度增加相关的深化内容进行拓展。		
	评价寻暖内化智慧	采用发展性多元评价,评价适时恰当,激励性、指导性强。	5%	
学习氛围温暖有趣		课堂氛围轻松、愉悦,学生的个性、潜能、尊严得到充分发展,师生关系和谐融洽,课堂充满人文关怀。	5%	
学习成果扎实有效		知识掌握:扎实掌握当堂知识,目标达成度高。	10%	
		方法运用:学会解决问题的方法,形成有效的学习策略,养成良好的学习习惯。		
		能力形成:学生发现问题、解决问题、综合运用等各方面的能力得到提高。		
		情感发展:学习过程愉悦,思想情感积极向上。		
学习生态目中有人		课堂充满生命活力,学生全情参与、个性张扬;教师收获教学机智,淬炼教学智慧。	10%	
总评				
总体建议				

二、建设"融暖学科",着力夯实学科课程实施品质

"融"即融合、整合。"融暖学科"建设即围绕学科素养目标,将基础课程与结合各类教育资源、学生学习需求开发的校本课程、微课程、多样化体验活动等组合,统整建构学科课程群,并通过多样化的路径实施,不断夯实学科课程品质。

(一)"融暖学科"建设路径

学校主要从建构学科文化共识、开发学科课程群、提升学科教师课程素养三个方面打造"融暖学科"。

一是建构学科文化共识。探寻学科文化是开展特色学科课程建设,提升学科课程品质的基础。建设"融暖学科"要引领学科教学团队在已有教学认知的基础上,以学科课程标准为依据,以学生学科核心素养的达成为目标,基于学情及对学科教学的认知基础,探寻、提炼、明晰本学科的课程文化,即学科课程理念,在学科理念的引领下开发、实施、评价学科课程。

二是开发学科课程群。以国家课程的实施为基础,以学科教学的相关领域为维度,进行微课程、体验活动、竞赛活动、家庭作业等多种课程资源的整合,开发容量丰富、分类科学的学科课程群。

三是提升学科教师课程素养。教师课程素养包括课程开发、实施、评价等多方面的能力。学校通过专业阅读、专题培训、课例研究、校本教研等多种形式不断提升教师课程能力。引领学科教师立足于学生学科素养广域的培养载体,提供满足儿童需要的广泛、真实的学习内容,基于教学实践和学校育人目标逐步提炼明晰本学科课程价值理念,并使其在指导教学实践的过程中不断得以内化,成为指导学科教学的行动纲领。

(二)"融暖学科"课程建设

"融暖学科"依据学科课程,研发丰富的学科延伸课程,形成具有特色的学科课程群。学校建设了"本味语文""万象数学""乐享英语""童真科学""趣美音乐""FUN体育""情智美术"七大课程群。每个课程群都提出了鲜明的学科价值观和教学主张,并基于学科核心素养的全面达成开发了丰富多维的课程群。

1. "本味语文"课程群

"本味语文"基于语文人文性、工具性相统一的学科特点,积极探寻语文之本源,回归语文之本真;坚持儿童本位,把儿童放在语文学习的正中央,引领学生品味语言文字,体味精神内涵,收获语文学习最美好的滋味。"本味语文"根据语文教学中识字、阅读、口语交际、习作、综合性学习五大学习领域,嵌入式、统整式开发实施相关课程,从有味阅读、有形书写、有效交际、有情抒发、有趣实践五个方面设置课程群。除基础课程外,具体课程设置如下(见表2-9)。

表2-9 金水区纬五路第二小学"本味语文"课程设置表

学期\课程	有味阅读	有形书写	有效交际	有情抒发	有趣实践
一年级上学期	每日乐诵	每周乐写	每日乐说	每周乐享	每月读写绘
一年级下学期	花样朗诵	汉字王国	请听我说	每周一记	小小擂台赛
二年级上学期	阅·趣	字·趣	言·趣	文·趣	乐·趣
二年级下学期	读·趣	墨·趣	说·趣	写·趣	行·趣

(续表)

学期＼课程	有味阅读	有形书写	有效交际	有情抒发	有趣实践
三年级上学期	书声琅琅	方寸之间	锦心绣口	妙笔生花	身临其境
三年级下学期	声情并茂	挥毫落纸	出口成章	奇文瑰句	无敌小当家
四年级上学期	初识古文	汉源识字	妙语连珠	周周有记	暖娃剧场秀
四年级下学期	古文诵读	字海拾趣	能说会道	纸上光阴	创意广告牌
五年级上学期	书韵飘香	字趣探究	百家讲坛	下笔成章	快乐拾忆
五年级下学期	咏传经典	汉字听写	"话"茧成蝶	语妙绝伦	佳片有约
六年级上学期	我为诗狂	日有所练	家风分享	笔上年华	我要去旅行
六年级下学期	古文赏析	午书时光	辩出自我	毕业寄语	流光剪影季

2."童真科学"课程群

"童真科学"主张让儿童在真实的情境中用儿童的方式学习科学,让儿童的科学学习真实自然发生。"童真科学"依据生命科学、物质科学、地球与宇宙、技术与工程四大学习领域,从生生不息、格物致知、别有天地、技高一筹四个方面整体进行课程设置。除小学科学基础课程外,具体课程设置如下(见表2-10)。

表2-10　金水区纬五路第二小学"童真科学"课程设置表

学期＼课程	生"生"不息	格"物"致知	别有"天地"	"技"高一筹
一年级上学期	不说话的朋友	暖娃看世界	暖娃学"导航"	巧用废品
一年级下学期	探秘动物园	暖娃看世界	月亮的脸	巧用废品
二年级上学期	巧认植物	乐"磁"不疲	暖娃报天气	玩偶游乐场
二年级下学期	巧认动物	乐"磁"不疲	暖娃报天气	我们来造纸
三年级上学期	珍稀植物	"小爱"实验室	暖娃气象站	"走马"观花
三年级下学期	珍稀动物	"小爱"实验室	泥巴里的学问	小电器大梦想
四年级上学期	萌宠到我家	力理	石头记	T博士讲科学
四年级下学期	"摩尔根"行动	力理	影子的秘密	T博士讲科学
五年级上学期	我们的身体	"行走"的能量	地心历险记	我手扮我家
五年级下学期	动物家谱	"行走"的能量	浮光掠影	暖娃炫技

(续表)

学期\课程	生"生"不息	格"物"致知	别有"天地"	"技"高一等
六年级上学期	观"微"识"微"	变来变去	星空大冒险	小小机械师
六年级下学期	基因密码	变来变去	星空大冒险	小小机械师

3."万象数学"课程

"万象数学"指向数学教育与现实世界联系的广博性、存在的广域性、应用的广泛性,主张以学生为中心,让数学教育回归现实世界,引导学生"用数学的眼光观察现实世界,用数学的思维分析现实世界,用数学的语言表达现实世界"。以北师大版小学数学为基础,依据数与代数、空间与图形、统计与概率、综合性学习四大学习领域,进行数学课程资源的统整与融合,分别从巧计妙算、巧拼妙搭、巧析妙决、巧学妙用四个方面设置课程。

4."FUN体育"课程

"FUN体育"主张体育是有趣的、好玩的、令人愉悦的课程,主张立足儿童好动、爱玩的天性,引导学生在玩中学、在学中玩,玩出体育技能,玩出生活情趣,玩出体育品格。以体育与健康为基础课程,根据学科四大领域延伸拓展开发课程,从力之健、力之能、力之美、力之乐四个方面设置课程。

5."乐享英语"课程

"乐享英语"主张英语学习是语言交流与分享的快乐之旅,基于小学英语听、说、读、写学科能力建构的需要,分别从英悦之声、乐享之旅、声临其境、妙笔生花四个方面设置课程。

6."趣美音乐"课程

"趣美音乐"主张立足学生兴趣,用灵动的视觉、敏锐的听觉、乐于表达的情感欣赏美、感受美、体验美、创造美。以审美感知、艺术表现、文化理解等音乐学科核心素养为导向,从赏韵鉴美、动律达美、创新塑美、融智品美四个方面设置课程。

7."情智美术"课程

"情智美术"主张艺术创作源情而生、融情而作,旨在抒情、妙在创造,引导学生通过富有情感的各种美术表现形式,达到情趣与智创的双重提升。基于小学美术学科能力建构的需要，分别从有趣绘画、有创制作、有情评述、有智探索四个方面设置课程。

(三) "融暖学科"的评价要求

"融暖学科"评价关注学科课程、学科教学、学科学习、学科团队等学科课程建设的四个核心要素，具体评价标准如下。

1. 学科哲学鲜明独特。基于学科素养培养需要，植根学校课程文化，提炼形成特色鲜明的学科哲学和教学主张。

2. 学科方案切实可行。依据学科哲学，立足教学实际，构建包含学科课程目标、学科建设思路、学科实施评价、学科保障与管理的特色学科建设方案。

3. 学科课程丰富多维。依据学科教学的若干核心领域开发设置多种拓展课程，以丰富多维的课程满足学生学习发展和学科素养建构的需要。

4. 学科教学真实有效。高品质的学科教学是保障学科质量的基础，以"智暖课堂"文化形态为引领，通过雕琢教学设计，打磨课堂行为，精炼教学机制，不断提升学科教学的有效性和品质性。

5. 学科团队精研善教。学科团队在学科哲学上达成理念共识，在学科教学中有较强的实施能力，并形成了有效的常态教研机制，能够以研促教，提升学科课程品质。

学校将学科课程建设四个要素的评价标准纳入整体教育教学评价体系，并与教学评价、学业评价、学生发展评价、教师发展评价充分整合，具体操作办法如下。

学科课程评价由课程中心负责，具体分为三个阶段：第一阶段，在课程开发初期，对学科教研组编制的学科方案的可行性、适切性、特色性进行评价，对学科教师开发的课程进行审核性、改进性评估；第二阶段，在课程实施中期，组建评估组，采用随机观课的形式对课程实施情况进行过程性、督导性评价；第三阶段，在课程实施末期，由课程中心制定课程实施情况调查问卷，从教师、家长、学生三个维度，采用线上、线下相结合的形式对课程实施成效、存在问题进行诊断性评价。同时，制定学校品牌课程评选标准，以十大品牌课程评选的形式对课程建设成果进行展示性、鉴定性评价。荣获品牌课程的相关学科教师将获得相应的绩效奖励。

学科教学评价主要结合每学期常态开展的约课观课及"智暖课堂"展示观摩活动进行，由观课教师填写课堂评价量表，并通过课例研讨对学科教师课堂教学情况进行即时反馈评价。

学科学习评价主要借助《金水区纬五路第二小学暖娃课程手册》实施,一方面由学生对自己参与学科学习的收获、感悟进行记录性、自主性评价;另一方面由课程负责老师对学生学习的态度、方法的掌握、技能的习得、情感的发展等方面进行等级式评价,计入课程手册,并依据评价结果决定学生能否获得课程通关卡;同时,借助学科节日、主题活动等平台进行学科学习成果的展示性评价。

学科团队评价主要结合学校年度优秀教研组评选活动进行,由学科教研组自主申报,填写《金水区纬五路第二小学优秀教研组评价表》,学校依据教研组在课程开发、课程实施、学生学习辅导、团队文化建设等方面的表现给予综合评价。

三、组建"灵暖社团",优化兴趣特长课程实施效果

社团是满足学生个性需求,发展学生兴趣特长,实现学生全面发展、灵动生长的重要平台。为全面落实"有德行、有才智、有特长、有情趣"的育人目标,学校开展了丰富多彩的社团活动,并以"灵暖社团"课程为载体常态化实施。

(一)"灵暖社团"类型

"灵暖社团"是学校"暖记忆课程"的重要组成部分,也是课程实施的主要途径,包括"语言素养""科学探究""运动健康""艺术审美""行规礼仪"五大类,社团课程结构如下(见表2-11)。

表2-11 金水区纬五路第二小学"灵暖社团"课程设置表

社团分类	社团名称
语言素养类	校园小记者,汉字听写,文字素养,红领巾广播站,励耘堂
科学探究类	鸟瞰世界,人工智能,玩转魔方,T博士,小小发明家
运动健康类	晨曦田径,线等篮球,旋风排球,活力乒乓,Lucky Girl啦啦操,暖心荟
艺术审美类	琴音雅韵,琵琶语,小雨滴合唱,萌娃舞蹈,小男孩铜管乐,艺风美术,串珠DIY,乐陶陶,创意空间,写意水墨画
行规礼仪类	国旗护卫队,模拟联合国,红领巾礼仪,校园志愿者

具体表述如下:

1. 创建语言素养类社团,打造灵慧暖娃。语言素养类社团是"暖之语"课程领域的重要组成部分,包括汉字听写、文学素养、红领巾广播站、励耘堂、校园小记者等特色

社团,注重激发学生的语言学习兴趣,实施听、说、读、写等语言素养的训练,实现人文素养的全面提升,将学生培养成为智慧灵动的少年。

2. 创建科学探究类社团,打造巧手暖娃。科学探究类社团是"暖之创"课程领域的重要组成部分,包括鸟瞰世界、人工智能、T博士等特色社团,注重激发学生对自然科学和社会百科的求知欲、好奇心,培养学生解决问题的创造能力和动手能力,将学生培养成为心灵手巧的少年。

3. 创建运动健康类社团,打造活力暖娃。运动健康类社团是"暖之力"课程领域的重要组成部分,学校结合自身特色,全面开展以球类为主的体育活动,包括晨曦田径、旋风排球、指上篮球、Lucky Girl 啦啦操、暖心荟等特色社团,注重激发学生参与体育活动的兴趣,加强对学生心理问题的疏导,将学生培养成为身心健康的少年。

4. 创建艺术审美类社团,打造优雅暖娃。艺术审美类社团是"暖之韵"课程领域的重要组成部分,包括琵琶语、小雨滴合唱、萌娃舞蹈、串珠DIY、创意空间等10个社团,从表演艺术、造型艺术等维度全面发展学生的艺术特长,培养学生的审美能力、艺术素养和生活情趣,将学生培养成为温婉优雅的少年。

5. 创建行规礼仪类社团,打造文明暖娃。行规礼仪类社团是"暖之源"课程领域的重要组成部分,包括红领巾礼仪、国旗护卫队、校园志愿者、模拟联合国等特色社团,通过社团活动让学生全面掌握小学生行为规范,懂得基本的礼仪常识,了解国际礼仪,成为举止文明的少年。

(二)"灵暖社团"实施策略

为保障社团课程规范实施,学校制定了社团课程专项规划,明确提出"三个一"社团课程目标,即:构建一套高效、灵活的社团管理体系;发展一批具有鲜明特色的精品社团;造就一批素质高、能力强的学生社团骨干,以目标为导向保障社团课程落地实施。

1. 筹建多元社团课程体系。评估学生发展需要,结合校内外教育资源,筹划建立数量规模适当、不同层次的社团,形成班级社团、年级社团、学校中心社团、草根型社团、精品型社团相互衔接的社团组织体系。

2. 注重社团骨干队伍建设。一方面高度重视学生社团负责人的选拔培养,大力发展学生社团骨干;另一方面聘请专家学者、社会知名人士和家长志愿者担任学生社团兼职指导教师,指导学生社团建设,同时帮助提高本校教师的社团课程研发、实施能力。

3. 加强社团实施过程管理。学校不断完善社团课程制度建设,制定了《纬五路第二小学"灵暖社团"管理制度》《纬五路第二小学精品社团评选办法》,对社团课程的活动时间、活动内容、活动形式、课程成果提出明确标准和要求,并加强对社团活动开展的过程性质量监控,以制度建设保障社团课程的实施成效。

(三)"灵暖社团"评价

为加强社团课程实施效果的监控,学校建立社团动态循环发展机制。学校坚持过程性、多元性、激励性、综合性的原则,建立学生社团考核评比机制,以评价为导向营造有利于优秀社团脱颖而出的良性竞争氛围,促进社团发展优胜劣汰与自然选择。以下是学校"灵暖社团"评价标准(见表2-12)。

表2-12 金水区纬五路第二小学"灵暖社团"评价表

评价项目	评价标准	得分	评估方式
社团管理 (25分)	社团要有规范的名称、宗旨、口号、标志、章程并及时完善,严格执行。		
	社团内部有严密的机构设置,有社长、社员,社团学生人数应在10人以上(包括10人);各项事务分工合理。		
	指导老师引导得当;社团活动场地及设备有规范的使用制度且贯彻良好。		
	服从学校的管理及领导,按时参加各项会议,并按要求及时传达和执行。		
	按时到学校德育处进行学期注册、递交学期活动计划、活动记录和学期总结。		
	社团成员团结协作,友爱共处。		
活动开展 (25分)	活动期间,组织纪律严谨,工作安排到位,整个活动井然有序。		
	活动有创意并能充分体现社团特色,积极向上,文明健康,符合小学生发展个人专长,拓展自身素质的需求,参与面广,影响范围大。		
	活动结束后,认真搞好现场卫生,保持整个校园的整洁。		

(续表)

评价项目	评价标准	得分	评估方式
展示宣传 (20分)	活动有计划方案、有活动程序记载、有活动总结等文字资料及图片存档。		
	会议与培训有计划和记录。		
	能积极参加并承担教育行政部门及学校组织的相关活动。		
	能独立开展对外开放活动或参与校内大型活动,且主题突出,特色鲜明,受师生们欢迎,影响较大。		
	每次活动能利用海报或新闻媒体进行宣传报道,且有一定影响。		
活动成果 (30分)	以社团名义参加校内外大型赛事并获得名次。		

社团活动是学科课程的重要组成部分和实施形式,因此"灵暖社团"与"融暖学科"的评价理念和操作模式基本一致,主要从社团活动的准入、社团活动的监控、社团成果的展示、精品社团的评选等几个环节进行评价,其中精品社团的评选每学期举行一次,由社团负责老师自主申报,并对照社团课程评价标准将社团活动的过程性资料、取得的成绩、品牌特色、经验总结等有形成果结集成册。课程中心根据各社团申报材料的详实与特色,并结合学生座谈、问卷反馈等信息,综合评选出精品社团。

四、布建"和暖节日",彰显校园文化课程育人魅力

节日蕴含着丰富的文化内涵,不同的节日传承着不同的习俗及庆祝活动,寄托着人们对美好生活的期待和向往。富有仪式感的节庆文化活动是构建"暖教育"校园文化品牌的主要载体,是增强课程实施成效的有力保障,更是学生快乐成长、自由发展的重要平台。

(一)"和暖节日"设计与实施

学校节庆文化课程由两部分构成,一是社会节庆课程,将每个月的节日统整嵌入学校课程体系,通过丰富多彩的节庆课程搭建学生与社会节日文化的通道,在体验教育与实践活动中丰富学生对节日文化的认知和感悟;二是学科节庆课程,由学科教研组牵头组织,学科领导负责,在全校范围内组织展示学生学科学习的成果。具体的节庆活动课程设置如下(见表2-13)。

表 2-13　金水区纬五路第二小学"和暖节日"课程设置表

月份	节日	课程活动	课程实施
一月	元旦	制作一份新年计划,定下一个小小的目标	1. 语文节、体育节、童心节、数学节、科技节由学科教研组牵头组织,学科领导负责,在全校范围内开展实施; 2. 其余节日由德育处、大队部以学校德育主题活动的形式实施,或以班级为单位,通过中队活动、假期作业、课外活动等形式实施。
二月	春节	创作对联,拜年,了解春节的来源与习俗	
	元宵节	吃元宵、猜灯谜、制作灯笼	
三月	植树节	参加植树护绿活动	
	雷锋节	开展"学习雷锋见行动"活动,分别为同学、为班级、为学校做一件好事	
四月	本味语文节	结合"本味语文"学科课程建设,在世界读书日设立学校语文节,举行阅读、绘本、美作、书法作品展示,举行故事会、诗歌会、辩论赛、课本剧创编等活动	
	清明节	踏青、扫墓,追忆革命先烈和现代英雄	
	趣玩体育节	结合春季全员运动会,开展丰富多彩的比赛活动、亲子活动	
五月	母亲节	为妈妈做一件力所能及的事,感恩母爱	
	端午节	吃粽子,编五彩绳,做香囊,了解屈原与端午节的故事	
六月	缤纷童心节	举行庆六一综合素质展演,展示才艺,晒晒成绩单	
七月	建党节	了解党的发展历史	
八月	建军节	听老红军讲革命故事	
九月	教师节	为老师送上节日祝福	
	中秋节	吃月饼,举行中秋诗会	
	重阳节	看望社区孤寡老人	
十月	国庆节	开展我为祖国献礼活动	
十一月	万象数学节	结合"万象数学"学科课程建设,设立学校数学节,举行数学综合性学习成果展示,组织数学游戏闯关活动等	
十二月	童真科技节	结合"童真科学"学科课程建设,设立学校科技节,以"科博会"的形式,分年级进行科学学习成果展示	

(二)"和暖节日"评价

为保障节庆文化活动实施成效,切实彰显校园文化课程的育人魅力,学校注重把控节庆活动预案的设计、内容的选择、活动的组织、活动的宣传四个关键环节,设置了以下评价标准。

1. 活动预案有实效。节庆文化活动多是面向全体学生，倡导全员参与的校级活动，因此，要严格把好活动组织的入门关，即设计好活动方案。方案设计要目标明确，主题清晰，基于小学生的认知基础与情感需要设置活动内容，选择活动形式，规划活动流程，以科学周密的活动预案提高节庆课程的实施质量。

2. 活动内容有趣味。活动内容要基于学生发展核心素养形成的需要，选择学生喜闻乐见、时代感强的素材，跳出道德说教的范畴，增强活动内容的趣味性。

3. 活动组织有创意。节庆文化活动的组织不仅要分工明确、责任到位、确保活动秩序井然，更要基于学校育人哲学和文化特色，突出创意、张扬个性、鼓励创新。如"缤纷童心节"以"暖记忆课程"的理念与架构为篇章组织六一综合素质展演；"童真科技节"以"科博会"的形式，分年级进行学科学习成果主题展示：一年级"探究树"科学绘画展、二年级"小小游乐园"制作展、三年级"奇妙世界"科学实验展、四年级"科幻角色cosplay"、五年级"我骄傲我是中国科技人"自绘书展、六年级"无人机"展示以及机器人表演等，通过富有创意的活动组织彰显课程育人的魅力。

4. 活动宣传有影响。注重总结提炼节庆文化活动组织的有效举措，并利用校园网、微信公众号、新闻媒体等信息媒介及时宣传推广，不断丰富课程建设经验积累，提升课程品牌的区域影响力。

节日课程多在节日当天或集中一段时间内实施，节日活动的内容不同，评价形式也各异。根据每个节日活动内容和活动形式的具体安排，课程中心采用相应的形式予以评价。如植树节、母亲节、重阳节等参与体验类活动主要从学生参与活动的态度、情感等方面进行整体评价；元宵节、端午节、建军节等认知探究类活动，主要以班级为单位进行汇报交流式评价，或进行小制作、手抄报等展示性评价；趣玩体育节等竞技比赛类活动主要通过赛事成绩进行等级表彰性评价；本味语文节、万象数学节、童真科技节等成果展示类活动，主要通过展板、自制绘本、研究性学习报告、科技小发明等静态学习成果，以及故事会、辩论赛、游戏闯关等动态学习成果进行展示性、交流性评价。

五、创设"乐暖主题"，增强专题教育课程育人成效

主题鲜明、内容聚焦的各类专题教育活动也是课程实施的重要载体，学校围绕"让每个生命得到温暖的滋养"的课程理念，将各类专题教育活动课程化、序列化、体系化实施，让学生在多姿多彩的主题活动中享受温暖、快乐、自由的童年。

根据每项活动的实施目标与课程意义，学校专题教育课程分为"习惯养成"课程、"亲亲校园"入校课程、"朝花夕拾"离校课程和"安全法制"课程四大板块，学校根据每个板块不同的课程内容和实施渠道，依托不同的评价载体组织评价。

1. 习惯养成课程

"习惯决定命运"，小学作为人生成长的奠基阶段，最关键、最首要的任务是习惯养成教育。为了使学生养成良好的学习习惯、生活习惯、行为习惯、健康习惯，我们将学生学校生活必须要做好的40件事作为好习惯课程的主要内容，每月一个主题，确立课程目标。利用升旗仪式开展当月"好习惯养成启动仪式"，让全校孩子都知晓本月好习惯的内容和目标要求，辅导员老师利用少先队活动课进行班级层面的动员。同时，为加强教育效果，学校推出了以"牵手·家"为主题的"致家长一封信"活动，每月好习惯启动仪式后，大队部给家长写一封信，明确当月好习惯的活动要求以及培养这个好习惯的重要意义，希望在家长的协同努力下，促使学生逐步养成良好的行规习惯。"每月一个好习惯"课程设置如下（见表2-14）。

表2-14　金水区纬五路第二小学"每月一个好习惯"课程设置表

月份主题	学习习惯		生活习惯		行为习惯		健康习惯	
	活动	目标	活动	目标	活动	目标	活动	目标
一月	做好期末复习	养成复习习惯	穿整洁的衣服，勤剪指甲，勤洗手	干干净净每一天	轻声慢步进校园，上下楼有秩序	安全礼让	夸夸你的同桌	学会赞美
二月	自觉独立完成作业	学会独立思考	不挑食，不剩饭	健康饮食	做一件力所能及的家务活	感恩父母	说出自己的一个优点	尊重自我，悦纳自我
三月	积极举手发言	乐于展现自我	早睡早起，不熬夜	科学作息	对同学微笑	友爱同伴	克服一个苦难	不怕困难，积极乐观
四月	精力集中听好每节课	学会倾听	认真做好值日	凡事有担当	捡起校园的一片垃圾	保护环境	帮有困难的同学做一件事	帮助别人，快乐自己
五月	认认真真写好作业	写好中国字	自己收拾书包	自己的事情自己做	课间做有意义的游戏	文明游戏	做一件有难度的事情	战胜自我，勇于挑战
六月	按时完成作业	今日事今日毕	不说脏话	文明用语在口中	制作一份复习计划	做事有计划	认真做好课间操	养成每日锻炼好习惯

(续表)

月份\主题	学习习惯 活动	学习习惯 目标	生活习惯 活动	生活习惯 目标	行为习惯 活动	行为习惯 目标	健康习惯 活动	健康习惯 目标
九月	下课及时收好文具	爱护学习用品	不乱花零钱	合理消费，勤俭节约	外出旅行不乱丢垃圾，不乱踩草坪	文明旅游	向他人倾诉不开心的事	学会自我疏导
十月	读一本好书	热爱阅读	及时关闭电源	节约资源	遵守规则，不闯红灯	文明交通	不随便向别人发脾气	学会情绪管理
十一月	拒绝不良游戏	学会绿色上网	学习自我保护常识	树立反欺凌意识	坚持做好一件事	善始善终	学会一种运动技能	掌握科学锻炼方法
十二月	和同学一起完成一项作业	同伴互助，合作学习	把你的学习心得分享给同伴	乐于分享	完成答应同伴的一件事情	诚实守信	坚持假期锻炼	养成健康生活方式

好习惯课程评价与学校的梯级荣誉评价体系相结合。每个月末，由辅导员老师在少先队活动课上，组织学生从习惯养成、习惯践行、习惯影响三个方面开展评价，采用学生自评、小组互评、父母评价与教师评价相结合的形式，认定学生能否成为好习惯之星。对当选好习惯之星的同学颁发"星星"奖章，集齐二十个"星星"奖章后可换取一个"月亮"奖章，四个"月亮"奖章可换取一个"太阳"奖章。每月每班还要评选出一个"好习惯之星"，在升旗仪式上受到校长的亲自表彰，并在学校"星光大道"的光荣榜上进行展示。

2."亲亲校园"入校课程

入校课程是面向一年级新生设计的专题课程，旨在帮助新同学认识自己的校园，懂得日常行为规范，激发热爱班级、热爱学校、热爱学习的美好情感，较好地实现幼小衔接。入校课程分为入学准备篇、入学仪式篇、入学成长篇三个部分。

"入学准备篇"通过向新生家长发放带有学校 LOGO 的《金水区纬五路第二小学入学指南》，学校微信公众号发布"入学季，你准备好了吗"温馨提示，让学生在家长的帮助下提前了解学校的办学理念，充分做好入学前的思想准备和物质准备。

"入学仪式篇"分为三个环节，一是在新生报到当日举行迎新仪式，布置温馨的迎新通道，以电子屏、宣传板等形式展示学校的文化理念和特色育人成果；二是由五、六年级的大哥哥大姐姐带领新同学认识校园，初步感知学校文化；三是召开一年级新生家长会，进行幼小衔接专题讲座，让一年级家长了解如何有效给予孩子学习支持，顺利适应小学生活。

"入学成长篇"即在开学后的两个月时间内对学生进行养成教育，帮助学生养成良好的学习习惯、行为习惯、生活习惯、交往习惯。通过整个课程的实施，引导一年级新生迅速适应小学生活，产生对学习的向往和积极兴趣。

入校课程依托《金水区纬五路第二小学入学指南》进行记录性评价，以"暖小娃入学记"为主题，从"大眼睛看校园""我的老师""我的同学""我最喜欢的一项活动"四个方面，引导学生用写、绘结合的形式记录自己的校园生活。

3. "朝花夕拾"离校课程

离校课程是毕业仪式的扩大化、过程化实施，在这个过程中，学生回顾六年的小学校园生活，感恩老师、感恩母校，在理想的感召下憧憬规划未来的学习生活，努力塑造良好的毕业生形象。离校课程分为毕业班会、毕业典礼、毕业梦想秀三个部分。

毕业班会在班级范围内实施，由班主任主持，主要包括感恩与憧憬两个环节。感恩环节播放学生小学六年在校生活的场景和画面，回忆师生情、同窗情；憧憬环节学生填写心愿卡，写下美好的祝愿，展望未来路，心愿卡完成后封装存档，在全校毕业典礼上开启。

毕业典礼在全校范围内举行，由六年级同学以"感恩母校、逐梦未来"为主题策划实施，分为班级节目展示、毕业生代表感言、校长启封心愿卡、颁发毕业证书、毕业宣誓、校长寄语等环节。

毕业梦想秀是毕业生在学校准备的十米画幅上张贴创意毕业照，并进行誓言签约、签名活动，誓词由各班自行准备。

毕业课程以《金水区纬五路第二小学暖娃课程手册》为依托，以各类毕业季活动为载体，对学生六年来的成长收获、新起点的成长规划进行记录性、展示性评价。

4. 安全法制课程

安全教育是学校工作的重中之重，为全面提升学生的安全意识和防护能力，学校常态化实施安全法制教育课程。实施途径有四种：一是充分发挥学科教育的主渠道作用，通过学科教学、德育活动渗透安全教育内容；二是定期举行交警进校园、校园紧急救护、校园反欺凌教育、春季传染病预防等健康安全知识培训;三是开展紧急疏散、消防灭火等安全逃生演练活动;四是通过升旗仪式、班队会、校园宣传栏等形式加强安全教育。

安全法制类课程多是以活动形式开展的短时课程,为确保安全法制教育活动的实效,学校从活动目标的准确性、活动预案的周密性、活动组织的有序性、活动成果的有效性、活动意义的建构性五个维度进行评价,具体评价标准如下(见表2-15)。

表2-15　金水区纬五路第二小学安全法制活动评价表

课程名称				
评价项目	评价标准	评价等级		
		A	B	C
活动目标	准确:适合学生身心发展的实际水平,与育人目标一致,符合核心素养与关键能力要求			
	具体:目标具体,可操作性强			
	周密:对活动不同阶段的各种情况考虑全面,对突发状况有相应的措施和保障手段			
活动预案	明晰:责任落实到岗,任务落实到人,流程牢记在心			
	科学:活动预案切合实际,简明扼要,有针对性和可操作性			
活动组织	有序:活动有序,层次清晰,重点突出,时间安排合理			
	合理:方法手段恰当有效,能针对目标,确保学生主体能动性的发挥			
活动成果	有效:学生的安全、法律意识得到增强,掌握必要的安全知识与技能,建立初步的依法保护意识。			
活动意义	建构:能够完善学生保护自我、学会生存的认知经验;能够提升教师自我的课程设计研发能力,如是否能认真总结经验教训,及时修订完善课程方案等			
总评				
备注	评价结果采用等级制,共分为A、B、C三个等级:A为优秀,B为良好,C为待努力。			

六、开展"趣暖研学",凸显研学旅行课程育人功能

教育部发布的《中小学综合实践活动课程指导纲要》明确指出:研学旅行课程是基础教育课程体系的重要组成部分。小学阶段,要通过亲历、参与少先队活动、场馆活

动和主题教育活动,参观爱国主义教育基地等,获得有积极意义的价值体验。研学旅行课程不拘泥于时间和地点,丰富的学习资源、开放的学习场域为学生提供了多元、快乐的实践体验,是基础课程的有益补充。学校以"趣暖之旅"为主题,广泛开展研学旅行实践活动。

(一)"趣暖研学"设计与实施

"趣暖研学"课程充分整合校外实践活动资源,从文化与历史、自我与社会、自然与科技三个领域开发了12个不同主题的研学项目,以年级为单位序列化实施。一年级为自然之旅,二年级为百科之旅,三年级为读书之旅,四年级为水域之旅,五年级为天地之旅,六年级为寻根之旅。爱国之旅分为爱家庭、爱学校、爱社区、爱家乡、爱祖国、爱世界六个主题,分别在一至六年级实施。

"趣暖研学"注重实践体验,带领学生走出课堂、走进大自然、走进大社会。通过学习场域的转换、学习资源的整合和学习之旅的感悟,丰富学生学习经历,促进学生全面发展。具体研学活动安排如下(见表2-16)。

表2-16 金水区纬五路第二小学"趣暖研学"课程设置表

年级	主题	内容	学习目标
一年级	自然之旅	参观校园,走进紫荆山公园、郑州动物园、北龙湖湿地公园	走进大自然,利用书籍、APP等相关学习工具,了解各种生物、家乡地质地貌
	爱国之旅	我爱我家:探访老家故里	知道自己的老家,听爷爷奶奶讲家族过去的故事,了解自己姓氏的来源,培养热爱家庭之情
二年级	百科之旅	参观郑州市科技馆、郑州市气象馆、省广电局102基地、省地质博物馆	了解百科知识,丰富生活阅历,感受科学魅力,激发创新精神
	爱国之旅	我爱学校:参观校史馆、荣誉室	了解学校的历史变迁、办学理念、曾经培养的名人,增强热爱学校的情感
三年级	读书之旅	参观河南省少儿图书馆、回声馆、争当校园志愿者,体验书店职员,参与校园阅读中心的管理	营造阅读氛围,感受读书的乐趣,了解图书管理的基本常识,养成爱读书、会分享的好习惯
	爱国之旅	我爱社区:走访我的社区	走访自己居住的社区,了解社区的范围、设施及日常服务项目,培养对社区的热爱之情

(续表)

年级	主题	内　容	学　习　目　标
四年级	水域之旅	柿园水厂、黄河风景区	通过实地寻访、查阅资料，了解水资源对生命的重要意义，树立保护水资源、水环境的意识
四年级	爱国之旅	我爱家乡：寻访商城遗址、河南省博物院，了解河南的历史名人和名胜古迹，了解"国际郑"的源起	通过实地寻访、查阅资料，了解自己家乡河南郑州的前世今生、风土民情、历史文化、发展变迁，培养对家乡的热爱之情
五年级	天地之旅	河南省地质博物馆、郑州市气象科普体验馆	了解气象、天气、气候、地形地貌、恐龙历史等，饱览大气运动、水运动、地球运动等因素造就的自然奇迹
五年级	爱国之旅	我爱祖国：观看《厉害了，我的国》《舌尖上的中国》等纪录片，了解"一带一路"的建设意义	通过观看影片、查阅资料，了解中国的发展实力和世界影响，增强爱国主义情怀
六年级	寻根之旅	寻访商城遗址、河南省博物院	探秘数千年商城变迁、人类进化历史，感受中华民族的文化内涵和价值追求
六年级	爱国之旅	我爱世界：选择郑州"大玉米楼"、杭州G20峰会、上海世博会、海南博鳌亚洲论坛中的一处景点旅行，了解联合国、世界贸易组织、联合国教科文组织等主要国际组织及职能	通过旅行了解这些国际会议的主旨，了解世界文化及中国与世界的链接，初步培养学生的国际视野

"趣暖研学"课程由语文组、品社组、科学组以综合实践活动、主题研学活动、项目式学习等形式分年级实施。同时注重家长资源的挖掘与利用，通过聘请家长助教等形式让家长成为课程的参与者、设计者和实施者。对一些路途比较远、不便于集中组织的研学活动，可以利用节假日以学习小组或家长辅助的形式完成。研学成果以寻访感受、调研报告、摄影记录等多种形式呈现。

（二）"趣暖研学"评价

研学旅行课程具有开放性、体验性、综合性等特点，学校坚持以评价为导向，从教师组织引导的科学有序性、学生研学旅行的真实有效性两个维度进行评价，具体评价标准如下（见表2-17）。

表 2-17　金水区纬五路第二小学"趣暖研学"评价表

评价维度	评 价 要 素	评价结果 生评（自评）	评价结果 师评（校评）
组织引导科学有序	课程设计科学完善：研学旅行课程有明确的研学目标、研学内容，体现实践性、研究性和创新性		
	课程准备充分到位：有研学课程实施方案，对活动的组织与流程安排提前做出设计		
	课程实施组织有效：按照预定的研学目标组织研学活动，采用多种方式采集信息，丰富研学收获		
	课程评价及时跟进：对学生在研学过程中的表现及时给予评价，有过程性评价的相关成果		
研学旅行真实有效	学习态度积极：认真参与每一次研学旅行活动，有求知的欲望和好奇心，努力完成自己承担的学习任务		
	学习方法多元：能用多种途径获得信息，能够独立思考，善于和同伴合作学习、解决问题		
	学习体验真实：全情参与研学旅行过程，有自己独特的感受和思考		
	学习收获丰富：通过研学旅行丰富自我阅历见识，提高自我动手实践能力和信息综合处理运用能力，并形成个人课程成果		

备注：评价结果采用等级制，共分为 A、B、C 三个等级，A 为优秀，B 为良好，C 为待努力。

对教师组织引导的评价分为自评和校评，校级评价由课程中心负责，通过对研学方案的审核、研学过程的跟进、研学成果的调研等途径，对课程设计的科学性、课程准备的充分性、课程实施的有效性、课程评价的及时性进行综合评价。对学生研学成效的评价分为自评和师评，师评由研学课程教师负责，对照"趣暖研学"评价标准对学生的学习态度、学习方法、学习体验、学习收获进行鉴定性评价，并将评价结果计入《金水区纬五路第二小学暖娃课程手册》。研学课程的自评一方面由学生将研学见闻、研学收获等以图文并茂的形式记录在课程手册，进行过程性、记录性评价；另一方面由教师搭建交流平台，学生通过制作 PPT、绘制宣传海报、撰写研学笔记、进行角色表演等形式展示研学心得，对研学成效进行活动性评价。

文化引领凝聚课程生长之魂。学校以"暖教育"哲学为课程建设的出发点和立足点，通过分析课程情境、融入课程文化、规划课程设置、建构课程路径，使课程建设向上找到了依存的支点、向下找到了落地的根基。学校致力于通过有温度、有质量的课程给予每个生命温暖的滋养,让每个孩子在生命之初留下最温暖的记忆,积淀向上、向美生长的力量。

(撰稿人:焦憬　崔丽芳　单华瑞　樊怡丽　朱坤亮　李小辉)

第三章

课程愿景：从现在开始孕育美好未来

斯宾塞认为，教育即为未来人的完美生活做准备。学校课程愿景旨在充分表达让学习者作为一个具有生命意义的个体，即作为一个真实的人在课程内容方面的领悟、知识生成方式的选择、课程评价手段的自我调控的主体身份，让学生真正感受到作为一个独特的个体，拥有与课程知识相遇时的美丽和生动。学校课程愿景从广度和深度上丰富了学校课程，让孩子在课程中调动起每一个细胞的活力与智慧，能够大胆地去追寻自我、展现自我，唤醒生命中的灵性，发出耀眼的光芒。每个孩子都有着一种生命的创造冲动，课程呵护着它、关怀着它；课程唤醒着孩子个体的生命，孕育着每一个孩子美好的未来。

美之约课程：与美相约　向美而行

教育是什么？人民教育家陶行知认为："生活即教育。"[①]郑州市金水区工人第一新村小学积极倡导并实施"大美教育"。一方面深入挖掘生活中美好的元素，引美好生活入课程，唤醒学生内心潜在的美好；另一方面引领学生在美好的生活实践中学习，将知和行完美统一，在真善美的生活中学会辨别真善美。在课程中调动起每一个细胞的活力与智慧，唤醒学生生命中的灵性，让成长与美好之间无缝连接，让学生的生命历程与美好相约而行，让学生的综合素养与美好生活相伴而生。

郑州市金水区工人第一新村小学位于郑州市工二街36号，创办于1953年，是乒坛世界冠军葛新爱、邓亚萍的母校。学校有18个教学班，教学设备完善，具有优良师资。校园小巧玲珑，优雅美观。主背景墙上镌刻的《少年中国说》形似一本翻开的书页，自强不息的中华文化激励着一代少年；梧桐树下的牛顿雕塑、大厅里的校园e站及校园内随处可见的科幻作品让校园充满浓郁的科普气息；满眼的绿色植物孕育着生命和希望。追风赶月，春华秋实。学校获得"河南省最美校园""河南省防震减灾示范校""郑州市教育科研先进单位""郑州市文明学校""郑州市十佳科普教育学校""郑州市创客教育示范校""郑州市校本课程基地校"等荣誉称号，赢得了良好的社会声誉。

第一部分　学校课程哲学

课程哲学是学校的课程价值观。工人第一新村小学的课程哲学凸显了学校打造最适宜师生成长的教育的价值追求，它贯穿和引领着学校课程建设的全过程。

[①] 陶行知. 陶行知教育文集. 四川教育出版社, 2017年. P.225.

一、学校教育哲学

学校以"工善其事,知行合一"为校训,意思是要让孩子们具备适应未来生活的品质和能力,就要做好充分的培养和训练准备,要坚持在实践中学习、在学习中实践。教育如农业,所有禾苗都能以旺盛的生命力向上拔节生长的景象是多么美好,那必定是"大美无言"的境界。为追求这样的境界,我们凝练出自己的教育哲学——"大美教育"。

"大美教育"是象征一切美好的教育,要把美变得像空气一样弥漫于孩子们的生活中,从而对美产生强烈的内在向往并产生外在修为的自觉与主动,让每一个工一学子从内心深处向往美、追求美、实践美、创造美,努力成长为大爱大智大美的人。

"大美教育"是尚美的教育,让每个孩子拥有向上向美的人生姿态;

"大美教育"是求美的教育,让每个孩子拥有修己达人的品格追求;

"大美教育"是创美的教育,让每个孩子拥有想象创造的思维品质;

"大美教育"是雅美的教育,让每个孩子拥有雅致高尚的艺术情操。

在此基础上,确立学校的办学理念:让每一个生命美丽绽放。由此,提出学校的教育信条:

我们坚信,向美是人的天性;

我们坚信,美是教育的最高境界;

我们坚信,教育是智慧与美的邀约;

我们坚信,每一个孩子都是美的使者;

我们坚信,大美的生活就是大美的教育;

我们坚信,教人者教己是极美的生活方式;

我们坚信,遇见最美的自己是教育最舒展的姿态。

二、学校课程理念

每一个孩子都是独一无二的,我们要给孩子最美好的课程,以美入善、以美益智、以美化情、以美启创,在提升学生生命质量的基础上,促进个性和谐发展,让每一个孩子都成为最好的自己。依据"大美教育"哲学,确定学校课程理念为:与美相约,向美而行。

——**课程即美好情愫**。课程是师生之间美好情怀的和谐共融。与美相约需要用美的生活做课程，让孩子对美充满好感，不忍释怀。我们坚持"以儿童生活为中心"的课程原则，让学生站在课程中央。学生希望校园里有块种植地，学校就开辟了种植园。孩子们怀着对美的期待播种，带着对美好事物的爱去观察。植物发芽、开花、结果、收获的生长过程是美不断涌现的过程，也是孩子们心中不断追寻美的过程，是美的积累与升华。

——课程即生命邀约。教育是一种生命方式，课程是为了生命的邀约，生命因课程而精彩、因成长而美丽。让我们从课程开始，回归教育的本原。每一个孩子都是课程中的主角。不同的课程，形成不同的风格，构成多姿多彩的生命成长方式，孩子们在属于自己的课程乐园里培养兴趣、发展特长、张扬个性。课程给孩子最美的生命体验，邀孩子一起绽放生命的精彩，成为最美的自己。

——课程即学习旅程。教育引领孩子行走在人生的路上，课程会给予孩子行走的方式，提供路上的一切风景。我们注重在生活中学习、在实践中学习、在行走中学习等多样的学习方式，让学习的旅程变得美妙神奇，让孩子情趣盎然地投入到学习中，主动探寻、解决问题。让孩子们在经历中享受美好，到达预定的目标。

——课程即内在生长。教育是一种唤醒，让人的内心充满生长的力量，课程则能给予生长的营养。这是思想的生长、知识的生长、能力的生长、身体的生长、思维的生长，从无到有、从小到大、从薄到厚、从旧到新，内心变得强大，心灵释放美好。课程的实施正是遵循这一发展规律，让孩子们通过劳动和创新感受自己所创造的美，感受成功带来的美好和幸福，实现智慧的丰盈和心灵的成长。

在课程的滋养下，每一个工一少年健康茁壮成长，相约在美好的前方，遇见最美的自己。因此，学校将课程命名为"美之约课程"。

第二部分 学校课程目标

秉承着学校"让每一个生命美丽绽放"的办学理念，我们积极践行"大美教育"哲学，并提出学校的育人目标和课程目标。

一、学校育人目标

学校的育人目标是培养"大爱、大智、大美"的工一少年。具体如下：

大爱——爱家国，明是非。引领孩子讲正义，做个堂堂正正的人；讲自信，自内心深处产生文化自信、民族自信、国家自信、个人成长自信，抬起头来走路、抬起头来做人。

大智——有学养，善想象。引导孩子讲科学，具有强烈的科学意识、科学思想、科学态度、科学方法，把科学看得高于一切；引导孩子会阅读，形成终身学习的能力，为想象和创造积蓄能量。

大美——广兴趣，强身心。引导孩子会锻炼，养成好的运动习惯，追求康健之美；引导孩子热爱艺术，提高音乐及美术素养，学会鉴赏美、创造美，用艺术陶养身心。

二、学校课程目标

为了实现育人目标，我们将"大爱、大智、大美"这三个培养目标进行细化，形成低、中、高三个学段的课程目标，具体如下（见表3-1）。

表3-1 金水区工人第一新村小学年级课程目标一览表

育人目标＼课程目标＼年级	低年级	中年级	高年级
大爱	初步具有爱父母、爱学校、爱老师、爱同学的情感；热爱自然，有爱心和同情心；喜欢上学，和同伴友好相处，文明有礼、知错就改，自己的事情自己做，愉快度过每一天。	具有爱祖国、爱家庭、爱学校、爱父母的情感，懂得基本做人道理，真诚待人，学会赞美别人，形成积极进取、乐观开朗的生活态度，懂得感恩并学着尽自己的能力帮助别人，形成一定的处事能力。	具有良好的爱祖国、爱家乡、爱社会的情感，懂得基本的为人处世准则，能控制自己的情绪，能换位思考，能与别人合作分享，传播真善美，形成积极的人生观、责任感。
大智	喜欢学习，能达到低年级文化课程标准规定的要求，初步养成良好的学习习惯，喜欢读书，喜欢问为什么，对世界保持一颗好奇心。	能积极主动地学习，掌握中年级文化课程标准规定的要求，进一步养成听说读写的良好习惯；对周围的自然现象善于思考并提出问题，并能运用学到的知识和技能解决问题，初步形成良好的学习品质和思维品质。	学会学习，掌握高年级文化课程标准规定的要求，养成良好的听说读写习惯；积极思考问题，乐于探究，能熟练运用所学知识和能力解决实际问题，形成良好的学习品质和思维品质。

(续表)

育人目标＼课程目标＼年级	低年级	中年级	高年级
大美	初步培养一定的兴趣爱好,积极参与体育运动和艺术活动,乐于参加集体活动,感受运动带来的乐趣,会玩1—2种体育游戏活动,在活动中体验美好,培养做好一件事的信心和能力。	培养兴趣爱好,发展个性特长,陶冶审美情趣;养成锻炼身体的良好习惯和健康的生活方式,基本掌握1—2种体育技能。在运动中学会感受美、欣赏美,培养坚强的意志品质。	热爱生活,爱好广泛,积极参加艺术活动,发展个性特长,提高审美情趣;主动参加体育锻炼,具有良好的身体素质和心理素质,掌握2—3种运动技能。享受运动,在运动中激发潜能、磨练意志。

第三部分　学校课程体系

依据学校"大美教育"哲学,以及"与美相约,向美而行"的课程理念,我们整体建构了学校"美之约课程"体系,为学生提供了丰富的课程选择和美好的课程体验,力求实现培养"大爱、大智、大美"的工一少年的育人目标。

一、学校课程逻辑

学校课程是一个完整的体系,根据学校课程理念及育人目标,形成"美之约课程"逻辑示意图(见图3-1)。

二、学校课程图谱

我们遵循多元智能理论,将"美之约课程"分为品之美(社会与交往)、语之美(语言与表达)、数之美(数学与逻辑)、创之美(科学与探索)、健之美(运动与健康)、艺之美(艺术与审美)六个领域(见图3-2)。通过"美之约课程"的实施,使学生"内心深处向往美,行为举止修为美"。

第三章 课程愿景：从现在开始孕育美好未来

教育哲学	→	大美教育
办学理念	→	让每一个生命美丽绽放
课程理念	→	与美相约，向美而行
课程模式	→	美之约课程

课程结构	品之美课程	语之美课程	数之美课程	创之美课程	健之美课程	艺之美课程
	道德与法治、品德与社会、入学课程、寻美之旅、小鬼当家、每日一善系列课程、毕业课程、大美节日课程、每周一诵课程、善类活动课程……	语文、英语、识字达人、词语大会、走进回声馆、汉唐诗选、英语视听说、英语思维导图、汉语对对碰、有戏话剧社……	数学、能写会算、精打细算、奇趣数学、七巧板、百变磁力秀、数独、折纸、小小营养师、魔力纸牌、包装的学问……	科学、信息技术、开心种植、和影子玩、乐高拼装、趣味编程、小科幻迷、巧心巧思、多米诺骨牌、趣味小实验……	体育、心理健康、绳之乐、绳之趣、五子棋、篮球达人、篮球之梦、田径社团、心灵氧吧、乒乓球、校园吉尼斯……	音乐、美术、科幻画系列课程、手绘pop、快乐小乐手、节奏创编、嗨歌精灵、创意盘画、黏土世界、走进民间美术、开门大吉……

课程实施	大美课堂	大美学科	大美社团	寻美之旅	大美节日	大美仪式

育人目标	→	大爱 大智 大美

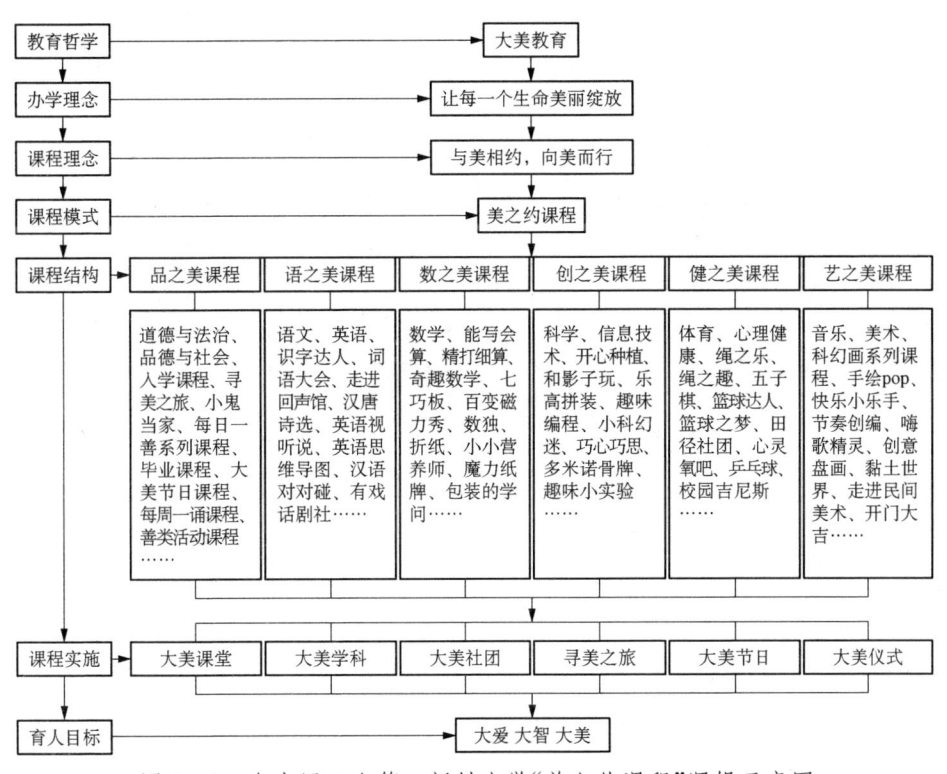

图3-1 金水区工人第一新村小学"美之约课程"逻辑示意图

学校课程与文化变革

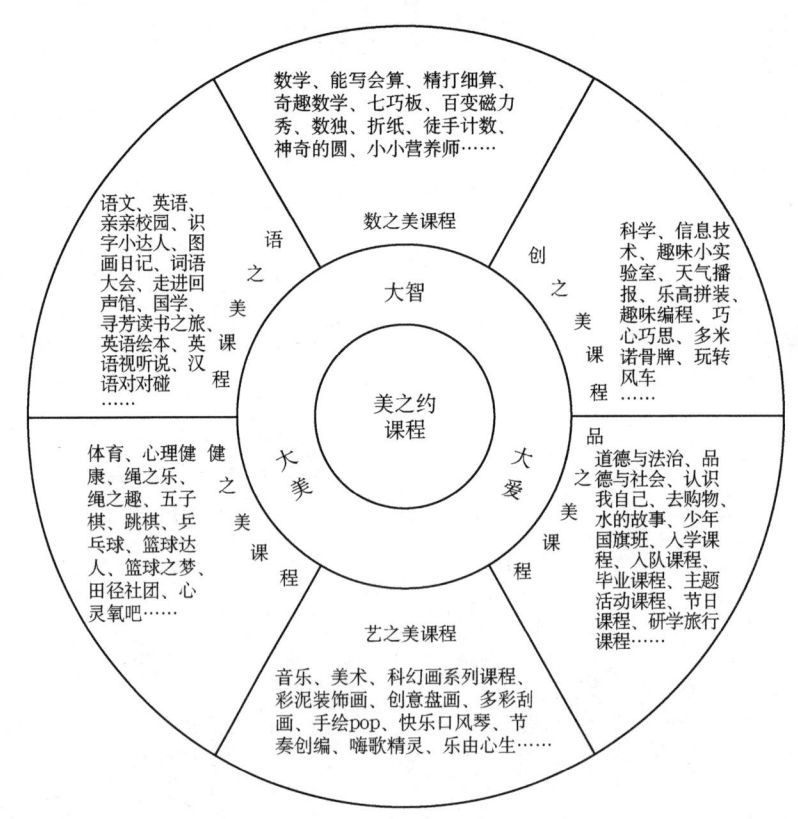

图3-2 金水区工人第一新村小学"美之约课程"图谱

三、学校课程设置

根据"美之约课程"结构,结合学校课程资源情况,对六大类课程的内容体系进行了系统构建,具体如下(见表3-2)。

表3-2 金水区工人第一新村小学"美之约课程"设置表

课程 学期	品之美课程 (社会与交往)	语之美课程 (语言与表达)	数之美课程 (数学与逻辑)	艺之美课程 (艺术与审美)	创之美课程 (科学与探索)	健之美课程 (运动与健康)
一年级 上学期	道德与法治 入学课程 寻芳之旅 认识新朋友 每周一读	语文 识字小达人 绘本阅读 图画日记 三字经	数学 能写会算 七巧板的奥秘 我会整理 我们的校园	音乐 美术 初识口风琴 唱游律动 奇的画笔 黏土世界	科学 动物朋友 魔法磁铁 辨方向 吹泡泡	体育与健康 心理健康 绳之乐 球之乐 体育节

第三章 课程愿景：从现在开始孕育美好未来

(续表)

课程＼学期	品之美课程 （社会与交往）	语之美课程 （语言与表达）	数之美课程 （数学与逻辑）	艺之美课程 （艺术与审美）	创之美课程 （科学与探索）	健之美课程 （运动与健康）
一年级 下学期	道德与法治 小鬼当家 入队课程 我的好伙伴 我们的节日 每周一读	语文 识字小达人 绘本阅读 图画日记 三字经 读书节	数学 能写会算 七巧板的奥秘 分类小能手 数独游戏	音乐 美术 初识口风琴 唱游律动 神奇的画笔 黏土世界	科学 校园植物多 空气大炮 神奇的月亮 小盆栽 科博会	体育与健康 心理健康 绳之乐 球之乐
二年级 上学期	道德与法治 寻芳之旅 队礼检阅仪式 孝老爱亲故事会 每周一读	语文 词语大会 快乐阅读 快乐写吧 弟子规	数学 算无遗漏 百变磁力秀 小小记录员 旧物市场	音乐 美术 快乐口风琴 听音模唱 魅力线条 黏土世界	科学 动物趣事 玩转指南针 天气播报 搭建游乐园	体育与健康 心理健康 绳之趣 球之趣 体育节
二年级 下学期	道德与法治 寻芳之旅 校园吉尼斯 母亲节 艺术节 每周一读	语文 词语大会 快乐阅读 快乐写吧 弟子规 读书节	数学 算无遗漏 百变磁力秀 植物生长记 睡眠时间调查	音乐 美术 快乐口风琴 听音模唱 魅力线条 黏土世界	科学 动物乐园 玩转风车 我爱湿地 趣美磁力秀 科博会	体育与健康 心理健康 绳之趣 球之趣
三年级 上学期	品德与社会 历史寻根 小小社团 未来学校设计 国庆节 重阳节 每周一诵	语文 英语 成语王国 汉语对对碰 汉唐诗选 神奇拼读 字母family 礼仪小达人	数学 精打细算 到底有多长 班级我当家 小小营养师	音乐 美术 乐曲之旅 节奏创编 创意盘画 线描装饰画	科学 草地里的生命 神奇镜面 有趣的云 乐高好玩	体育与健康 心理健康 绳之妙 篮球达人 体育节
三年级 下学期	品德与社会 历史寻根 校园小卫士 每周一诵 艺术节	语文 英语 童话阅读 汉语对对碰 汉唐诗选 字母积木 分级阅读 读书节	数学 精打细算 剪纸中的数学 小小进货员 小小设计师	音乐 美术 乐曲之旅 节奏创编 创意盘画 线描装饰画	科学 恐龙时代 学用酒精灯 航拍地球 乐高拼装 科博会	体育与健康 心理健康 绳之妙 篮球达人
四年级 上学期	品德与社会 心愿发布会 家乡寻胜 七色花表彰会 教师节 国庆节 每周一诵	语文 英语 汉字树 有声读写 宋词节选 神奇拼读 分级阅读 我是大侦探	数学 算尽锱铢 指尖创意 揭秘中奖率 车票中的学问	音乐 美术 小演奏家 你唱我和 奇思妙想 线描装饰画	科学 信息技术 秋天的使者 叶贴画 趣味小实验 电子制作	体育与健康 心理健康 绳之技 篮球之梦 体育节

(续表)

课程\学期	品之美课程 （社会与交往）	语之美课程 （语言与表达）	数之美课程 （数学与逻辑）	艺之美课程 （艺术与审美）	创之美课程 （科学与探索）	健之美课程 （运动与健康）
四年级 下学期	品德与社会 诚实小伙伴 家乡寻胜 未来学校设计 每周一诵	语文 英语 汉字树 有声读写 宋词节选 拼读故事盒 分级阅读 读书节	数学 算尽锱铢 指尖创意 身高的秘密 图形中的密铺	音乐 美术 小演奏家 你唱我和 奇思妙想 线描装饰画	科学 信息技术 自然法庭 神奇太阳能 自由飞翔 电子制作 科博会	体育与健康 心理健康 绳之技 篮球之梦
五年级 上学期	品德与社会 校园志愿者 寻味书香 仪式课程 每周一咏	语文 英语 科幻阅读 走进回声馆 论语 电影欣赏 思维导图 西方节日	数学 妙算神谋 我是粉刷匠 神奇的游戏 我来当导游	音乐 美术 琴声悠扬 畅享合唱 手绘POP体验 走进民间美术	科学 信息技术 生命旅程 撬动地球 太空讲堂 电子制作	体育与健康 心理健康 绳之艺 炫酷篮球 体育节
五年级 下学期	品德与社会 美德榜样 心灵之约 低碳行动 校园艺术节 校园吉尼斯 每周一咏	语文 英语 科幻阅读 走进回声馆 论语 思维导图 西方节日 读书节	数学 妙算神谋 展开与折叠 我是大评委 包装的学问	音乐 美术 琴声悠扬 畅享合唱 手绘POP体验 走进民间美术	科学 信息技术 春天的生物 小小气象站 神奇的气象 电子制作 科博会	体育与健康 心理健康 绳之艺 炫酷篮球
六年级 上学期	品德与社会 夸夸我的同学 寻探科技 七色花表彰会 元旦节 每周一咏	语文 英语 汉字艺术 笔下生花 大学 电影赏析 悦读联播 思维导图	数学 持筹握算 神奇的圆 优选统计图 赛事中的数学	音乐 美术 口风琴合奏 乐由心生 手绘POP装饰 走进民间美术	科学 信息技术 我长大了 神奇的光 探月行动 趣味编程	体育与健康 心理健康 绳之美 篮球飞人 体育节
六年级 下学期	品德与社会 毕业课程 在信任中成长 感恩母亲节 艺术节 每周一咏	语文 英语 汉字艺术 笔下生花 大学 表演大咖秀 悦读联播 思维导图 读书节	数学 持筹握算 创意折纸 走进大数据 莫比乌斯带	音乐 美术 口风琴合奏 乐由心生 手绘POP装饰 走进民间美术	科学 信息技术 植物名片 垃圾分类 绿水青山 机器人 科博会	体育与健康 心理健康 绳之美 篮球飞人

第四部分 学校课程实施

学校依据"与美相约,向美而行"的课程理念,实施"美之约课程",从"大美课堂""大美学科""大美社团""寻美之旅""大美节日""大美仪式"六个方面全方位推进,致力于培养"大爱、大智、大美"的工一少年,让每一个生命在"大美教育"的沃土上美丽绽放。

一、构建"大美课堂",推进学科基础课程的实施

课堂是学校推进课程实施的主要渠道,是师生共同学习、成长的主阵地,是学生生命成长的沃土。落实"美之约课程"的关键在课堂。

(一)"大美课堂"的实施

教学实践中,我们总结出先学后教的"大美课堂"实施基本流程,具体如下:

唤醒美——创境激趣、质疑提炼。结合学生生活实际和已有知识基础,创设学习情境,激发学生学习的热情、探究的欲望。鼓励学生对学习内容提出质疑,教师引导学生对问题进行整理、归纳,提炼探究主题,培养学生发现问题的能力。

生成美——主动学习、激励智慧。学生结合主题,独立思考,自主学习,在此基础上,小组进行合作学习,探究交流,教师分组指导,给予帮助,激发学生智慧潜能。

发展美——展示交流、评价总结。分小组展示学习成果和困惑,此过程有补充、有质疑、有争论、有共鸣,智慧交流、思维碰撞,教师进行引导点拨、恰当评价,共享学习的收获和快乐。

升华美——拓展应用、内化积累。联系生活实际,拓展课堂学习内容,丰富知识储备,引导学生总结学习方法,进行知识迁移,并能灵活运用。在获得知识与能力的同时,实现师生共同成长。

大美课堂要求教师雅致求真、睿智自信,通过一言一行给学生美的熏陶,引导学生感悟美、欣赏美、向往美、创造美,将美的种子播撒在学生心田。任何一种操作要素在课堂中的具体呈现都会因学生而异、因学科而异、因课型而异,我们鼓励教师灵活运

用,努力形成自己的教学风格。

(二)"大美课堂"的推进策略

"大美课堂"的实施,我们坚持精预设、深教研、多平台展示、小课题研究的路径,逐步探索出有效的"大美课堂"推进策略。

1. 精预设为"大美课堂"聚能。教师精心把握教材和学生,精心备课,预设学案。只有精心的预设,才会有精彩的课堂生成。为此,学校要求教师做到课前"三思":思目标、思学情、思路径,即教师要钻研教材,明确目标,走进文本,把握重难点;要了解学生的原有知识基础和发展区间;要精心预设问题,这些问题要能激发学生的兴趣,引领学生的思维方向,激发学生创新的火花。

2. 深教研为"大美课堂"寻道。实践证明,教研是提高课堂教学的有效途径。学校构建三级教研网络,即:年级组教研—学科组教研—学校集中教研三个层次的教研同步进行。每周一次的年级组内教研,注重常态实效;每三周一次的学科教研,探索学科规律,两个月一次的全校集体教研,关注共性问题,实现整体提升。教研活动,聚焦课堂,点面结合,循序渐进,逐步形成一个研究的能量场,促进每位教师教学能力的提升。

3. 多平台为"大美课堂"助力。依托学校"砺锋工程",以"辐射带动、引领成长"为宗旨,为教师搭建课堂教学展示平台,校级"梦想杯"、师徒同台课、区级"希望杯"、一师一优课等活动,让有相同目标的教师聚在一起研究交流,相互砥砺,在合作互助中实现自身成长。

在课堂教学中引入万物启蒙"以万物为教材,以世界为课堂"的理念,采取问—思—辨的学习探究方式,逐步从关注老师的"教"走向关注学生的"学"。

4. 小课题为"大美课堂"护航。课题研究,教会我们用研究的方法对待每一项工作。围绕学校课程目标和课堂文化,学校鼓励教师人人做课题,引导教师从课堂中、教研中寻找问题,找到自己专业成长的着力点,即研究的课题,将课题与日常教学相结合,与课程建设相结合,通过一个个小课题的研究,带动教师主动发展,提高研究能力,保障大美课堂的高效实施。

(三)"大美课堂"的评价标准

学校从"教学目标定位""教学内容设计""教学过程实施""教学方法选择""师生关

系""课堂文化氛围"六个维度设计课堂教学评价量表(见表3-3)。

表3-3 金水区工人第一新村小学"大美课堂"教学评价表

维度	指标	评 价 标 准	等级
目标定位	饱满	1. 学习目标紧扣课标要求和学段特点,符合学情。 2. 学习目标定位准确、清晰、饱满。	
内容设计	丰富	1. 教学环节设计合理。 2. 教学内容丰富,重难点突出。	
过程实施	立体	1. 关注学生,关注课堂生成,有效评价,引领学生在思辨的学习氛围中主动求知、乐于探索、愉快合作,在情感与智慧上共生共鸣。 2. 注重评价总结,鼓励学生进行求异思维和个性展示,发展学生思维与智慧潜能。	
方法选择	灵动	1. 运用学到的方法去解决相关问题,能够进行知识迁移,灵活运用,体验学习成功的快乐。 2. 对课堂学习进行梳理总结,构建知识体系,掌握学习方法,增强学习品质。	
师生关系	和谐	1. 学习氛围浓厚,学生主动学习,教师适时指导。 2. 语言具有启发性、感染力,师生关系融洽、和谐,教学效果明显。	
文化氛围	唯美	1. 课堂上能体现学校"大美课堂"灵动、智慧特点。 2. 真实的学习在课堂发生,课堂呈现浓郁的学习氛围。 3. 课堂体现出设计美、实施美、生成美、评价美,以美育美,美美与共。	
总评			
亮点及建议			

在具体的实施过程中,主要通过课堂教学展评、校本教研活动进行评价。课堂教学评价表也是教师在日常教学工作中的依据和目标,旨在引导教师关注课堂,从六个维度反思课堂,促进其反思能力和教学能力的提升。

二、建设"大美学科",推进学科课程校本化实施

学科课程的实施直接指向育人目标的达成。学校教师结合学科特点和学生实际,设计开发多样的特色课程,使学生在体验、探索、感悟中成长,推进课程品质提升。

(一)"大美学科"的建设路径

在课程的实施中,学校倡导老师结合自身特长,着眼于国家课程的校本化实施,以所教学科为基础,拓展、延伸出丰富、多维度的学科特色课程。教师可进行学科内整合,实现课程内容的优化;也可通过项目式学习、跨学科课程统整,实现学科综合性学习。

1. 构建"尚美语文"课程群,提升语文教学质量

语文之美,美在语言、美在意境、美在文字。依据《义务教育语文课程标准(2011年版)》,以及学校关于国家课程校本化实施方案,课程组依托学情,借助活动,开设了"尚美语文"系列课程。以"汉字故事、我爱阅读、妙笔生花、国学启蒙、综合学习"五条主线贯穿,引导学生在生活中学习语文,理解语言文字,感受语文之美,学会语用表达,培养学生美的素养和健康高尚的审美情趣。除基础课程外,具体课程设置如下(见表3-4)。

表3-4 金水区工人第一新村小学"尚美语文"课程设置

学期\课程	汉字故事	我爱阅读	妙笔生花	国学启蒙	综合学习
一年级上学期	识字小达人	绘本阅读	图画日记	三字经	亲亲我的校园
一年级下学期	识字小达人	绘本阅读	图画日记	三字经	亲亲我的校园
二年级上学期	词语大会	快乐阅读	快乐写吧	弟子规	知书达理
二年级下学期	词语大会	快乐阅读	快乐写吧	弟子规	知书达理
三年级上学期	成语王国	童话阅读	童趣读写	汉唐诗选	汉语对对碰
三年级下学期	成语王国	童话阅读	童趣读写	汉唐诗选	汉语对对碰
四年级上学期	汉字树	沈石溪动物小说阅读	有声读写	宋词节选	有戏话剧社
四年级下学期	汉字树	沈石溪动物小说阅读	有声读写	宋词节选	有戏话剧社
五年级上学期	说文解字	科幻阅读	我手写我心	论语	走进回声馆
五年级下学期	说文解字	科幻阅读	我手写我心	论语	走进回声馆
六年级上学期	汉字艺术	中外短篇小说阅读	笔下生花	大学	问思辨母语探究
六年级下学期	汉字艺术	中外中长篇小说阅读	笔下生花	大学	问思辨母语探究

2. 建设"智美数学"课程群,助力数学素养提升

学校"智美数学"课程建设依据《义务教育数学课程标准(2011年版)》和学校大美课程目标,引导学生在生活中学习数学、在玩中学习数学、在游戏中学习数学、在阅读中学习数学,获得数学活动经验,感受数学在日常生活中的应用,体会数学学习的快乐。开设实施"成算在心""美图秀形""巧用统计""奇趣数学"四类课程。"成算在心"课程属于"数与代数"领域,重在加强基础计算的训练,提高计算速度,优化解题策略,旨在发展学生的数感、符号意识和运算能力。"美图秀形"这一系列课程属于"图形与几何"领域,重在引导学生在观察、操作中进一步认识图形,在解决具体问题中发展其空间观念和推理能力,培养其创造力和想象力。"巧用统计"课程属于"统计与概率"领域,旨在让学生经历数据分析和整理的过程,发展学生的数据分析观念,提高问题解决的能力和应用意识。"奇趣数学"这一系列课程属于"综合与实践"领域,通过设计活动方案、动手实践、交流反思的活动,鼓励学生"从头到尾"思考问题,发展学生的应用能力和创新意识。

"智美数学"课程四大板块内容旨在引导学生在"玩"中学习、在"玩"中实践、在"玩"中创造、在"玩"中分享,真正感受到生活中处处有数学、处处用数学。

课程实施以课内学习和选课走班的形式进行,均在学科课时之内。课程评价主要从通过学习是否提高学生学习数学的兴趣;是否积极参与活动;是否在与人交流和小组合作方面有所提高;能否突破创新,得到新的收获几方面给学生客观全面评价,助力学生数学学科素养发展。除基础课程外,具体课程设置如下(见表3-5)。

表3-5 金水区工人第一新村小学"智美数学"课程设置

学期 \ 课程	成算在心	美图秀形	巧用统计	奇趣数学
一年级上学期	能写会算	七巧板的奥秘	我会整理	我们的校园
一年级下学期	能写会算	七巧板的奥秘	分类小能手	数独游戏
二年级上学期	算无遗漏	百变磁力秀	小小记录员	旧物市场收获丰
二年级下学期	算无遗漏	百变磁力秀	植物生长记	睡眠时间大调查
三年级上学期	精打细算	到底有多长	班级我当家	小小营养师
三年级下学期	精打细算	剪纸中的数学	小小进货员	小小设计师

(续表)

课程\学期	成算在心	美图秀形	巧用统计	奇趣数学
四年级上学期	算尽锱铢	指尖创意	揭秘中奖率	车票中的学问
四年级下学期	算尽锱铢	指尖创意	身高的秘密	图形中的密铺
五年级上学期	妙算神谋	我是粉刷匠	神奇的游戏	我来当导游
五年级下学期	妙算神谋	展开与折叠	我是大评委	包装的学问
六年级上学期	持筹握算	神奇的圆	优选统计图	赛事中的数学
六年级下学期	持筹握算	创意折纸	走进大数据	莫比乌斯带

3. 构建"新美英语"课程群，提升英语教学质量

依据《义务教育英语课程标准(2011年版)》和英语学科核心素养，英语组构建了"新美英语"课程群，目的是培养学生的语言运用能力，发展跨文化交流的意识与能力，在多元思维的碰撞下学习运用语言创造美。

"新美英语"课程分年级设置不同主题，结合各年级主题设计具体内容，培养学习兴趣，拓宽学生视野。具体实施是利用每周一节的走班校本课程时间和嵌入式课堂进行。除基础课程外，具体课程设置如下(见表3-6)。

表3-6　金水区工人第一新村小学"新美英语"课程设置

课程\学期	美伦听说	神奇悦读	快乐表达	奇趣沙龙
三年级上学期	动画欣赏 唱享童谣	神奇拼读 分级阅读	字母family 字母画册	礼仪小达人
三年级下学期	动画欣赏 唱享童谣	字母积木 分级阅读	字母family 多彩卡片	礼仪小达人
四年级上学期	动画欣赏 歌曲串串烧	神奇拼读 分级阅读	创意思维导图 主题海报展	我是大侦探
四年级下学期	动画欣赏 趣味配音	拼读故事盒 分级阅读	创意思维导图 主题海报展	我是大侦探
五年级上学期	电影欣赏 趣味配音	悦读悦美 分级阅读	创意思维导图 快乐写作	西方节日 我型我秀
五年级下学期	电影欣赏 迷你故事会	悦读悦美 分级阅读	创意思维导图 快乐写作	西方节日 我型我秀

(续表)

学期 \ 课程	美伦听说	神奇悦读	快乐表达	奇趣沙龙
六年级上学期	电影赏析 趣味配音	悦读联播 分级阅读	创意思维导图 绘本大师	西方节日 嗨游世界
六年级下学期	电影赏析 表演大咖秀	悦读联播 分级阅读	创意思维导图 绘本大师	西方节日 嗨游世界

4. 研制"炫美体育"课程群，强健学生体魄

依据《义务教育体育与健康课程标准（2011年版）》和学校课程目标，体育学科建构了"炫美体育"课程群，使学生感受运动的乐趣，掌握运动技能，培养团队意识和"不怕吃苦"的精神。

结合学校跳绳特色开设"炫美体育"课程，一至六年级开设绳彩飞扬课，主要通过体育课和每天上午、下午的阳光大课间时间，由体育老师指导、班主任老师协调组织实施，上午30分钟，下午30分钟。同时开设篮球课程，利用体育课和体育社团时间进行。组织体育节活动，鼓励学生到阳光下、到操场上、到大自然中去锻炼身体，陶冶情操。评价方面主要从学生日常表现、参加活动情况、技能发展情况、体质健康测试等几方面进行，邀请家长参与评价，督促学生完成日常体育运动。学校每学年组织"校园吉尼斯"活动，为学生搭建平台，鼓励学生展现自己风采。除基础课程外，具体课程设置如下（见表3-7）。

表3-7 金水区工人第一新村小学"炫美体育"课程设置

年级	课程领域	课程名称	课程主要内容
一年级	运动参与	绳之乐	熟悉跳绳 单人双脚连续跳
	身体健康	球之乐	美妙的篮球世界 认识篮球
二年级	运动参与	绳之趣	单人双脚 单脚跳 带人钻空跳
	身体健康	球之趣	抛接篮球 原地运球 篮球游戏
三年级	运动参与	绳之妙	两脚快速交互跳 一级花样跳绳组合动作2个 交叉花样跳
	运动技能	篮球达人	双手胸前传接球 行进间运球 篮球游戏

(续表)

年级	课程领域	课程名称	课程主要内容
四年级	运动参与	绳之技	三人交互跳 一级花样组合动作3个 转体花样跳大绳
	运动技能	篮球之梦	体前变向换手运球 原地或行进间单手肩上投篮
五年级	运动参与	绳之艺	双脚跳前挽花 双脚跳后挽花 双摇跳 三分钟大绳
	运动技能	炫酷篮球	传接配合 行进间低手投篮 三对三比赛
六年级	运动参与	绳之美	双人一绳同向跳 双人一绳背向跳 三人交互跳 三分钟大绳
	运动技能	篮球飞人	半场人盯人防守 二攻一配合 全场比赛

5. 建设"纯美音乐"课程群，提升音乐教学质量

音乐使人充实、愉快、轻松，具有独特的功能，音乐也是进行美育的重要手段之一。为全面提高学生的音乐素养，我们音乐组构建了"纯美音乐"课程。

依托学校口风琴品牌特色，研发"纯美音乐"课程。根据学生年级的不同设置不同的活动，让学生的吹奏技巧循序渐进、逐步提高。分年级设置课程内容，培养学生的听觉感知、情感体验、想象联想及创造性思维，让学生真正喜爱音乐，让音乐乐由心生，更好培养学生的音乐素养及音乐审美能力。在课程实施中，各年级课程学习主要以课内学习的形式进行，均在音乐课时之内。特色课程"口风琴之快乐小乐手"除了各年级的普及学习之外，还以社团的形式进行实施，提高学生口风琴技能水平。课程设置具体如下（见表3-8）。

表3-8 金水区工人第一新村小学"纯美音乐"课程设置

年级 \ 课程	口风琴乐园		唱响童年	
一年级	初识口风琴	快乐DO RE MI	畅游律动	动物模仿操
		小手拍拍拍		角色大变身
二年级	快乐口风琴	演奏我最棒	听音模唱	小蝌蚪找妈妈
		小鸟找家		听音接力
三年级	乐曲之旅	快乐双人组	节奏创编	模仿大赛
		乐曲接龙		节奏大师

(续表)

年级＼课程	口风琴乐园		唱响童年	
四年级	小演奏家	快乐三人组	你唱我和	我是歌手
		穿越时空		我们的演唱会
五年级	琴声悠扬	合唱四重奏	畅享合唱	歌声飞扬
		快乐童声		梦想合唱团
六年级	口风琴合奏	合奏大乐队	乐出心生	音乐风暴
		音乐魔法屋		乐曲世界

6. 构建"绘美美术"课程群，提升学科教学质量

美术学科依据《义务教育美术课程标准（2011年版）》，以学校神奇科幻画、手绘pop特色课程为主线，开设两大系列课程，即"神奇科幻画"和"创意装饰画"，构建"绘美美术"课程。课程引导孩子们关注未来生活，关注能力培养，将科幻融于美术教育中，孩子们用独特的视角洞悉未来世界，通过想象、设计、创造出一幅幅美的科幻画作品、装饰画作品。这两类课程一是利用常规美术课时进行，二是利用周五下午走班时间进行。

"绘美美术"课程评价从实际情况出发，在活动、观察、体验、创新等方面依据学生年龄特征给予不同层次的评价。评价形式由形成性评价与终结性评价相结合、定性述评与定量测评相结合、自评互评及他评相结合三方面组成。形成性评价通过神奇的科幻画、奇妙之旅、创意科幻画展示等活动考察学生积极参与活动情况，采用画一画、说一说、写一写的方式，展示活动中的不同收获。终结性评价通过设计"我的收获"评价表，对学生进行全面的评价。除此之外，学校还为学生搭建炫美展示舞台，让学生感受成功、自信成长。除基础课程外，具体课程设置如下（见表3-9）。

表3-9 金水区工人第一新村小学"绘美美术"课程设置

学期＼课程	神奇科幻画		创意装饰画	
一年级上学期	神奇的画笔	巧思巧画	黏土世界	黏土你好
		创意添画		

(续表)

学期＼课程	神奇科幻画		创意装饰画	
一年级下学期	神奇的画笔	可爱蜗牛	黏土世界	神奇浮雕
		昆虫机器人		
二年级上学期	魅力线条	心中的太阳	黏土世界	色彩缤纷
		神奇海洋		
二年级下学期	魅力线条	铅笔的联想		我型我塑
		快乐机器人		
三年级上学期	创意盘画	盘画初探	线描装饰画	百变线条
		色彩拼涂		
三年级下学期	创意盘画	创意装饰		我形我秀
		雅致童画		
四年级上学期	奇思妙想	环保小卫士	线描装饰画	黑白世界
		未来世界		
四年级下学期	奇思妙想	星空的联想		型色兼备
		海上乐园		
五年级上学期	手绘pop之初体验	初识pop	走进民间美术	多彩的传统纹样
		魅力空心字		
五年级下学期	手绘pop之初体验	百变pop		自由飞翔
		字母元素		
六年级上学期	手绘pop之字体装饰	炫彩海报	走进民间美术	手中乾坤
		活学活用		
六年级下学期	手绘pop之字体装饰	个性标语		画说民俗
		嗨创pop		

7. 建构"趣美科学"课程群，提升科学教学质量

学校科学学科依据义务教育阶段教育部相关课程标准和学校大美课程目标，结合我校科普特色，构建"趣美科学"课程群。引导学生感受科学的神奇，体会科学学习的快乐，培养学生动手操作能力、小组合作能力和创新能力。除基础课程外，"趣美科学"开设"趣美生物园""趣美物探园""趣美探宇宙""趣美梦工坊"系列课程（见表3-10），

引导孩子学习生活中的科学、学习活的科学。

表 3-10　金水区工人第一新村小学"趣美科学"课程设置

学期＼课程	趣美生物园	趣美物探园	趣美探宇宙	趣美梦工坊
一年级上学期	动物朋友	魔法磁铁	借助太阳辨方向	吹泡泡
一年级下学期	校园植物多	空气大炮	神奇的月亮	小盆栽
二年级上学期	动物趣事	玩转指南针	大气播报	搭建游乐园
二年级下学期	动物乐园	玩转风车	我爱湿地	趣美磁力秀
三年级上学期	草地里的生命	神奇镜面	有趣的云	乐高好玩
三年级下学期	恐龙时代	学用酒精灯	航拍地球	乐高拼装
四年级上学期	秋天的使者	叶贴画	趣味小实验	电子制作
四年级下学期	自然法庭	神奇太阳能	自由飞翔	电子制作
五年级上学期	生命旅程	撬动地球	太空讲堂	电子制作
五年级下学期	春天的生物	小小气象站	神奇的气象	电子制作
六年级上学期	我长大了	神奇的光	探月行动	趣味编程
六年级下学期	植物名片	垃圾分类	绿水青山	机器人

"趣美生物园"课程，唤醒孩子对自然现象的好奇，指导孩子走进博大的生物世界，记录信息、处理信息、交流信息，在孩子们心中将科学与生命有趣链接。"趣美物探园"课程，启发孩子进行广泛的科普阅读，在阅读的基础上顺应小学生爱玩的天性，在玩中走进神奇的物质世界，体验感知物体的特征与变化。"趣美探宇宙"课程带领孩子在昼夜交替、四季更迭等司空见惯的自然情境中，走进神秘的宇宙世界，感受人与地球、人与宇宙的关系，关注人类探索宇宙的新成果，唤醒孩子们对地球与宇宙的好奇，感受探索的美好。"趣美梦工坊"课程，指导学生在做中学，像科学家一样做研究、搞创新，利用各种媒介进行设计制作，感受工程与技术的奇趣与美好。

课程实施以课内学习和选课走班结合的形式进行。评价分为教师课堂教学评价与学生学习评价两方面。评价形式主要是纸笔测验与"科学迷"成长手册、"趣美科博会"相结合。

(二)"大美学科"的整体评价要求

学校把过程性评价与终结性评价紧密结合，立足于学生的学业发展，着眼于三个维度，即知识与能力，过程与方法，情感、态度与价值观。把学习基础知识、努力提高学科技能放在首位，将发展学生思维、陶冶学生情操有机地融入教与学之中，坚持"教—学—评"的一致性，制定了全面丰富、形式灵活多样的评价内容，采取多元评价、多样化评价，关注个体差异，注重学科素养的全面提升。

1. 关注过程性评价。我校教师在日常教学中更充分考虑学生特点，不仅关注学生在学习过程中的情况，而且关注学生的综合素养和实践能力。各学科教师设计多样的评价量表。

2. 评价内容多样化。"大美学科"课程群要在学科学习的基础上，更加注重学生的学习体验。评价内容可以从学生学习的态度兴趣、情感体验、经历成长等方面进行。年级老师们开学初就制定了详实有效的评价方案，从多维度、多角度对学生进行全面评价。其他年级的老师们也更注意强调形成性评价，注重多元化评价。仅在综合素质评价中体现自评、互评、家评、师评，在平时的教学中也注意评价的多元。开展过程性评价成果和综合性评价成果展示交流活动，同学们将一学期学习的成果进行梳理展示，进行反思。在课堂上相互展示、认真讨论、积极评价。通过自评互评、展示总结、交流学习收获和经验等方式，使学生对一个学期学习的内容有一个总体的回顾和思考，有利于学生今后的课程学习。

3. 评价标准纵向化。学科课程群的评价要顾及每个学生的发展水平，多纵向比较评价，少横向比较评价，多引导学生与以前的自己相比，重在引导每个学生自主梳理、展示交流、发现优势、获得自信，找到努力的方向。

4. 评价方式特色化。为充分发挥评价在教育过程中的激励作用，促进学生向更高品质发展，学校创新评价方式，制定了《"七色花"好少年评价方案》，发给学生每人一册"七色花好少年"评价手册，用来粘贴保存七色荣誉花。

"七色花好少年"评价，分别从品德好、学习好、身体健、讲卫生、懂艺术、会创造、乐活动七个方面对学生进行多元评价，评价落实在校园生活的方方面面，一次表现优秀可奖励一朵对应颜色小花，十朵小花可兑换一朵同色大花，集齐七种不同颜色的大花可兑换一朵七色花，学期末对获得不同数量七色花的"七色花好少年"进行表彰。

三、建设"大美社团",推进兴趣爱好课程的实施

作为学校"美之约课程"的延伸,我们引导学生以兴趣为导向,自主成立"大美社团"。通过开展丰富多彩的社团活动,开阔学生视野,陶冶学生情操,启迪学生思维,发展学生个性特长。引导学生参加一个社团,培养一种兴趣;学会一门知识,练就一项技能;体会一次成功,享受一份快乐,全面提高学生综合素质。

(一)"大美社团"的宗旨和类型

"大美社团"旨在丰富学生自我学习的内容,开展主题实践活动,提供展示自我的空间和平台,建设健康、活泼、高雅、向上的校园文化。学生社团由学校"设台",学生"唱戏"。通过自愿报名、双向选择,形成社团团队,在实践中磨练、提高、成才。"大美社团"旨在促进学生自我管理、自我组织能力的提升,培养团队精神和协作意识,提升学生核心素养。社团类型分为"艺之美""健之美""语之美""创之美""品之美"五大类。

艺之美社团——以学习艺术、展示才艺,增强自信、丰富生活为社团宗旨。包括科幻画、欢乐合唱团、舞蹈、口风琴、串珠、陶艺、POP 字体等社团。

健之美社团——以强身健体、丰富生活,情感交流、快乐运动为社团宗旨。包括彩绳、篮球、乒乓球等社团。

语之美社团——以抒真性情,作美文章为宗旨。鼓励创作,鼓励发表作品,争取推出一批较有影响的校园学生作家。包括繁星文学社、心声演讲、汉语对对碰、有戏话剧社等社团。

创之美社团——以全面发展,特长培养,储备各级各类学科竞赛和科技创新竞赛人才为社团宗旨。包括:乐高、趣味编程、多米诺骨牌、小实验、磁力棒、机器人编程、科学小制作等社团。

品之美社团——以学习礼仪规范、知识,传递爱心、养成良好行为习惯为社团宗旨。包括国旗班、礼仪队、鼓号队、校园志愿者、环保小卫士等社团。

(二)"大美社团"的实施

在学校大美社团方案的统领下,每年 3 月,举行全校性的"大美社团招募会"。学校为每个社团搭建舞台,由社团骨干团员进行招募,各社团要出示主题海报,内容包括:社团名称、活动时间、活动宗旨、活动内容等。在规定的区域进行团员、辅导员的双向招募活动。招募活动结束后,学校举行"大美社团启动仪式"。对社团招募人数超

过15人的社团,学校德育处注册登记,并由社团团员对指导教师发聘书。

在社团的活动初期,社团辅导教师带领团员制定社团章程和活动计划。章程包含四个方面:一是社团提倡有特色、有亮点,有符合学校文化、社团特色、富有童趣的社团名称;二是有标志,社团的标志由队员自己创立,能够充分鼓舞士气,反映出大家的希望与愿望;三是有团训,有一句响亮的团训,以队员为本,突出社团丰富多彩的活动、积极向上的精神面貌;四是有要求,章程中要条目化地明确规定对社团的成员、辅导员的相关职责以及活动性质、活动内容等的具体要求。

在社团活动的中期,社团要有丰富的社团活动。每次活动有记录、有总结,有固定的活动时间、活动地点,有条件的成立后援基地。在开展常规活动的同时,能重视特色活动的开展。有明确的活动主题,社团在学校教导处和德育处指导管理下,开展有兴趣、有意义的主题体验活动。

在每个学期期末,也就是每年六月和十二月,学校举行"大美社团成果展示会"。学校安排社团周,为优秀社团搭建"炫美舞台",在全校展示。

(三)"大美社团"的评价要求

为推动"大美社团"的蓬勃发展,促进师生共同成长,学校在每个学期对社团的运行情况和师生成长举行评价表彰活动。对社团学生和辅导教师分别进行评价。

1. 对学生的评价。学校制定整体的评价方案,每一门课程实施教师制定评价标准和评价量表,对学生进行过程性和综合性评价,通过评价量表、问卷反馈、成果展示等形式对学生进行多方面评价。评价量表主要包括学生日常学习中的表现,如考勤情况、学习态度、积极参与、合作能力等,以学生自评、小组评价及任课教师评价为主。学习成果的展示主要是作业作品、心得体会、学习报告、全班进行展示交流。通过展评,达到相互激励学习的目的,使学生体验成功,拥有自信,发展特长。每学年评选一次"最美社团""最美社团干部""最美团员"。各社团每学年结束前向学校领导小组提交相关的书面申请报告和相关活动材料,学校根据社团的申报材料和对该社团平时情况的掌握进行综合评定。获得"最美社团"称号的团体可增加"最美社团干部"和"最美团员"的评选比例。学生评价合格可以选择另外一门课程或者继续这门课程的深入学习。

2. 对教师的评价。每学年评比表彰一次"最美社团辅导员"。由学校领导小组、社团成员、家长对社团活动成果等方面综合考评、表彰。

四、开展"寻美之旅",推进研学旅行课程的实施

学校本着"以万物为教材,以世界为课堂"的理念,把学校和社会、大自然联合一起,结合郑州融汇科学、人文、艺术等学习领域,开展研学旅行课程,丰富学生的经验,形成对自然、对社会、对自我的整体认识,发展创新精神、实践能力,以及良好的个性品质。让孩子在完整的时空中游历中国文化,感受文化之美,培育全人素养。

(一)"寻美之旅"的课程设计

学校根据学生身心发展特点,结合独特的地理人文优势,结合学校的办学理念和育人目标,制定了独具我校特色的"寻美之旅"研学课程,包括:"寻芳自然之旅""寻胜家乡之旅""寻鼎历史之旅""寻味书香之旅""寻探科技之旅"五个主题的内容(见表3-11)。

表3-11　金水区工人第一新村小学"寻美之旅"课程设置

年级	主题	地点	目的
一年级	寻芳自然之旅	走进紫荆山公园、人民公园、动物园	了解大自然、亲近大自然、热爱大自然。
二年级	寻芳自然之旅	走进紫荆山公园、人民公园、动物园、绿博园、植物园	了解大自然、亲近大自然、热爱大自然。
三年级	寻胜家乡之旅	二七纪念塔、黄河游览区、少林寺、饮食文化(烩面、大枣、鲤鱼)	增强热爱家乡、保护家乡自然生态环境的意识,弘扬传统文化。
四年级	寻鼎历史之旅	河南省博物院、郑州博物院、金水河黄帝故里、当地民俗文化节	学习鼎的知识以及商代文化,了解八大古都的悠久历史。
五年级	寻味书香之旅	回声馆、中原图书大厦、松社书店	爱读书、会读书、享读书。
六年级	寻探科技之旅	郑州市科技馆、河南省气象局气象馆、河南地质博物馆、中原福塔、地铁高铁游	享受科学的魅力,激发探索科学的兴趣,让未来充满想象。

(二)"寻美之旅"的实施

在课时安排方面,小学1—2年级平均每周不少于1课时;小学3—6年级平均每周不少于2课时。

研学旅行出行前,通过家长委员会、"致家长的一封信"或召开家长会等形式告知家长研学旅行的活动意义、时间安排、出行线路、费用、注意事项等信息,也可邀请少数家长作为志愿者陪同。学校要做好安全预案,了解学生的身体状况,明确学生要携带的物品,带好常备药物,要求学生统一着校服。同时,教师提醒学生在研学旅行中注意言行规范。

研学旅行过程中,严格按照学校制定的方案实施,由教师和家长志愿者带领学生对课程中设计的人文、景观等进行学习和探究。班主任老师要全面负责本班情况,确保每一位学生的安全。

研学旅行结束后,学校组织研学成果交流会。低年级以口头形式分享旅行收获、绘制旅行收获图等;高年级除口头形式分享外,以游记、制作PPT、手抄报等形式分享旅行照片、旅行心得等。

(三)"寻美之旅"的评价要求

"寻美之旅"课程以实践性、活动性为主,引导学生在大自然中探寻、在社会生活中历练,从而获得知识的一种学习方式。课程的评价从两个方面进行,第一是对学生的评价,第二是对教师的评价。

1. 对学生的评价。对学生的评价重学习过程、重知识技能的应用、重亲身参与探索、重全员参与。评价与指导相结合,要重视学生的自我评价。评价要激励学生积极进取、勇于创新。评价内容从研学之前、研学之中、研学之后三个阶段设计评价量表(见表3-12),主要考察学生的态度、学生的体验、方法和能力、学生的创新精神和实践能力的发展情况。重视活动成果的展评,以活动作品、成果评比等方式呈现,评比结果纳入综合评价体系。

表3-12 金水区工人第一新村小学研学旅行小组成员评价表

姓名_____ 第_____小组 组长_____

评价内容		评价标准	自评	组评	师评
研学前	计划准备	是否充分准备、有计划			
研学中	守时守纪	是否遵守时间和纪律要求			
	文明交往	能否与同伴文明交往			
	积极参与	是否积极参与各项活动			
	资料收集	能否积极查阅资料			

(续表)

评价内容		评价标准	自评	组评	师评
研学后	合作互助	是否能与同伴合作学习、互帮互助			
	创新精神	活动中是否善于发现,有创新精神			
	成果展示	活动结束是否能进行学习成果展示			
	学习收获	学习收获是否多多			

2. 对教师的评价。从研学目标、研学内容、组织形式、评价方式等方面评价课程的设计是否在规范中有创新,做到研学结合。采用实地考察、课堂观察、问卷、访谈等评价方法。

五、设立"大美节日",推进校园文化课程实施

中华传统节日、国家重大节庆日、纪念日和主题教育日都蕴含着丰富的教育内涵和教育资源。学生们的成长需要丰富多彩的节日和仪式来展现。基于此,学校开设"大美节日"课程,包括:四季的节日课程、传统节日课程及社团节日课程,为学生成长搭建展示平台。

(一)"大美节日"课程的实施

学校设立了科普节、读书节、体育节、艺术节,分布在一年四季的课程之中。春节、元宵节、端午节、中秋节等传统节日课程,学习中国传统节日文化,传承中华优秀传统文化。利用升旗仪式设立"大美节日发布会"栏目,让学生在丰富的活动体验中发现美、感受美、创造美,发展个性特长。"大美节日"课程具体设置如下(见表3-13)。

表3-13 金水区工人第一新村小学"大美节日"课程设置

课程名称		课程内容	课程实施
四季的节日课程	春季读书节	好书漂流 好书朗读 好书荐读 读书感悟	全校开展,全员参与。在全员参与的课程中,和同伴们在四季的课程中体验、锻炼、成长。
	夏季艺术节	书法绘画展 合唱舞蹈秀 校园吉尼斯 创业先锋岗	
	秋季体育节	体质健康测试 跳绳赛 篮球赛 毽子赛	
	冬季科普节	科幻画展 创意DIY作品发布会 科幻作文大赛	

(续表)

课程名称		课程内容	课程实施
我们的节日课程	传统节日家国情	春　节　写春联　剪窗花　包饺子　学民俗	在每周一节的少先队活动课中实施。以少先队独有的课程形式,突出队员的小主人地位,辅导员适当指导。
		元宵节　做花灯　吃元宵　小元宵　巧手做	
		端午节　包粽子　念屈原　爱国情　我传承	
		中秋节　乐团圆　赏明月　阖家亲　吃月饼	
		重阳节　敬长辈　学感恩　做家务　孝长亲	
		腊八节　腊八节　文化深　继传统　我能行	
	专题节日爱心行	元旦节　迎新年　嘉年华　秀才艺　展风采	
		母亲节　好妈妈　我来夸　念恩情　报母恩	
		教师节　老师啊　谢谢您　点滴事　见行动	
		国庆节　我的梦　中国梦　中国娃　我骄傲	
社团的节日课程	巧心巧思	巧克力社团:宣传巧克力文化发布新作品	利用升旗仪式发布优秀社团的节日。以每周一个主题,每周一个社团的节日。发布各个社团学生优秀作品和节目,并在学校自媒体循环播放。
	翰墨飘香	书法社团:优秀书法作品展览	
	合唱有约	合唱社团:优秀合唱作品展演	
	彩绳飞舞	彩绳社团:彩绳新技能发布会	
	篮球少年	篮球社团:篮球社团友谊赛	
	科幻未来	科幻画社团:优秀作品展览、宣讲	
	乐高风采	乐高社团:乐创新作品发布会	

(二)"大美节日"课程的评价

"大美节日"是全校师生的节日,因此在评价的过程中,也是全校师生和家长们共同参与评价。依据"七色花"德育评价方案,制定了"大美节日"课程评价表(见表3-14),对每个节日活动的方案设计、活动情况、活动效果、后期管理进行评价。

表3-14　金水区工人第一新村小学"大美节日"课程评价表

评价内容	评价标准	评分
方案设计 20分	1. 主题鲜明,有良好的教育意义; 2. 创意新颖,符合学生身心发展特点; 3. 形式多元,打破时空、教材界限。	

(续表)

评价内容	评价标准	评分
活动情况 40分	1. 学生主体,学生充分展现自我; 2. 团队合作,群体共同解决问题; 3. 师生互动,师生共同完成活动课程。	
活动效果 30分	1. 实践体验,在体验中完成课程; 2. 乐享活动,师生活动兴致高昂; 3. 收获良多,学生收获丰富。	
后期管理 10分	1. 及时总结,师生共同总结课程活动情况; 2. 记录反思,回看课程所达到的效能; 3. 形成经验,为今后此类课程积累经验。	
总评得分		
备注	A等级 90分—100分 B等级 75分—89分 C等级 60分—74分	

六、举行"大美仪式",推进礼仪教育课程实施

仪式在人类生活中有着非常重要的位置,仪式承载着深厚的文化与历史,更蕴含着丰富的德育功能。仪式教育活动因其庄严神圣的特征和思想政治引领与道德价值引领的丰富内涵,可以有效促进学生价值观的形成与行为养成。

(一)"大美仪式"课程的实施

校园生活中有着多姿多彩的仪式,蕴含着丰富多元的教育契机。我校把学生喜闻乐见的八大仪式整理编订为"大美仪式课程"。通过隆重庄严的仪式课程,为学生养成良好习惯奠定坚实基础(见表3-15)。

表3-15 金水区工人第一新村小学"大美仪式"课程设置

课程名称		课程内容	课程实施
大美仪式课程	开学典礼	假期成长秀风采 崭新计划发布会	
	散学典礼	总结学习成果 表彰优秀 鼓励进步	
	入学仪式	学习小学生活好习惯 尽快适应新生活	
	入队仪式	学习队十项礼仪 光荣加入少先队	

(续表)

课程名称	课程内容	课程实施
队礼检阅仪式	中队少先队基础礼仪检阅	全校师生全员参与,在隆重活泼的仪式中实践锻炼,大美成长
礼仪使者表彰仪式	日行一善好少年 七色花好少年表彰	
毕业仪式	毕业生形象展示 多元呈现六年学习成果	
每周一诵	升旗仪式诵古诗 每周一首收获大	

(二)"大美仪式"课程的评价

"大美仪式"课程是全校师生共同参与的课程,在课程的评价上,我校依据"学生主体""主旨明确""程序严谨""形式庄严""方法创新""内容完整"的原则进行评价。具体评价量表如下(见表3-16)。

表3-16 金水区工人第一新村小学"大美仪式"课程评价表

评价内容	评价标准	评分
学生主体20分	以学生为主体贯穿整个仪式,学生积极参与。	
主旨明确10分	仪式主旨明确,思想性强,有良好的教育意义。	
程序严谨10分	仪式的程序严谨,有着鲜明的政治属性。	
形式庄严20分	用庄严的仪式给学生使命感、责任感、荣誉感。	
方法创新20分	时代感强,结合学生喜闻乐见的形式开展仪式活动。	
内容完整20分	仪式内容完整流畅,学生获得感强。	
总评得分		
备注	A等级90分—100分 B等级75分—89分 C等级60分—74分	

综上所述,"美之约课程"通过以上六个方面推进实施、多元评价、全方位发展,学生们在不同学科的课程中,尝试、体验、成长。与此同时,为确保"美之约课程"有效实施,依托学校"大美教育"哲学,通过加强价值引领、强化组织建设、完善制度建构、优化评价导航等措施的落实,确保课程建设顺利进行,引领师生体验美、感受美、创造美,向美而行。

今天的课程就是学生明天的素质。我们要给学生最美好的课程,以美辅德、以美入善、以美益智、以美化情、以美启创,让学生在课程中不断吸取滋养,获得成长,成就美好未来。

(撰稿人:张仁杰　孙冬梅)

第四章

课程组织：让学习的逻辑清晰可见

依据学校独特的教育哲学和办学理念，在梳理现有课程的基础上，富有针对性地组织学校课程。在课程组织内容上，关注科学与探索、运动与健康、艺术与审美、语言与人文、逻辑与思维和自我与社会六大核心素养。同时由偏重学生个体的被动接受转向引导其主动探究，尤为强调作为学习者的主动介入。研究和挖掘更为丰富的学习环境，让学生在蕴含广阔而丰富的学校课程组织中进行自主探索、主动探究，进而习得经验、生成知识、建构知识体系，在建构性的学校课程组织中匹配个体学习的最佳途径。也正因此，课程组织让学习的逻辑清晰可见。

艺美课程：邂逅一场唯美的生命之旅

美，是人世间富有魅力的字眼。教育，即是与美相遇。"唯美教育"是以美养德的教育，致力于每一个生命品格的完善；"唯美教育"是以美弘智的教育，致力于每一个生命能力的提升；"唯美教育"是以美健体的教育，致力于每一个生命体魄的强健；"唯美教育"是以美怡情的教育，致力于每一个生命情感的丰沛；"唯美教育"是以美育美的教育，致力于每一个生命幸福的绽放。"唯美教育"，以丰富的学校课程唤醒学生的主动探究，帮助其在寻找美、追求美、创造美、发展美的过程中成就更美好的自己。

郑州市金水区艺术小学创办于 1995 年，是一所环境优美、布局合理、设施一流、资源丰厚、质量上乘的艺术特色学校。多年来，学校厚积淀、勇担当，积极探索集团化办学模式，目前有本部、宏康、金科三个校区，共建、共享、共创、共进，品牌效应初步显现。教师团队有活力、善作为，梯队完善，结构合理。学校现有教师 209 名，其中各级骨干教师 30 余名，11 名教师在国家级、省级优质课比赛中获奖。学生成长有特色、后劲足，传承艺的风范、润泽美的心灵，学校走出了多名全国"小梅花"奖得主和河南豫剧"梨园春"小擂主，多名学生考入或被保送至清华大学、中央音乐学院等知名院校。学校在区委、区政府及区教体局的指导和支持下，师生齐心，家校合力，坚持在全面发展中出特色，成果丰硕，先后获得了"全国学校艺术教育先进单位""全国啦啦操示范窗口学校""河南省规范化管理学校""河南省示范家长学校""郑州市文明单位""郑州市德育工作先进单位""郑州市美育示范校""郑州市人民满意学校""郑州市教育科研先进单位"等荣誉称号。

第一部分　学校课程哲学

学校课程哲学的形成，是学校基于实际情况和课程情境，以课程的视角审视办学理念和教育哲学,在学校课程发展的经验和传承中进行个性化的自主表达。

一、学校教育哲学

"美,是事物最有价值的一面。"[1]唯美,即勇于发现、追求、创造事物最有价值的一面。教育是一种唤醒,一种影响,一种希望,一场与美的邂逅。我们所追求的"唯美教育"即怀着对美的向往,在寻找美、追求美、创造美、发展美的过程中成就更美好的自己。教育家顾明远曾说:"教育需要美,需要诗意的生活,它可以激发学生的想象力、创造力……"[2]唯美教育可以增强学生对美的感受与理解,培养学生表现与创造美的能力。

"初之所予,艺美人生"是我校的办学理念,我们致力于在教育教学中和孩子们一起认识美、寻找美、创造美、发展美,从而享有与美相伴的幸福人生。教育是与美相遇的过程,将唯美理念融入教育,给孩子一段陪伴,圆孩子一个梦想。"唯美教育"是以美养德的教育,致力于每一个生命品格的完善;"唯美教育"是以美弘智的教育,致力于每一个生命能力的提升;"唯美教育"是以美健体的教育,致力于每一个生命体魄的强健;"唯美教育"是以美怡情的教育,致力于每一个生命情感的丰沛;"唯美教育"是以美育美的教育,致力于每一个生命幸福的绽放。

我们的教育信条

我们坚信,学校是美化心灵的沃土;

我们坚信,每一位孩子都是美的种子;

我们坚信,教育是唤醒美好愿景的过程;

我们坚信,求真、向善、逐美是孕育美好的成长历程;

我们坚信,以美育美、各美其美是教育呈现的最美的画卷;

我们坚信,让每一个生命成就更美的自己是学校教育的神圣使命。

二、学校课程理念

每一个孩子都是美好的,都是一首唯美的诗。学校课程建设,就是要借助课程引领孩子感受生命的美好。正如课程一样,唯美的生命旅程随时开启、终生陪伴。因此,我们将学校的课程理念确定为:邂逅一场唯美的生命之旅。具体内涵如下:

---

[1] 朱光潜著.《谈美》(绘图珍赏版).[M].中国青年出版社,2013年.P.123.
[2] 王谨.美的教育——让教育彰显艺术之美.《广西教育》2015年21期.

——课程即邂逅美好。享受学校课程的过程正是每一个孩子不断寻美、逐美,直至成就自身之美的成长历程。学校以美的课堂为基础、美的环境为依托、美的管理为保障、美的行为为外显,旨在给予学生科学、人文、艺术等多方面的生命体验,用"真善美"温润学生的心灵。追求"科学"的"真",给学生以理性和理智;追求"人文"的"善",给学生以德行和信仰;追求"艺术"的"美",给学生以感性和激情。综合一切教育的元素,以最美的样态去感染孩子、熏陶孩子、激励孩子,让孩子们在美感启蒙的不断成长中去发现美、习得美、成就美!

——课程即生命旅程。每个人的生命都是通向自我的征途,课程即是唤醒人对美的意识,让孩子们懂得去寻找生命的方向。教师在课程的改革与开发中遇见教育生命的幸福,学生在丰富多彩的课程设计中聆听生命拔节的声音,课程的展开就是师生以最本真的状态投入生命的过程。我们基于学生的成长规律,设置的课程尊重其认知特点,符合其成长需求,使之成为学生生命中一段美好的旅程。

——课程即精彩绽放。课程是师生之间、生生之间的灵魂碰撞,同时也是独特自我的精彩绽放。课程建设是一种生命场域的实现。在这种场域中,每个人都是自己行动、思考的主人,都是这个生命场域的建构者。学生既是学习者,又是研究者;既是课程实践者,又是文化的构建者;既是当下生活品质的打造者,又是未来社会的开创者。一个个自由、独立的生命在此成长、绽放,一个个精彩的提问、深刻的探究在此生成。精彩绽放,就是让每一个独立、自由的生命,在课程的孕育和激发之下,成就一树一树的花开!

——课程即永续生长。课程即生长,即人的可持续发展。人的一生就是不断生长、发展的过程。课程就是为这种生长提供可持续的土壤和空气。课程不会结束,而是像种子一样,慢慢生长,开花结果,周而复始。课程与老师立足于学生的真实生活,给予学生成长需要的时间和空间,让学生在不同时空、多重领域体验生活的美好与幸福,激发自我关怀的热忱。课程不是游离于学生生活之外,也不是凌驾于学生权益之上,而是让学生体验各种经历,将丰富多元的学习经历内化为自身经验,实现生命的永续生长。

总之,每一个孩子都是美的生命,在这场唯美的生命旅程中,我们致力于用"艺"的方式、"美"的样态,探索设计多元、丰富、适切的课程,以美养德、以美弘智、以美健体、以美怡情、以美育美,让每一个生命都能绽放美丽。因此,我们将学校的课程模式确立为"艺美课程"。

第二部分 学校课程目标

学校应该培养什么样的人,是学校办学理念的具体化和落实,更是我们在构建课程时必须明确并坚守的方向。

一、学校育人目标

我校的育人目标是培育明理、乐学、阳光、优雅的学子。

——明理:知感恩,讲孝道,能宽容,乐助人;

——乐学:爱学习,敢质疑,勤探究,深思考;

——阳光:勤健身,善表达,有自信,重合作;

——优雅:会审美,广兴趣,富情趣,懂生活。

二、学校课程目标

为了实现"明理、乐学、阳光、优雅"的育人目标,我们将育人目标进行了细化,形成了低、中、高年级的分级段课程目标。具体如下(见表4-1)。

表4-1 金水区艺术小学"艺美课程"年段目标

育人目标\课程目标\年级	低年级	中年级	高年级
明理	热爱班集体,愿意为集体服务;懂礼貌,尊敬老师,孝敬父母、长辈,团结同学;热爱校园环境,讲究卫生,爱护公物;遵守学校纪律,听从老师的教导;勤奋学习,自己的事情自己做。	遵守校规校纪和社会公德,能自觉约束自己的言行;爱祖国、爱家乡、爱科学、爱劳动;树立环保意识,能积极参加劳动,勤俭节约、不攀比;懂得尊重老师、孝敬长辈,能和谐、融洽地与人相处;拥有良好的意志品格和活泼开朗的性格。	初步具有爱祖国、爱人民、爱劳动、爱科学、爱社会主义的思想情感和良好的品德;具有遵守社会公德的意识和文明行为习惯;能够帮助别人,愿意为集体服务;为成为有理想、有道德、有文化、有纪律的社会主义公民,打下初步的基础。

(续表)

育人目标＼课程目标＼年级	低年级	中年级	高年级
乐学	喜欢学校和学习，努力养成听说读写的良好习惯，能就感兴趣的内容提出问题。	爱学校、爱学习，形成浓厚的学习兴趣，并有主动学习的愿望，养成良好的听说读写的学习习惯，能发现学习和生活中的问题，并有目的地搜集资料、共同讨论，解决问题。	爱学校、爱学习，保持浓厚的学习兴趣，养成良好的听说读写的学习习惯和初步的自主学习能力，能够通过自主探究、讨论分享、搜集资料等方式，运用所学知识，解决学习和生活中的问题。
阳光	积极参与体育活动；初步掌握简单的技术动作，感受到体育活动给自己的生活带来的乐趣；会玩1—2项体育运动游戏。乐于参与讨论，并发表自己的观点，遇到自己不懂的问题大胆主动地提问，并能做到声音响亮。	形成参与运动的兴趣和爱好，形成坚持锻炼的习惯，形成健康的生活方式，基本掌握1—2项体育技能。在与人交往中，认真倾听，并能就不理解的地方相互请教，就不同意见与人商讨。	能积极参加体育活动，动作协调，形成灵敏、力量、耐力、协调等身体素质；通过国家体质健康测试，掌握3—4项体育运动技能，并成为特长项目。与人交往中，勇于发表自己的观点；能够根据交流的对象和场合，稍作准备，即兴发言。
优雅	认真学习自身艺术专业，积极参与艺术活动，并感受艺术活动给自己带来的愉悦感。	自身艺术专业水平逐步提升，敢于展示，对经典艺术作品有一定的欣赏能力与热爱之情。能将对美的感悟能力从艺术作品扩展到日常生活中。	自身所习艺术专业水平逐步精进，乐于展示；提高艺术方面的综合素养和能力，积累艺术文化底蕴，持续保有对艺术学习的热爱之情。善于发现生活中的真善美，并乐于创造真善美。有生活情趣和业余爱好。

第三部分　学校课程体系

一所学校，最具生命力、最吸引人的就是课程。学校课程逻辑、学校课程结构和学校课程设置是学校课程体系的三大要素。

一、学校课程逻辑

学校课程逻辑是学校课程体系的重要组成部分,是课程结构的逻辑基础。在"唯美教育"哲学引领下,结合我校"初之所予,艺美人生"的办学理念,紧紧围绕课程理念"邂逅一场唯美的生命之旅",我校"艺美课程"逻辑如下(见图4-1)。

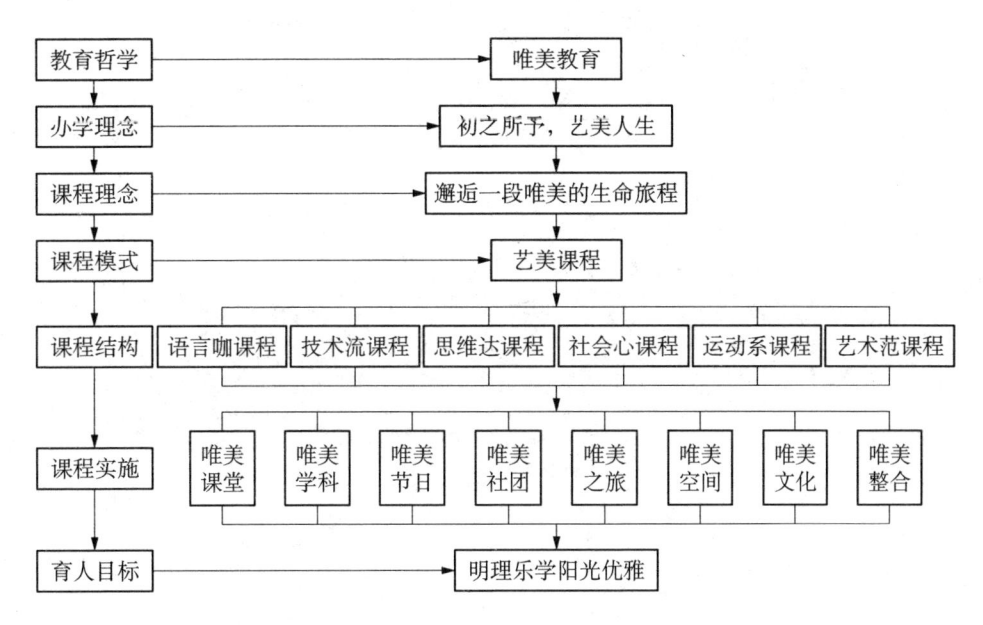

图4-1 金水区艺术小学"艺美课程"逻辑示意图

二、学校课程结构

学校以全面、规范的课程设置促进学生全面而有个性地发展,将"艺美课程"分为语言咖课程、技术流课程、思维达课程、社会心课程、运动系课程、艺术范课程六个领域,学校课程结构如下(见图4-2)。

三、学校课程设置

根据"艺美课程"结构图,结合学校课程资源情况,我们对"艺美课程"的内容体系进行了系统建构,并遵循学生的身心发展规律,将课程按照不同年级、学期进行编排。具体课程设置如下(见表4-2)。

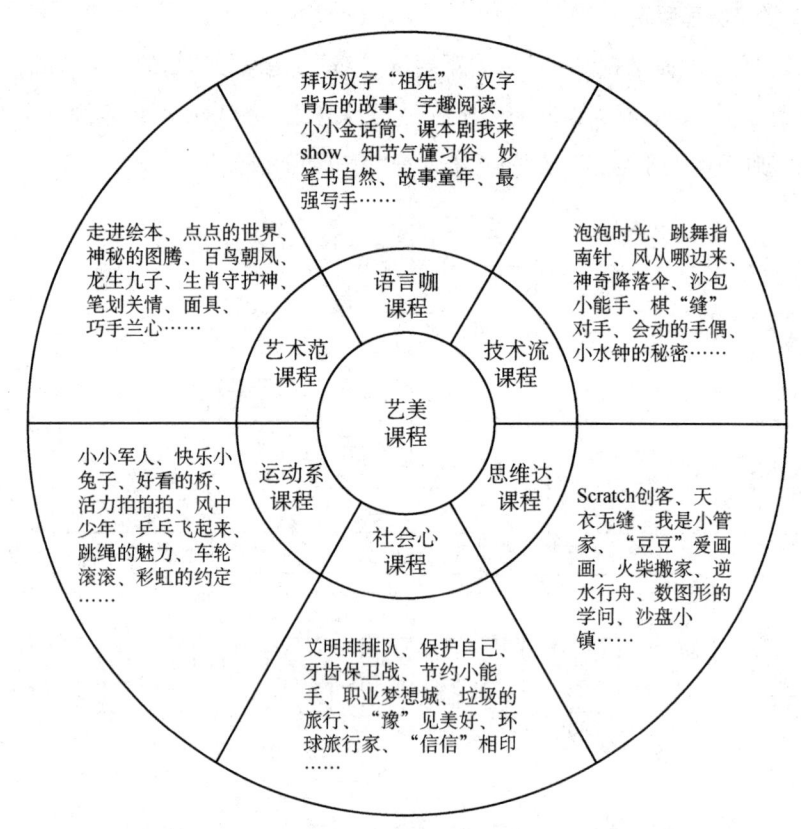

图 4-2 金水区艺术小学"艺美课程"结构示意图

艺美课程分为六大板块：

- **语言咖课程**：拜访汉字"祖先"、汉字背后的故事、字趣阅读、小小金话筒、课本剧我来show、知节气懂习俗、妙笔书自然、故事童年、最强写手……
- **技术流课程**：泡泡时光、跳舞指南针、风从哪边来、神奇降落伞、沙包小能手、棋"缝"对手、会动的手偶、小水钟的秘密……
- **思维达课程**：Scratch创客、天衣无缝、我是小管家、"豆豆"爱画画、火柴搬家、逆水行舟、数图形的学问、沙盘小镇……
- **社会心课程**：文明排排队、保护自己、牙齿保卫战、节约小能手、职业梦想城、垃圾的旅行、"豫"见美好、环球旅行家、"信信"相印
- **运动系课程**：小小军人、快乐小兔子、好看的桥、活力拍拍拍、风中少年、乒乓飞起来、跳绳的魅力、车轮滚滚、彩虹的约定……
- **艺术范课程**：走进绘本、点点的世界、神秘的图腾、百鸟朝凤、龙生九子、生肖守护神、笔划关情、面具、巧手兰心……

表 4-2 金水区艺术小学"艺美课程"设置表

年级/学期	课程	语言咖课程	技术流课程	思维达课程	社会心课程	运动系课程	艺术范课程
一年级	上学期	语文 英语 汉字的起源 认识汉字家族 拜访汉字祖先 自然拼读ABC 字母音小灵通	数学 科学 可爱螺旋桨 泡泡时光	Scratch创客1 数学生活家 我眼中的数 我是小管家	品德与生活 校园文明 文明排队 国旗敬礼	体育 健康小宝贝 体操我最棒 小小军人 翻滚小刺猬	音乐 美术 专业课 走进绘本 我会画绘本 绘本创作

(续表)

年级/学期	课程	语言咖课程	技术流课程	思维达课程	社会心课程	运动系课程	艺术范课程
	下学期	语文 英语 汉字的奥秘 汉字的故事 和汉字交朋友 快乐唱歌谣 英文歌百花园	数学 科学 舞动指南针 飞行桨奥秘	Scratch 创客 1 数学生活家 "豆"爱画画 欢乐七巧板	品德与生活 校园文明 保护自己 文明引导员	体育 安全小卫士 青春跳跳跳 快乐小兔子 我的腿最长	音乐 美术 点点的世界 走近点的世界 点点画世界 三个一打地基
二年级	上学期	语文 英语 知节气懂习俗 节气——春夏 节气——秋冬 英语故事会 大家一起讲	数学 科学 风从哪边来 奇思妙想	Scratch 创客 2 神奇的数学 火柴搬家 推理大赢家	品德与生活 好习惯养成记 自己动手做 牙齿保卫战	体育 健康快成长 旋转跳跃 奔跑吧少年 跳绳小健将	音乐 美术 生肖守护神 生肖故事 我的生肖
	下学期	语文 英语 字趣阅读 成语故事 弟子规 绘本我来演 你演我猜	数学 科学 自转旋翼 创意工匠	Scratch 创客 2 神奇数学 "号号"比拼 数之唯一	品德与生活 好习惯养成记 节约小能手 家务大比拼	体育 安全第一 体操小能手 跳一跳 好看的桥	音乐 美术 百鸟朝凤 龙生九子 神秘图腾 笔划关情
三年级	上学期	语文 英语 小小金话筒 读诗给你听 小小演说家 趣味字母 千姿百态字母	数学 科学 神奇降落伞 沙包小能手 七彩纸风车	Scratch 创客 3 数学探索营 测量小能手 时间的奥秘	综合实践 品德与社会 合格小公民 职业梦想城 小小话务员	体育 我指你说 蹦跳小可爱 活力拍拍拍 风一样少年	音乐 美术 巧手兰心 面具 威武的盾牌
	下学期	语文 英语 文学历史 诗词历史 诗词风景名胜 词汇巧记 通词达意 魔法单词 课本剧 show	数学 科学 游戏我做主 棋"缝"对手	Scratch 创客 3 数学探索营 手绘对称 小福尔摩斯	综合实践 品德与社会 合格小公民 垃圾的旅行 我该怎么办	体育 身体倍儿棒 炫舞少年 初试武林风 乒乓飞起来	音乐 美术 唯美色系 艳丽暖色系 宁静冷色系 墨韵书声

(续表)

年级/学期		语言咖课程	技术流课程	思维达课程	社会心课程	运动系课程	艺术范课程
四年级	上学期	语文 英语 小小表演家 我来写剧本 我演课本剧 精彩编歌谣	数学 科学 炫酷赛车DIY 会动的手偶	Scratch创客4 数学巧动手 数图形学问 数据做整理	综合实践 品德与社会 说说家乡美 "豫"见博览会 唱出家乡美	体育 均衡饮食 魅力四射 体操小健将 我是小旋风	音乐 美术 线条的魅力 线描石膏像 线描风景 尚艺墨色
	下学期	语文 英语 我们一起读 笔尖感想 共读好书感悟 动画电影配音 灵动故事show	数学 科学 小飞机梦想 花样衣裳	Scratch创客4 数学巧动手 天衣无缝 优化策略	综合实践 品德与社会 说说家乡美 名人有约 家乡游记	体育 快乐运动 合理饮食 青春活力 跳绳的魅力 默契配合	音乐 美术 绘"生"绘色 心之校园 同桌印象
五年级	上学期	语文 英语 童年札记 妙笔书自然 故事童年 英语交际配音 梦想秀 妙语短文	数学 科学 小水钟秘密 种植小能手	Scratch创客5 数学小剧场 逆水行舟 迟到的领巾	综合实践 品德与社会 朋友的家 大自然的艺术 共享文化盛宴	体育 健康饮食 青春旋律 车轮滚滚 彩虹的约定	音乐 美术 缤纷水彩 晕染水彩 水彩剪影
	下学期	语文 英语 触碰历史 课本中的历史 妙笔书自然 经典电影配音 最强写手	电动玩具 田园牧歌	Scratch创客5 数学小剧场 离家出走 新车去上学	综合实践 品德与社会 朋友的家 环球旅行家 "信信"相印	体育 青春秘密 这就是街舞 运球我最快 跨越的世界	音乐 美术 浓墨重彩 重彩画欣赏 创作重彩画 翰墨书香
六年级	上学期	语文 英语 两三字古语 成语典故串烧 趣味文言文 英美文化了解 英文经典朗读	科学 艺海拾贝 风笛声声	Scratch创客6 数学应用美 生活中的圆 探黄金分割	综合实践 品德与社会 厉害了我的国 春天的故事 中国制造	体育 行动达人 舞台之上 小小"刘翔" 炸弹请扔远	音乐 美术 戏曲古韵 梨园探秘 版画梨园

(续表)

年级/学期 \ 课程	语言咖课程	技术流课程	思维达课程	社会心课程	运动系课程	艺术范课程
下学期	语文 英语 醉梦诗词 写诗小达人 诗词的故事 中外戏剧欣赏 阅文百味	科学 艺海拾贝 安全雨具DIY	Scratch创客6 数学应用美 "体"之我见 沙盘小镇	综合实践 品德与社会 厉害了我的国 有朋自远方来 我的中国梦	运动达人 手舞足蹈 1分钟的射手 支点"飞人"	音乐 美术 版画校园 朗朗书声 沸腾课间 墨韵古今

第四部分 学校课程实施

真正适切的课程应使学习个体亲身思考、经历和感悟，并以此将知识及其他各种可能转化为自身的经验，实现自身的完善与发展。由此，我校从"唯美课堂、唯美学科、唯美节日、唯美之旅、唯美社团、唯美空间、唯美文化、唯美整合"八个方面推进课程深度实施。

一、构建"唯美课堂"，落实学科课程

课堂是学校推进课程实施的主阵地，我校着力构建"唯美课堂"，落实学科基础课程。

(一)"唯美课堂"的实践操作

"唯美课堂"形态的关键词：实在、灵动、有气质。教师在课堂上运用艺术性、创造性的方式，探索具有一定品味、独特而又美观的教育教学方式，使学生在认识美、感受美和享受美的过程中，发现美并创造美。让教师感受教育生活的幸福，让学生尽享成长和发展的快乐，从而使师生既生成智慧，也锤炼精神。

"唯美课堂"是实在的课堂——"实在"是课堂的质量保证。"实在"是指课堂教学能够将先进的教学理念落地转换成课堂教学行为，呈现出课堂的有效性。学校要求各学科的课堂都必须重视实实在在的体验、实实在在的训练、实实在在的交流，让学生实实在在的提高。

"唯美课堂"是灵动的课堂——学生拥有欢喜心，对学习充满兴趣，课堂上静心地听、认真地想、放开地讲，会观察、会思考、会表达、会总结，充满灵气。课堂上鼓励学生大胆参与、尽情体验，用方法启迪方法，以思维激荡思维，让思想冲撞思想。

"唯美课堂"是有气质的课堂——"有气质"是艺术小学课堂的品质追求。气质，原意指人稳定的个性特点，亦指风格、气度。从理论上来说，每种气质都各有特点，每位老师、每个学生都有着独一无二的个性气质，不同的老师、不同的学生营造不同的课堂气质。"唯美课堂"是各具魅力的课堂，教师和学生在沉静和互动中尽享美好的教育课堂。

（二）"唯美课堂"的评价标准

依照"实在、灵动、有气质"的唯美课堂内涵，把"学生是否真正有所收获，学生是否学得轻松快乐，学生是否在美的熏陶中开展学习"作为"唯美课堂"评价的重要参照。同时，结合课标、教材、学情、校情，制定了学校"唯美课堂"的评价标准。具体标准如下（如表4-3）。

表4-3 金水区艺术小学"唯美课堂"教学评价细则

执教教师		班级		评课教师		
学科			课题			
评价项目及权重	评价等级	优 完全达到	良 基本达到	合格 部分达到	不合格 少量达到或未达到	得分
教学设计 10分	目标制定 5分	1. 教学目标符合课程标准目标，教材处理符合本学科特点，能准确把握学情、学生认知规律及学习的起点； 2. 重难点突出，表述具体、清晰、可操作。				
	教学环节设计 5分	1. 教学方法的选用符合教学目标和教学内容的需要，符合学生的认知规律； 2. 整体设计科学、合理、有学科特色，将对美的认识和熏陶自始至终贯穿整节课。				
		10—9分	8—7分	6分	5分以下	
教学实施 70分	初步感知认识美 10分	1. 教师创设情境，联系学生已有知识、情感和经验，引导学生进入学习状态； 2. 能够运用恰当的方法引导学生发现事物的美，激发学生学习欲望。				
		10—9分	8—7分	6分	5分以下	

(续表)

执教教师		班级		评课教师		
学科		课题				
评价项目及权重 \ 评价等级	优 完全达到	良 基本达到	合格 部分达到	不合格 少量达到或未达到	得分
理解交流 鉴赏美 25分	1. 教学方法灵活多样,激发学生求变求异思维; 2. 课堂上能较好地师生互动、生生互动,引导学生理解美的内涵; 3. 学生学习状态积极,会观察、会倾听、会思考,敢于表达自己独特的见解; 4. 学生自主学习过程中,教师要善于观察,了解学生的疑难问题,适时给予指导和鼓励。				
	25—22分	21—18分	17—14分	13分以下	
互动探究 体验美 25分	1. 带着问题自学探究与合作交流,在交流观点过程中,学生参与面广、参与度深; 2. 教师能做到关注课堂生成,重视调动学生学习积极性等方面,利用有效评价,引领学生在思辨的学习氛围中,乐于探索事物的美; 3. 学生能发现问题、主动质疑,根据学科特点采用合适的方法让学生亲身体验到事物的各种美; 4. 课堂教学重视培养学生的思维能力和创新意识,符合课改理念。				
	25—22分	21—18分	17—14分	13分以下	
拓展实践 创造美 10分	1. 学生能带着本课学到的方法去解决相关问题,能够举一反三、灵活运用,体验学习成功的快乐; 2. 通过学习,学生对美有更深一步的认识,能够自己尝试创造美的事物; 3. 指导学生紧密联系生活实际,反思学习中的收获及所存在的问题,对课堂学习进行梳理总结,掌握学习方法,增强学习品质; 4. 补充学习材料或练习设计有梯度、有针对性,紧扣学习目标、学习重难点。				
	10—9分	8—7分	6分	5分以下	
教学特色 20分	1. 上课教师能适时有效地评价,关注课堂生成,有较好的教学机制; 2. 教师普通话标准,语言精炼、优美、生动,举止优雅,服装得体; 3. 教师在教学过程中能够体现唯美教育理念; 4. 教师有独特的个人教学风格,有较强感召力。				
	20—16分	11—15分	6—10分	5分以下	
总评	100—89分	82—71分	64—58分	51分以下	

二、建设"唯美学科",推进学科特色课程

"唯美教育"以"唯美学科"来推进学科特色课程的实施和建设。

(一)"唯美学科"的建设路径

"唯美学科"课程群是学校教师基于学生学习需求自主研发的学科统整的系列微型课程,让学生在整合与开发的多元课程学习中,提高综合素养,为未来奠定基础。打造"唯美学科"课程群,我校从两方面入手:一方面通过挖掘学科内部或学科之间的逻辑来构建专业的学科课程群;另一方面充分利用地域特色来渗透多门学科。各学科基于特色追求,教师根据对学科的独特理解、各学科的独特优势、独特资源开发课程,丰富特色课程群。

1. "醇语文"课程群

语言文字是文化的载体,是思想的栖居地。良好的语言形象是人的整体素养的重要组成部分,引领孩子们徜徉于醇美的语文世界,穿行在文明的历史长河中,使他们成为文化的体验者和传承者,是语文课程的神圣使命。秉承此理念,我们开展了"醇语文"特色课程群建设。除基础课程外,具体课程设置如下表(表4-4)。

表4-4 金水区艺术小学"醇语文"课程设置

年级/学期		课程		年级/学期		课程	
一年级	上	汉字的起源	拜访汉字"祖先"	四年级	上	小小表演家	我来写剧本
			认识汉字家族				我演课本剧
	下	汉字的奥秘	汉字背后的故事		下	读思行感	共读好书
			和汉字交朋友				笔尖写思
二年级	上	节气的故事	二十四节气——春夏	五年级	上	童年札记	妙笔书自然
			二十四节气——秋冬				故事童年
	下	字趣阅读	成语故事		下	触碰历史	课本中的历史
			弟子规				妙笔书自然
三年级	上	小小金话筒	读诗给你听	六年级	上	两三字古语	成语典故串串烧
			我是小小演说家				趣味文言文
	下	历史中的语文	诗词历史小故事		下	醉梦诗词	诗词背后的故事
			诗词风景名胜				写诗小达人

2. "畅英语"课程群

异国语言,异国文化。一双看世界的眼睛,一张聊世界的嘴巴,必会帮助孩子拥有国际化的头脑和视角。发现不一样的文化,体验不一样的美丽人生。秉承此理念,我们开展了"畅英语"特色课程群建设。除基础课程外,具体课程设置如下表(表4-5)。

表4-5 金水区艺术小学"畅英语"课程设置

年级/学期		课　程		年级/学期		课　程	
一年级	上	自然拼读ABC	字母大家庭	四年级	上	动画电影我配音	"声"动我心
			我是拼读小能手				记忆风暴
	下	快乐歌谣唱唱唱	快乐的歌谣		下	灵动故事表演	我"讲"我秀
			口语面对面				我是小演员
二年级	上	英语绘本故事会	了不起的故事	五年级	上	经典电影我配音	今天有戏
			我们阅读吧				天籁之声
	下	英语绘本我来演	了不起的演员		下	妙语短文我来写	配音梦想秀
			闪亮英语星				最强写手
三年级	上	词汇巧记	字母大作战	六年级	上	单词magic	单词变魔术
			通词达意				"声"临其境
	下	课本剧我来show	绘声绘色		下	英文经典我爱读	阅文百味
			非你莫属"小金人"				金笔提名

3."智数学"课程群

数学是思维的体操,思维是智力的核心。借助数学课程的完善和提升,使孩子们在思维的创造性活动中,获得成就感和幸福感。秉承此理念,我们开展了"智数学"特色课程群建设。除基础课程外,具体课程设置如下表(表4-6)。

表4-6 金水区艺术小学"智数学"课程设置

年级/学期		课　程		年级/学期		课　程	
一年级	上	数学小管家	我眼中的数	四年级	上	数学巧整理	数图形的学问
			我是小管家				我为数据做整理
	下	数学生活家	"豆豆"爱画画		下	数学巧动手	天衣无缝
			欢乐七巧板				优化策略

(续表)

年级/学期		课 程		年级/学期		课 程	
二年级	上	数学体操	火柴搬家	五年级	上	数学小剧场1	逆水行舟
			推理大赢家				迟到的红领巾
	下	神奇的数学	"号号"比拼		下	数学小剧场2	离家出走
			数之唯一				骑着新车去上学
三年级	上	时间与空间	测量小能手	六年级	上	数学眼光	寻找生活中的圆
			时间的奥秘				探究黄金分割
	下	数学探索营	手绘对称		下	数学应用美	"体"之我见
			小福尔摩斯				沙盘上的小镇

4."健美体育"课程群

欲文明其精神,必先强健其体魄。我们的孩子要健康、旺盛、美好,强健的身体是这一切的前提。体育精神传达出的情感共鸣,其中的执着、默契、鲜活,必会给孩子们健美的生命体验。秉承此理念,我们开展了"健美体育"特色课程群建设。除基础课程外,具体课程设置如下表(表4-7)。

表4-7 金水区艺术小学"健美体育"课程设置

年级/学期		课 程		年级/学期		课 程	
一年级	上	灵活的宝贝	宝贝快站好	四年级	上	运动的快乐1	体操我最棒
			翻滚吧小宝贝				跑步我最快
	下	沙包去哪儿	沙包快跑		下	运动的快乐2	武术我会打
			我的沙包最漂亮				篮球我会玩
二年级	上	跳跃小精灵	开心跳跳跳	五年级	上	美丽弧线	抛出美丽的彩虹
			体操小能手				翻出最美的圆圈
	下	生命的力量	投掷小健将		下	反转能量	奔跑的蓝精灵
			接力小明星				反转的世界
三年级	上	初升的太阳	疾飞少年	六年级	上	体质我最强	奔跑的旋律
			灵动青春				投篮我最准
	下	奔跑小球王	运球能手		下	运动大意义	运动的乐趣
			我会往返跑				我的收获

5. "艺趣美术"课程群

传神的绘画,精湛的技法,悠久的文化,磅礴的自然,美术的魅力就在于:它会使你迸发出强烈的内在冲动,会引发你无限的遐想和思考,促使你施展自己的才华、抒发心中的美感。秉承此理念,我们开展了"艺趣美术"特色课程群建设。除基础课程外,具体课程设置如下表(表4-8)。

表4-8 金水区艺术小学"艺趣美术"课程设置

年级/学期		课　　程		年级/学期		课　　程	
一年级	上	走进绘本	我会画绘本	四年级	上	线条的魅力	线描石膏像
			我的绘本创作				线描风景写生
	下	点点的世界	走近点世界		下	绘"生"绘色	画画我同桌
			我用点点画世界				我心中的校园
二年级	上	我们的生肖	十二生肖的故事	五年级	上	缤纷水彩	水彩初体验
			创作自己的生肖				水彩剪影画
	下	神秘的图腾	百鸟朝凤		下	浓墨重彩	重彩画欣赏
			龙生九子				创作重彩画
三年级	上	巧手兰心	面具	六年级	上	戏曲古韵	戏曲人物
			威武的盾牌				版画戏曲
	下	唯美色系	艳丽暖色系		下	版画校园	朗朗书声
			宁静冷色系				沸腾大课间

6. "达美音乐"课程群

美轮美奂的舞步,美妙动听的歌曲,会触动我们心灵的深处,不由自主感慨生命之美好。音乐的浸润,帮助我们的孩子享有丰盈的感官体验和人文情怀。秉承此理念,我们开展了"达美音乐"特色课程群建设。除基础课程外,具体课程设置如下表(表4-9)。

表4-9 金水区艺术小学"达美音乐"课程设置

年级/学期		课　　程		年级/学期		课　　程	
一年级	上	快乐恰恰恰	唤醒腹背肌	四年级	上	多彩的音符	跳动哆来咪
	下		英姿进行时		下		校园旋律

(续表)

年级/学期		课　　程		年级/学期		课　　程	
二年级	上	舞动的童年	站坐行懂规矩	五年级	上	歌声飞扬	我唱歌我快乐
	下		快乐小舞星		下		轻歌曼舞
三年级	上	小小演奏家	生活小乐器	六年级	上	古风新韵	经典名曲欣赏
	下		节奏游戏		下		古曲新唱

（二）"唯美学科"的评价要求

我们根据"唯美学科"的意涵，为"唯美学科"的评选确定以下评价标准：

首先，要具备独特的学科理念。提炼和形成独特的学科理念有利于形成学科特色，这是"唯美学科"的核心所在。

其次，要形成完善的学科建设方案。撰写基于特色学科理念的学科建设方案是学科建设的路径和保障。

再者，要有丰富的学科课程内容。课程内容丰富的内涵和外延是满足学生日益发展的学习需求的产物。多元的课程内容满足了学生的学习兴趣，充实了学生的学习生活，丰富了学生的学习体验。

再次，要保证高质量的学科教学。以正确的教学目标为前提，以丰富的课堂活动为主线，以提高学生的自学能力为目标，以深度的课后反思为助推，打造学科发展模式。

进而，要提供有效的学法指导。重点放在培养学生良好的学习习惯上，注重对他们进行学习方法、学习能力的指导和训练。注意教法和学法相结合，课内与课外相整合。

最后，要建立规范的教研团队。建立有效的学科团队教研机制是教学资源有效整合和推进课程实施的有效途径。学科团队进行有效教研有利于推动学科教学内容和方法的改进，有利于教学经验的交流，有利于学科品质的提高。

三、创设"唯美节日"，彰显学校节庆文化

"唯美节日"课程面向全体学生，采用喜闻乐见的活动，寓教于乐，充分调动学生积极性，及时进行心灵的启迪和点拨。其目的是在体验教育和实践活动中丰富学生的感性积累，提升理性认知，促使学生关注民俗风情、亲近传统文化、弘扬华夏文明，进而对

学生的价值取向起到潜移默化的引领作用。

(一)"唯美节日"的主要类型

以"传统节日课程""现代节日课程""校园节日课程"为互动主题,努力营建校园文化课程,为学生打通一个更为开放、更为广阔的学习途径,强调学生在亲历实践中,掌握新的学习方式,促进学生主动学习、综合学习、探究学习、实践学习。

1. 传统节日课程。传统节日是珍贵的非物质文化遗产,凝聚着中华民族的精神和情感,它区隔出一个生活周期中的各个阶段,是千百年来岁月年轮中欢乐的盛会。以节日课程为依托,通过体验节日文化习俗,从传统节日中汲取文化营养,开展"寻根"之旅。主要安排如下表(表4-10)。

表4-10 金水区艺术小学传统节日课程主要安排

月份	节日	主题	活动
一月	春节	感念亲情	守岁拜年 剪窗花 写春联
一月	元宵节	共享民俗	吃元宵 猜灯谜 绘花灯
三月	清明节	缅怀传承	讲英烈故事 文明祭祀
五月	端午节	浓浓爱国情	包粽子 念屈原 画龙舟
八月	中秋节	悠悠民族情	品月饼 绘明月 讲故事
九月	重阳节	拳拳敬老情	献孝心敬老人

2. 现代节日课程。庄重的"仪式",更能让学生感受到教育的庄严与厚重。我们精心谋划"现代节日课程",给学生以心灵的冲击、教育的震撼,从而增强学生生活的仪式感。主要安排如下表(表4-11)。

表4-11 金水区艺术小学现代节日课程主要安排

时间	节日	主题	活动
一月	元旦	新年新气象	1. 制订一份新年规划 2. 定下一个小小目标
三月	妇女节	感恩妈妈	1. 给妈妈唱一支歌 2. 向妈妈说一句暖心话 3. 亲手为妈妈做一张贺卡 4. 为妈妈做一件家务事

(续表)

时间	节日	主 题	活 动
五月	劳动节	劳动最光荣	1. 我爱劳动我光荣 2. 我身边的劳动模范 3. 评选班级劳动小模范 4. 我是社区服务小能手
六月	儿童节	少年强则国强	1. 亮亮我的成绩单 2. 我的"才艺秀"
七月	建党节	我是优秀少先队员	1. 学习党的历史 2. 学画党旗、党徽
八月	建军节	拥军爱军	1. 红色故事主题比赛 2. 制作拥军大红花
九月	教师节	老师,谢谢您!	1. 向老师说一句真诚的祝福 2. 对老师敬一个标准的敬礼 3. 亲手做一张"敬师卡" 4. 交一份整洁干净的作业
十月	国庆节	祖国妈妈我爱你	1. 学唱国歌 2. 爱国歌曲比赛 3. 争做升旗手

3. 校园节日课程。校园节日是以校园生活为依托,由学生自主设计的校园文化课程。它以主题活动营造"节日文化",集中对学生进行价值观的引领,不仅可以丰富校园文化内涵,也让教育变得越来越精彩、越来越厚重。主要安排如下表(表4-12)。

表4-12 金水区艺术小学校园节日课程主要安排

月份	节日	主 题	活 动
一月	心愿节	我有一个小心愿	1. 制作新学期心愿卡 2. 把心愿告诉最亲密的朋友
二月	安全节	我是安全小卫士	1. 我为校园排查安全隐患 2. 安全演练
三月	助人节	我是小"雷锋"	1. "雷锋故事我来讲"故事会 2. 寻找身边的小"雷锋"
四月	种植节	我是种植小能手	1. 亲手养护一种植物 2. 观察记录植物的生长过程

(续表)

月份	节日	主　题	活　　动
五月	读书节	我阅读我快乐	1. "读书之星"评比 2. "书香班级"评比 3. 经典诵读比赛
六月	艺术节	我是才艺小达人	1. 班级才艺大比拼 2. 校园才艺大赛
七月八月	生活节	校园是我家	和家人一起体验一天的校园生活
九月	体育节	享受运动健康成长	1. 班级运动选手比赛 2. 全校运动会
十月	收获节	我是小"富翁"	1. 校园"开心农场"种植展 2. 品尝果实 3. 分享种植的经验与心得
十一月	环保节	环保我能行	1. 节能减排我先行 2. 垃圾分类我宣传
十二月	饺子节	情暖冬至	1. 和面、搓球、擀皮、包饺子 2. "花样生活"奖评选

(二)"唯美节日"的评价标准

以评价促提升,评价的重点不是学生,而是学生的行为表现和参与过程。无论是对节日的认知还是对文化的感悟,要以具象的、可操作的具体指标进行评价。具体评价细目如下表(表 4-13)。

表 4-13　金水区艺术小学"唯美节日"课程评价量表

评价指标	评　价　内　容	评价分值
主题	1. 主题鲜明,寓意深刻,立意新颖; 2. 根据学生的身心发展和共性问题而确定; 3. 具有针对性、科学性、实效性、时代性和教育性。	
目标	1. 目标明确,有鲜明的导向性和时代特点; 2. 能达到使学生情感态度和价值观发生转变的目的; 3. 学生自我教育能力得到增强,能促进其身心健康发展。	
内容	1. 紧扣主题,定位准确; 2. 层次清晰,重点难点突出; 3. 贴近学生实际生活,符合学生身心发展规律。	

(续表)

评价指标	评价内容	评价分值
实施	1. 呈现形式合乎多样化原则； 2. 情景设计合理,操作性强,能体现综合知识的运用； 3. 关注学生的共性和差异,注重培养学生的实践能力,教育作用明显； 4. 注重拓展和开放,有需要思考的空间,重在引导学生实践和感悟； 5. 师生互动,学生参与面广,充分体现学生主体、教师主导的理念； 6. 活动设计富有特色和创意,体现课程的实践性、自主性、综合性、创造性和趣味性。	
形式	1. 注重学生的实践和感悟； 2. 能创设生机勃勃、富有实效的氛围； 3. 重视活动的群体性,引导学生合作学习； 4. 新颖、独特、多样,让学生充分展示自我。	

四、开动"唯美之旅",扎实推进研学旅行课程

读万卷书,行万里路。学生集体参加有目的、有计划、有组织的校外实践活动,开展研学旅行,有利于培育和践行社会主义核心价值观,激发他们对党、对国家、对人民的热爱之情,有利于全面推动实施素质教育,创新人才培养模式,引导学生主动适应社会,促进书本知识和生活经验的深度融合。

(一)"唯美之旅"的实施与开展

为使学生能够更深入地认识美、欣赏美、追求美,培养学生自主、合作、探究的精神和实践能力,帮助他们走进大自然、走向社会,增加他们了解实际、认识历史、体验文化的机会,培养创新精神和实践能力,形成正确的价值观念,学校积极开展"唯美之旅"课程。课程主要包括考察探究、研游讲说、制作宣传等内容,增强学生动手、宣传、交流、制作等各项综合活动能力。通过"唯美之旅"课程,激发学生认知社会、自然的好奇心,发展学生德、智、体、美、劳等综合能力。活动安排如下表(表4-14)。

表4-14 金水区艺术小学"唯美之旅"活动安排

年级	主题	地点	目的
一年级	美丽的校园	餐厅、寝室、教室、花园	认识自己的学校,熟悉生活环境。
二年级	读书增识	校图书馆、楼层图书角、开放式书吧	感受书的魅力,培养读书的好习惯。

(续表)

年级	主题	地　点	目　　的
三年级	家乡的历史	河南省博物院、郑州地质博物馆、郑州二七纪念塔	认识家乡历史,培养对家乡的热爱。
四年级	环保树心间	贾鲁河畔、黄河游览区、河南迎宾馆、郑州市植物园	了解周边美景,增强环保意识。
五年级	美享科技	郑州市气象馆、郑州市科技馆	"引"科技"促"兴趣,探索科学的奥秘。
六年级	不负春光	污水处理厂、郑州市第七中学	增长知识,在成长的路上增强社会适应能力。

根据我校学生的年龄、学段、认知及接受能力,在"唯美之旅"课程安排中,1—2年级平均每月不少于1课时;3—6年级平均每月不少于2课时。除此之外,利用节假日及寒暑假时间,以家庭组合、父母指导的方式进行探究学习;利用近邻同学结合方式进行小组探究学习交流。根据不同地域、不同气候等因素进行灵活多样的"研旅"学习并积极搜集整理"研旅"资料,引导学生在课堂之外充分发挥各自特点,学会与同伴或他人合作,培养学生沟通交流能力及团结协作的意志品质。

(二)"唯美之旅"的评价要求

为了能使我校的"唯美之旅"课程做到扎实、巩固、高效,学校针对研旅活动制定评价要求。

1. 详实的课程设计。做好"研旅"前的准备以及设计,是提高"研旅"课程实效的需要,更是活动成功与否的必要前提。

2. 丰富的课程体验。在"研旅"课程中,纸上谈兵是完全不行的,只有组织学生真正地身临其境置身于各项活动中,进行实时的学习探究才是"研旅"课程的核心之道。只有这样才能真正地让学生富有激情地投入到课程当中,给学生留下最独特、最具回味的成长感悟。

3. 足够的安全保障。在实施研学旅行计划时,一定要做好安全方案和应急预案,以确保课程的顺利进行。

学校会因地制宜、与时俱进,根据不同学段、年龄特点的学生,设计更具针对性的课程评价方案,对"研旅"课程及学生的表现进行合理的评价,以完善此课程。

五、丰富"唯美社团",全面优化兴趣特长课程

以"发挥学生学习的主体性和增强学生学习经验,促进学生全面、和谐、有个性的发展"为理念,以核心素养为依托,开展"唯美社团"课程,这是实现我校"明理、乐学、阳光、优雅"育人目标的必要补充,是我校学生邂逅唯美生命之旅的重要保障。

(一)"唯美社团"的主要类型

为丰富校园文化生活,发展学生兴趣与特长,促进学生的全面发展,"唯美社团"围绕"艺术审美重体验""语言交流擅表达""科技创新勤实践""运动健康永保持""自我社会巧和谐""逻辑思维深探究"六大主题,建设"艺术类社团""语言类社团""科技类社团""运动类社团""社会类社团""思维类社团"六大类课程。

1. 艺术类社团。"艺术范"课程的开展在我校有着得天独厚的条件。长期的教学实践,使我们对艺术教育的价值有了更深入的认识,在学校生活中,艺术教育不仅仅着力于学生的艺术养成,它对于其他领域的学习和人生的长远发展,也有着显著的促进作用。我们将社团活动与艺术专业课程进行系统结合,帮助学生理解文化和艺术的多样性,形成健康的审美价值取向。同时,在艺术知识、技能与方法的积累过程中,培养孩子们对艺术表达的兴趣和意识,在生活中拓展和升华美。

学校目前建有童声合唱团、"小白鹭"舞蹈社团、"花儿朵朵"扬琴社团、"梨园蓓蕾"戏曲社团、古筝社团、管乐社团、弹拨社团七个音乐类社团,"泥之灵"彩泥社团、"翰墨书香"书法社团、"方寸之间"篆刻社团、"水墨童年"国画社团、"雅绘"速写社团、"稚手追梦"版画社团六个美术类社团。各艺术社团每周都有固定的活动时间和详细的活动计划,为孩子们"艺术范"的塑造,提供了展示自我的舞台。

2. 语言类社团。语言是文化最有效的载体,文化是个人及民族的根和魂。正是在语言的输入与输出之间,实现了知识的传递和思想的升华。我校长期致力于"语言咖"课程的建设,通过读、听、感受、表达、演绎等具体实施方式,持续提升学生的人文素养。创建特色社团,如"阳光语言社团""金话筒"小主持人社团、英语戏剧社团等,结合"英语讲故事比赛""经典诵读比赛"等活动的举办,形成"敢表达、爱表达、擅表达"的人文氛围,助力学生成为小小"语言咖"。

3. 科技类社团。为提升学生的创新素养,我校以"科技创新勤实践"为抓手,以课程规划方案为指导,实施"技术流"课程。利用"玩转航模""快乐农场""小实验大生活"

"木工制作""环球自然挑战"等特色社团,保持学生的好奇心和想象力,鼓励其大胆尝试,在探究中发展学生的合作能力、实践能力和创新意识,不断提高学生的科学素养,激发学生对科学的热爱,培养学生运用科学知识解决问题的能力。

4. 运动类社团。强健的体魄是实现一切人生目标的首要前提和基础保障。为帮助学生在今后的学习和生活中获取更多的原动力,享有积极乐观的美好人生,我校致力于锻造学生的体质素养、提升学生的运动技能,促进学生身心健康和全面发展。我校以"运动健康永保持"为舞台,从保证学生的体育活动时间、拓展学生的体育活动空间、丰富学生的体育活动内容出发,开设"艺之灵"啦啦操社团、"跃空"篮球社、"绳彩飞扬"社团、"奔跑青春"田径社团等社团,推进"运动系"课程实施。

5. 社会类社团。我们面前的每一个孩子都是未来的社会公民,如何帮助他们正确地认识自我、处理好自我与社会的关系,是每一位教育工作者都必须面对且认真完成的课题。没有不断完善的自我,就不会有日趋和谐的社会。要完成这样一个大课题,需要我们从每一个学生做起,从每一天做起,在潜移默化中增强学生的社会责任感,通过个人价值的实现,推动社会的发展与进步。学校因地制宜,将心理健康学科与各项活动有机结合,针对不同年级学生特点,相继开展了"情绪天空""职业面面观""有朋自远方来""我的中国我的梦"等活动,促进其身心的全面发展,正确认识国家乃至国际的关系,学会处理自我与社会的关系,使他们养成现代公民的道德准则和行为规范,发展成为有理想信念、敢于担当的人。

6. 思维类社团。在"大数据"时代的今天,信息铺天盖地、浩如烟海,对于信息的处理能力至关重要。逻辑与思维能力,正是帮助学生妥善思考、合理判断的有力武器。我校结合学生实际与时代需要,以"逻辑思维深探究"为导向,开设"思维达"课程,如"OM"头脑奥林匹克社团、环球自然挑战社团等,使其能独立思考与判断,运用科学的思维方式认识事物、指导行为、解决问题。

(二)"唯美社团"的评价要求

丰富多彩的社团活动,深受师生喜爱。为使社团课程进一步规范、完善,我们从社团机构与管理、活动组织与开展两方面进行评价,制定唯美社团评价量表。具体见下表(表4-15)。

表 4-15　金水区艺术小学"唯美社团"评价量表

项目	"唯美社团"评价指标	得分	评估方式
社团机构与管理	1. 社团管理体制完善,机构设置合理,制定符合学生实际的社团建设实施方案。		实地查看材料核实师生座谈
	2. 建立、健全并严格执行社团各项规章制度。		
	3. 社团会员人数适当,规模适度,成员资料档案齐全。		
	4. 指导教师认真负责。		
	5. 学生社团要突出学生的主体性和创造性,使学生在社团活动中自治自理、健康发展。		
	6. 社团活动空间固定、环境良好,有相应的文化氛围。		
活动组织和开展	7. 定期开展社团活动,组织有序、记录完善。		
	8. 社团活动内容丰富、形式多样、体现实践性和综合性,有利于培养和锻炼学生多方面的素质,再现和表现校园文化精神。		
	9. 社团成员或集体活动成果显著。		
	10. 活动取得良好的教育效果,在学生中有一定的影响。		

六、创设"唯美空间",推进创客教育课程

随着社会的发展,家长对孩子的期望值逐渐增高,越来越多的教育者和家长意识到一味地进行知识灌输不利于学生长远和个性发展,而创客教育恰恰可以弥补这方面的缺憾。创客教育的精髓是在帮助学生进行创客活动的过程中,融合科学研究、技术制作、艺术创作等进行跨界学习,培育学生提出问题、研究问题、解决问题的综合能力。为此,我们学校创设了"唯美空间"创客教育课程。

(一)"唯美空间"创客课程的实施

创客教育的目的在于培养一批动手能力强、勇于实现自己想法的小创客,即"我手做我心"。为了能让学生有更多元的发展空间,拓展学生的思维,增强学生的动手能力和创新能力,我校基于"艺美课程"的理念,结合学校学生的实际情况,在"泥之灵"彩泥课程、蓝天航模社团的基础上,不断丰富课程结构,使之尽可能满足学生的发展需求,为学生创新能力的培养、个性化的发展提供优质的课程资源。遵循因材施教的原则,创客课程采取从低级到高级、从线下到线上、从简单到复杂的螺旋上升的编排方式。具体见下表(表 4-16)。

表4-16　金水区艺术小学"唯美空间"创客课程实施安排

年级	主题	地点	目标
一年级	纸飞机	教室、操场	以"谁的飞机飞得远"为主题,培养学生实践探索、动手操作、反思比较的能力。
	"泥之灵"彩泥	美术教室	培养学生想象创造、动手实践的能力。
二年级	七彩泡泡	教室、操场	以"七彩泡泡"为主题进一步提升学生的探究实践能力。
	"泥之灵"彩泥	美术教室	进一步培养学生想象创造、动手实践的能力。
三年级	创意服装秀	教室、操场	培养学生合作探究、动手实践、艺术创作的能力。
	Scratch初级	微机室	锻炼学生的逻辑思维能力。
	蓝天航模初级	航模教室	全面提升学生科学素养,培养学生动手操作的能力。
四年级	堆堆乐	教室、操场	进一步培养学生合作探究、动手实践的能力。
	Scratch中、高级	微机教室	进一步锻炼学生的逻辑思维能力。
	蓝天航模中、高级	航模教室	全面提升学生科学素养,进一步培养学生动手操作的能力。
五年级	生活百宝箱	教室	培养学生观察生活的意识和动手实践、探索创新的能力。
	木工森林	创客教室	充分发挥孩子的创造力和想象力,锻炼学生的动手能力。
六年级	挑战不可能	教室、操场	进一步培养学生的团队协作能力。
	电力工厂	创客教室	锻炼学生的动手操作能力,发挥学生的想象力、创造力。

(二)"唯美空间"创客课程的评价要求

"唯美空间"创客课程的评价从学生成长需求出发,采用多元评价,过程性评价与终结性评价相结合,自评与他评同参照,最大限度地体现课程为学生带来的改变。

具体评价从三个维度展开。一是详实的课程计划。社团类课程和基础课程一样,为了确保课程有序、合理、规范地开展,社团负责人需要根据所教年级学生的心理、生理特点及课程本身的特点,预设课程结束时应达到的基本目标,然后制定详实的课程计划及课程实施细则,做到有的放矢。二是有序的课程实施。一切活动的开展都需要时间的支持,根据活动实施细则,课程将按照预设目标,利用每周一次的固定时间有序实施,学校相关负责人应定期了解课程的开展情况,遇到实施过程中的问题,应及时调整策略,保障课程能够顺利进行。三是严密的比赛规划。比赛在一定程度上可以调动甚至刺激学生参与活动的积极性,因此,部分有集中比赛的社团应在课程开设初期制定可行的比赛规划,在课程实施中可侧重进行一些项目练习。没有集中比赛的社团,应在课程开设初期预想学期中或学期末社团学习内容的呈现形式,以此进一步激发学生探索的欲望。具体量表如下(表4-17)。

表4-17 金水区艺术小学"唯美空间"创客课程评价量表

评价指标	评价内容	评价分值
目标	1. 目标明确,突出课程特点; 2. 能使学生情感态度发生积极的转变; 3. 学生的动手实践、创新发展能力得到有效提升。	
内容	1. 紧扣主题,定位准确; 2. 层次清晰,重点难点突出; 3. 彰显学生的思维创新。	
实施	1. 活动设计合理,操作性强; 2. 关注学生的个性和差异,注重培养学生的实践能力; 3. 注重拓展性和开放性,重在引导学生思维创新和动手实践; 4. 活动的组织有序,活动形式富有特色和创意,体现课程的实践性、自主性、综合性、创造性。	

七、建设"唯美文化",推进空间环境课程

在校园文化课程设计中,找准课程与文化的结合点,用文化引领课程建设,用课程建设发展文化。我们需要向外展示我们的校园文化,我们更需要向内用力,让文化走进教室、走进课堂、走进学科,成为课程一部分的文化才更具意义、更有活力。由此,我们决定从以下几个方面入手。

(一)"唯美文化"建设

学校着力对校园文化、班级文化、餐厅文化、寝室文化进行统一规划,在体现学校办学思想的指导下,凸显各自特色。

1. 校园文化建设。完成各个功能室的主题装修,使其更符合艺术小学的特色与氛围。完善廊道建设,进行相关的装修与改造,使其具有艺美特色。不断更新维护我们现有的校园百家姓文化,使学生对传统文化以及寻根文化有所了解。维护走廊展板,使其成为学校独特文化的展示墙。

2. 班级文化建设。班级文化建设要寻找每个学生精神的发光点,透过宣传和教育,发展每个学生的特长和个性,使班级文化生活成为学生精神生活的"乐园"。注意室内各种设施颜色的搭配,使教室呈现出自然、平静、整洁的气氛,显现一种和谐美;建立"班级公约",体现班级良好的管理理念;建立"学习园地"对学习进行引导;建立"法制安全园地"对学生进行法制安全教育。为了能及时了解学生的心理,促进交流和沟通,增设班主任信箱及"实话实说"留言角,架起师生心灵的桥梁;开展系列主题班会,在自我设计的活动中使学生充分展示他们的爱好、特长和各种潜力,满足学生发展的需求。

3. 餐厅文化建设。以"粒粒皆辛苦·文明进餐桌"为主题,通过主题班会、国旗下讲话、红领巾广播站等形式,宣传用餐文明,张贴悬挂标语,营造良好氛围。通过综合实践等相关课程融入,普及科学膳食知识,宣传餐桌文明礼仪,倡导节约用餐行为。开展"小手牵大手"活动,将餐桌文化通过学生带给家长,带入家庭,让更多的家庭参与进来,扩大学校教育的辐射作用。在原有"文明食堂标准"的基础上加入"文明餐桌"新元素,引导学生建立环保餐饮消费理念。做好劝导和监督工作,在就餐学生中招募文明志愿者,开展餐桌文明志愿服务行动。

4. 寝室文化建设。寝室的整体要求为整洁、高雅、美观、和谐。寝室内务五个"一":被子折叠与枕头一般长、床单铺成一条线、床上无一件其他杂物、床下鞋子摆放一般齐、门口拖鞋与号码一一对应。寝室卫生五干净:地面、门窗、阳台、卫生间、床铺五个方面均无垃圾和灰尘。同时,鼓励寝室起不同的名字、制定寝室公约等个性化布置,共同营造健康向上的温馨环境。

(二)"唯美文化"的评价要求

"唯美文化"的评价从四个具体维度开展,分别为校园文化、班级文化、餐厅文化、寝室文化。

校园文化体现在学校的每一处场景、每一间教室、每一个角落,学校基于既有的校园文化建设实景,设计调查问卷,倾听学生的心声,聆听教师的建议,思考家长的反馈,从这三个与学校发展相辅相成的评价主体处获取真实、客观、全面的评价意见,继而更好地完善校园文化建设。

班级是学校里最为重要的集合单位,孩子们在学校的大部分时间都在教室度过。

为孩子们布置优美的教室环境,有助于孩子们的心理健康和审美发展;为各个班级制定全校统一的班级公约,有助于孩子们养成良好的行为习惯;各个班级独具特色的学习成果展示,有助于孩子们增强学习的成就感;丰富多彩的班级活动设计,有助于孩子们提升班集体的凝聚力。因此,我们从以上四方面对班级文化进行评价,每学期评选"最美班级",并在全校范围内分享交流。

餐厅是孩子们享用美味、安全的午餐的场所。学校作为育人的主阵地,不仅要让孩子们吃好,而且要孩子们懂得如何就餐。我们从科学膳食、餐桌文明、节约用餐这三方面入手,以班级为单位展开评比,评出"文明美食家",并在全校范围内进行表彰。

寝室的午休时光,帮助孩子们及时"充电",带来一下午的精神抖擞。让孩子们在安静、干净、文明的环境中悄然入睡,是每一位艺小老师的心愿。我们从午休礼仪和寝室内务两方面进行评价,评出"最美寝室",并在全校范围内分享交流。

八、聚焦"唯美整合",推进专题教育课程

儿童认识世界是从一个个完整的事物开始的,分科教学主要是知识和技术层面的教学,在一定程度上缺乏联系、内容割裂或交叉重复、存在严重的"壁垒"现象。面对日新月异的社会环境和现实生活,着眼孩子的未来发展,有实效的教育应该多纳入课程整合和专题教育,并对部分课程进行"校本化改良"。

(一)"唯美整合"的实施与开展

从学科整合方法上来说,学科整合主要有量的增加和减少、内部结构的调整、运行方式的转变这三种。从学科整合的学科类别上来说,学科整合主要包括学科内整合、多学科整合与跨学科整合三种主要形式。根据学校实际情况,我校采取多学科整合,一个主题下选择多个学科共同参与实施,打破学科界限,以统一的主题、概念、内容联结不同学科。具体活动主题如下表(表4-18)。

表4-18 金水区艺术小学"唯美整合"的活动主题

学期	主题	地点	整合学科
一年级上学期	豆芽成长记	家庭	科学、语文、美术
一年级下学期	手绘唐诗宋词	教室	语文、美术
二年级上学期	校园植物知多少	校园、教室	科学、美术、语文

(续表)

学期	主题	地点	整合学科
二年级下学期	"小鬼当家"校园淘宝	校园、教室	语文、数学、美术
三年级上学期	快乐课本剧	教室、小演播厅	语文、音乐、校本课程
三年级下学期	贾鲁河的前世今生	贾鲁河、教室	综合实践、语文、数学、科学、美术
四年级上学期	冰糕棍变变变	教室	综合实践、美术、语文
四年级下学期	奇思妙想创意服装秀	校园、教室、学生、家庭	综合实践、美术、音乐、语文
五年级上学期	发现商业的秘密	教室、校园	综合实践、美术、数学、语文
五年级下学期	英语戏剧表演	教室、舞蹈室、小演播厅	英语、音乐、美术、体育、校本课程
六年级上学期	魔法工厂污水变形记	污水处理厂	综合实践、科学、语文、美术
六年级下学期	我为母校献言进策	校园	综合实践、语文、数学、美术、科学

根据我校学生实际情况,按照年龄认知能力,每个年级每个学期安排一次学科整合活动,使学生能够利用各科所学知识解决实际问题。

(二)"唯美整合"的评价要求

"唯美整合"的落实程度,我们主要从"整合形式、整合原则、整合内容、整合过程"四个方面进行评价。

在整合形式上,对整合的学科数目和采取的形式做出要求,需两个及两个以上的学科采取恰当有效的形式整合,借助富有特色的形式,体现课程的实践性、自主性、综合性、创造性。

在整合原则上,要求课程整合以相关学科课程标准为基础,以全面育人为终极目标,以学生为本,充分考虑不同年龄段学生的兴趣、爱好等学习需求,选择具有时代气息的学习材料和丰富多彩的表现形式进行整合。

在整合内容上,要求内容与时代发展相契合,融合不同学科的学科特色,指向学生综合素养的提升。

整合过程是"唯美整合"中最重要的部分,要求体现学科整合课程设计的合理性和可操作性,注重培养学生的实践能力,同时最大限度地扩大学生参与面,给学生的思维拓展提供广阔空间。

课堂上的精彩互动,大课间的欢声笑语,专业课的余音绕梁,午休时的悄无声息,无一不是课程实践中让人沉浸的美好瞬间。其实,一切的一切,都只为了孩子能邂逅这段唯美的生命旅程!愿我们永怀美之初心,成就美之教育!

(撰稿人:赵纪军　邓欣雨)

第五章

课程图谱：基于关键素养的学习革命

以文化融合为载体，以促进学生全面发展为核心，立足于核心素养，构建结构严谨的课程图谱。就学校课程而言，在横向上聚焦学校课程的分类，方便学生们把握完整世界格局；在纵向上，由简单到复杂，从已知到未知，从具体到抽象，勾勒出一个适应不同年龄阶段孩子的连贯的课程阶梯，最终形成基于核心素养层面的科学而又严密的学校课程体系。课程图谱，融通生活、重塑个体生命、满足个性发展、促进个体智慧提升，逐步实现从满足标准到满足个体需求的转型，完成基于关键素养的学习革命。

小水滴课程：让每个孩子都成为温润的小水滴

"小水滴课程"体系是在"让生命温润美好"的办学理念的引领下，以促进学生全面发展为核心，立足核心素养，整合课程资源，构建结构严谨的课程图谱，以"智润课堂""慧润学科""达润研学""乐润社团""行润项目""德润仪式""广润节日"七大途径，激发学生参与的兴趣，丰富学生的经历和情感，使学生能够顺应天性、尊重个性、发展灵性，生长得更好，散发出属于自己的光芒。

郑州市金水区纬三路小学地处经七路49号，学校始建于1948年，占地面积近17 613.6平方米。学校拥有高素质的教师队伍，中小学一级教师占70%以上，其中省级学科带头人2人、省级骨干教师4人、市级骨干教师5人、区级首席教师1人、区学科带头人5人、区级教学新秀5人。学校是一所国家级体育传统项目学校，乒乓球是学校的特色项目，也是学校的一张特色名片，世界冠军邓亚萍曾在纬三路小学进行启蒙训练。40多年来，努力拼搏的乒乓精神激励一批批优秀的乒乓健儿从学校走出，为省队和国家队争得了荣誉。学校还先后获得"河南省综合实践活动课程建设样本学校""河南省未成年人文化经典诵读示范学校""郑州市中小学综合实践活动先进单位""郑州市校本课程先进校""郑州市中小学研究性学习先进单位"等荣誉。多年来，学校教师用大爱和专业的知识，一直不懈努力创新，滋养培育这一方水土上的孩子们。

第一部分　学校教育哲学

学校教育哲学是学校文化的灵魂和统率，是学校发展的内核和原动力，是学校师生共同愿景的结晶，更是学校每一项具体工作的主线。

一、学校教育哲学

水既温柔又充满力量,水公平无私又泽及万物。一粒种子的萌发,一株幼苗的成长,都离不开水的润泽,因此,我们将学校的教育哲学定为"润教育"。润教育是像水一样对学生心田缓慢而优雅的浸润;润教育是对学生品格潜移默化的影响;润教育是对学生生命感、价值感自然而然的唤醒。

我们期望师生具有水一般博大宽容、坚韧灵动、丰富润泽、纯净自然的品格;期望孩子们在学校每天能够得到心灵浸润,涵养温润美好的性格;期望我们的教育是温暖的教育,能够让孩子们在小学阶段留下一段幸福的记忆。基于此,将学校的办学理念定为"让生命温润美好",期望每一位纬三路小学的孩子能够顺应天性、尊重个性、发展灵性。

我们的教育信条

我们坚信,每一个孩子都是一颗温润的水滴;

我们坚信,教育是一种慢慢浸润孩子心田的过程;

我们坚信,让学生以自己的方式体验成功是教育的使命;

我们坚信,学生在课程中的体验越多就能收获越多的生命辉煌;

我们坚信,寓博大的胸怀和无限的爱心就能实现让每个孩子健康成长。

二、学校课程理念

每个孩子都是一颗小水滴,每一滴水汇成了江河,学校就是由这样的无数个小水滴组成。在阳光的照耀下,每一颗水滴都会有属于自己的光芒。因此,将学校课程模式命名为"小水滴课程"。在"让生命温润美好"的办学理念下,我们提出的课程理念是:让每个孩子都成为温润的小水滴。

——**课程即是生命的唤醒**。每个孩子都有着一种生命的创造冲动。课程正是呵护、关怀孩子的这种生命的冲动意识,调动起每一个细胞的活力与智慧,让孩子在课程中能够大胆地去追寻自我、展现自我,唤醒生命中的灵性,发出耀眼的光芒。

——**课程即是心灵的浸润**。每个孩子的心灵就像一块未开垦的土地,需要用心去滋养、去呵护。孩子能够依据自己的特长、兴趣爱好而自主选择课程,始终处在一种心灵自由的状态,整个细胞是开放的、舒畅的,在这样的状态下学习,孩子们是快乐的。

——课程即是个性的张扬。世上没有两片完全相同的树叶,每颗水滴也都能折射不同的环境。每个孩子的天赋潜质各不相同,存在着个体间的差异。课程允许孩子在潜能、兴趣、特长等方面存在个体差异,为孩子发展个性、彰显本色提供更加广阔的空间。

总之,我们认为课程促进孩子的自由生长,浸润孩子的心灵底层;课程激发孩子的生命潜能,提升生命品质,唤醒生命热情;课程让孩子在自然而然中蓬勃向上。

第二部分　学校课程目标

结合"润教育"的教育哲学,依据"让生命温润美好"的办学理念,提出学校育人目标和课程目标。

一、学校育人目标

学校的育人目标培养"懂感恩、勤锻炼、爱探究、乐生活"的纬三少年。具体表现如下:

懂感恩是一种美德、一种情感、一种心态。我们培养的学生要知恩、感恩,能够体会出日常生活中的美好,心怀感激,拥有更温和的性情。

勤锻炼是一种坚持。我们培养的学生要拥有健康的体魄,更要有顽强的意志,增强克服困难、战胜困难的信心。

爱探究是一种思维活动。我们培养的学生要有好奇心、萌发求知欲,能够自主学习、独立思考、敢于质疑。

乐生活是一种态度。生活即教育,我们培养的学生能够在生活中体验快乐,在快乐中汲取成长的甘泉,个性得到张扬。

二、学校课程目标

依据国家、省、市、区教育部门指导性文件和学校的教育哲学,结合学校的育人目标,将课程目标细化成如下年级目标,具体见表5-1。

表5-1 金水区纬三路小学"小水滴课程"年级课程目标

育人目标 \ 课程目标	低年级	中年级	高年级
懂感恩	自己的事情自己做,爱祖国,关心集体,能够积极主动地为班集体做事,遵守纪律,知道诚实、守信是一种优良品质。	学会做人,懂得基本的做人之道。养成良好的行为习惯,培养基本的审美观。懂得诚实守信是美德,做事情有责任心,认真负责,有始有终。	有正确的价值取向和为人处事的基本准则,拥有一定的社会责任感。做事情有责任心,勇于承担责任,遵守各项规则,待人诚恳。
勤锻炼	积极参与体育锻炼、艺术类活动,通过大课间、舞蹈等多种形式感受到体育活动给自己的生活带来的乐趣。精力充沛,对生活充满热情,会1—2项体育类游戏活动。	积极参与体育活动,形成参与运动的兴趣和爱好,形成坚持锻炼的习惯,发扬体育精神,形成积极乐观、坚强自信的生活态度。基本掌握1—2项运动技能,积极参加各项实践类、体验类的活动。	能积极参加体育活动,保持参与运动的兴趣和坚持运动的习惯,保持愉快的心情,性格开朗大方、坚强自信;形成灵敏、力量、耐力、协调等身体素质,通过国家体质健康测试,掌握2—3项体育运动技能,并成为特长项目,积极参加社会实践和学校社区的劳动、志愿者服务。
爱探究	乐于动脑,能从日常生活中发现问题、提出问题,并能尝试探究问题的答案。掌握基本学习的方法,对问题有自己独特的看法与见解。	能在好奇心的驱使下,表现出对现象和事件发生的条件、过程、原因等方面的探究兴趣。在科学探究中能以事实为依据,不从众,不轻易相信权威与书本;面对有说服力的证据,能调整自己的观点。乐于尝试运用多种材料、多种思路、多样方法完成科学探究,体会创新乐趣。能接纳他人的观点,完善自己的探究;能分工协作,进行多人合作的探究学习;乐于完成探究活动,分享彼此的想法,贡献自己的力量。	对探究物质的外在现象和事件发生进行科学探究兴趣,对于自然现象等方面有浓厚的探究兴趣。以事实为依据,坚持正确的观点,自己原有的想法不从众;能够养成用事实说服的证据,不急于下结论的意识。能调整自己的观点分析原因,以事实为依据作出判断。能大胆猜测,尝试多角度、多方式认识科学探究,体会利用新的材料,具有创新精神。愿意沟通分享合作探究学习。乐于交流,分享各成员的意见,形成彼此的想法,贡献集体的智慧。
乐生活	答应别人的事情能够做到;乐意与同伴交往,结交几个好朋友;会正确表达自己对朋友的关心;遇到困难时,会控制自己的情绪,向他人求助。	学会规划自己的学习、娱乐、休息时间,养成按时作息的习惯,能够向自己的同伴分享自己的快乐,学会赞美别人、接受他人的赞美;能正确表达自己的愿望。	每天保持微笑的心态,掌握与熟悉的、陌生的人交流的方法;正确表达快乐,用积极的方式解决遇到的任何问题。

第三部分　学校课程体系

学校遵循"让生命温润美好"的办学理念,以"小水滴课程"为抓手,实践"让每个孩子都成为温润的小水滴"的课程理念,以"智润课堂""慧润学科""达润研学""乐润社团""行润项目""德润仪式""广润节日"七大途径,实现学校的育人目标。

一、学校课程逻辑

学校努力遵循课程理念,在课程、课堂、活动等诸方面努力实现"润教育"的使命,培养"懂感恩、勤锻炼、爱探究、乐生活"的纬三少年,构建"小水滴课程"逻辑,具体见图5-1。

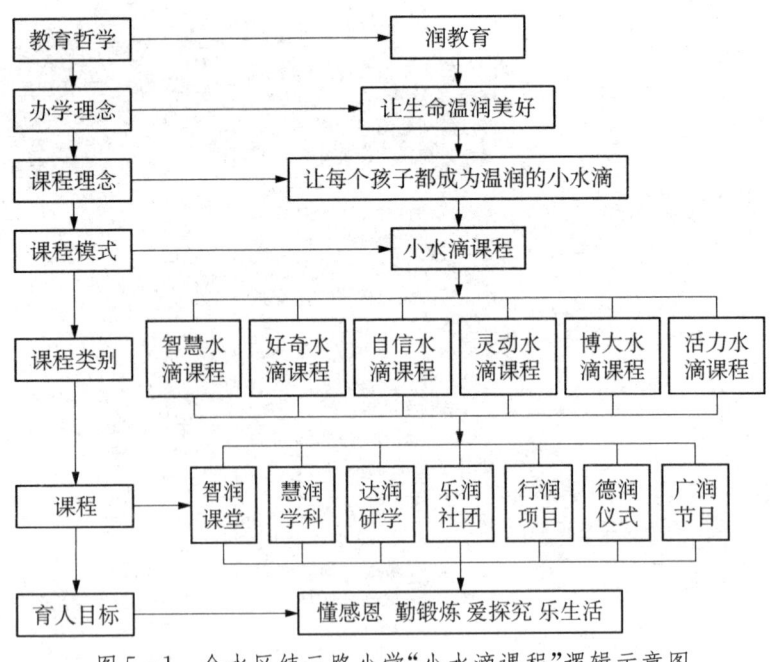

图5-1　金水区纬三路小学"小水滴课程"逻辑示意图

二、学校课程结构

依照"多元智能"理论,学校课程分为智慧水滴课程、好奇水滴课程、自信水滴课程、灵动水滴课程、活力水滴课程、博大水滴课程六大类课程,具体见图5-2。

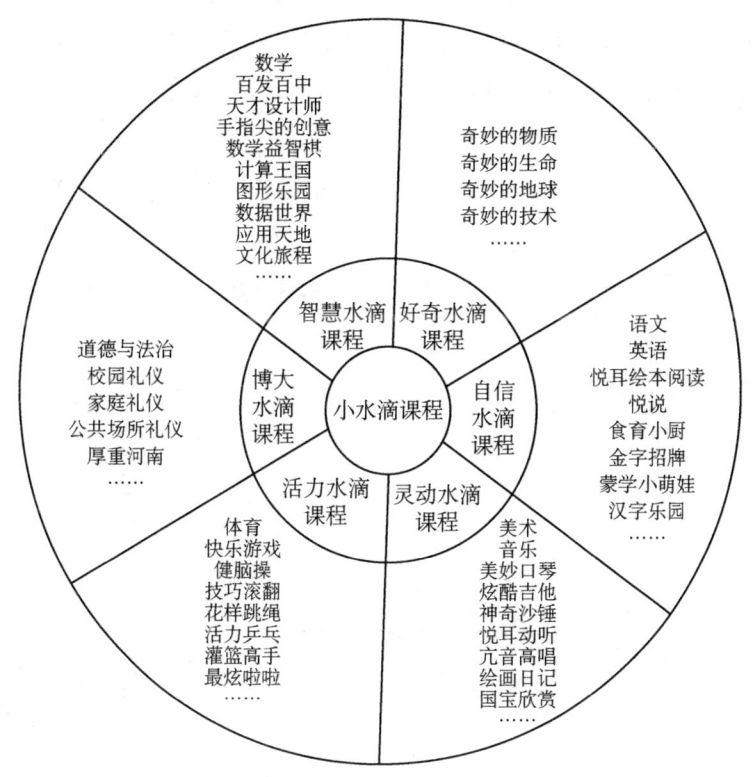

图5-2 金水区纬三路小学"小水滴课程"结构示意图

"小水滴课程"分别从六个方面来构建个性化的课程。

——"智慧水滴课程"主要从逻辑与思维的角度,让学生通过课程的学习能够学会运用逻辑推理和理性思维进行思考,具有初步的创新意识和科学态度。

——"好奇水滴课程"主要从科学与探究的角度,让学生通过课程的学习体验科学的魅力,学习有趣味的、与生活相关的、有价值的科学,享受科学之趣。

——"自信水滴课程"主要从语言与交流的角度,让学生通过课程的学习学会运用语言文字进行交流沟通,吸收古今中外优秀文化,提高思想文化修养,促进自身精神成长。

——"活力水滴课程"主要从运动与健康的角度,让学生通过课程的学习掌握体育健康的基础知识、基本技能与方法,增强体能;体验运动的乐趣和成功;发展良好的心理品质、合作与交往能力;形成健康的生活方式和积极进取、乐观开朗的人生态度。

——"灵动水滴课程"主要从艺术与审美的角度,让学生通过课程的学习丰富视觉、触觉和审美经验,激发创造精神,形成基本的艺术素养,陶冶高尚的审美情操,完善人格。

——"博大水滴课程"主要从人文与历史的角度,让学生通过课程的学习具有良好品德和行为习惯,乐于探究、热爱生活,促进良好品德形成和社会性发展。为学生认识社会、参与社会、适应社会,成为具有爱心、责任心、良好的行为习惯和个性品质的社会主义合格公民奠定基础。

三、学校课程设置

在学校课程理念的引领下,学校以学生兴趣为立足点,把培养学生全面发展作为核心,根据育人目标,构建起六大课程门类、六个年级、十二个学期的课程内容,具体设置见表5-2。

表5-2 金水区纬三路小学"小水滴课程"设置表

课程 学期	智慧 水滴课程	好奇 水滴课程	自信 水滴课程	活力 水滴课程	灵动 水滴课程	博大 水滴课程
一年级 上学期	数学 百发百中 天才设计师 小小观察员 手指尖的创意 数学童乐站	科学 水底捞针 萌宠乐园 春风化雨 奇思妙想	语文 汉字乐园 蒙学小萌娃 写话小明星 四季乐 童言溢童真 英语 "悦"耳 绘本"悦"读 "悦"说	体育 限时模仿跑 谁的步子大 四足动物走 指挥摸黑走 找到身体开关 技巧滚翻 我最摇摆 活力乒乓 最炫啦啦 原地拍球 小足球游戏 射门游戏 传抢球游戏 连续单脚跳	音乐 电影歌曲我来听 儿童歌谣我来说 音乐知识我知道 民族舞蹈我来跳 神奇沙锤 美术 我上学了 中国名画欣赏 剪纸世界 画画爸爸妈妈 树叶贴画	道德与法治 升旗礼仪

(续表)

课程＼学期	智慧水滴课程	好奇水滴课程	自信水滴课程	活力水滴课程	灵动水滴课程	博大水滴课程
一年级下学期	数学 百发百中 天才设计师 小小观察员 手指尖的创意 数学童乐站	科学 水底捞针 萌宠乐园 春风化雨 奇思妙想	语文 汉字乐园 蒙学小萌娃 写话小明星 四季乐 英语 "悦"耳 绘本"悦"读 "悦"说	体育 跑—停变换 捡贝壳 过独木桥 剪刀石头布 我会做健脑操 技巧滚翻 跳绳我最棒 活力乒乓 啦啦操小豆包 行进拍球 四足动物爬行	音乐 电影歌曲我来听 儿童歌谣我来说 音乐知识我知道 民族舞蹈我来跳 神奇沙锤 美术 我上学了 中国名画欣赏 剪纸世界 画画爸爸妈妈 树叶贴画	道德与法治 少先队礼仪
二年级上学期	数学 乘胜追击 数学益智棋 小小调查员 身体上的数学 数学童乐站	科学 山青水秀 春暖花开 春夏秋冬 巧夺天工	语文 金字招牌 蒙学小学士 写话小天地 你来听我说 食育小厨 英语 "赏"歌曲童谣 绘本"乐"读 "悦"唱英语歌	体育 踩石过河 贴报纸跑 首尾相接 四方走 整合大脑 技巧滚翻 剪刀石头布 活力乒乓 我最软 原地运球 足球小将 趣味赶球跑	音乐 电影歌曲我来听 儿童歌谣我来说 音乐知识我知道 民族舞蹈我来跳 神奇沙锤 美术 快乐的事 中国画欣赏 泥咕咕 画画我的家 树叶贴画	道德与法治 敬老礼仪
二年级下学期	数学 乘胜追击 数学益智棋 小小调查员 身体上的数学 数学童乐站	科学 山青水秀 春暖花开 春夏秋冬 巧夺天工	语文 金字招牌 蒙学小学士 写话小天地 你来听我说 食育小厨 英语 "赏"歌曲童 绘本"乐"读 "悦"唱英语歌	体育 "盲人走" 蛇形跑 仰撑 三人同时走 开启专注 技巧滚翻 琴弦上芭蕾 活力乒乓 弯弯小拱桥 行进间运球 足球小将 趣味单足跳	音乐 电影歌曲我来听 儿童歌谣我来说 音乐知识我知道 民族舞蹈我来跳 神奇沙锤 美术 快乐的事 中国画欣赏 泥咕咕 画画我的家 树叶贴画	道德与法治 餐桌礼仪 电话礼仪

(续表)

学期 \ 课程	智慧水滴课程	好奇水滴课程	自信水滴课程	活力水滴课程	灵动水滴课程	博大水滴课程
三年级上学期	数学 更胜一筹 图形反斗城 小小调查师 校园中的测量 数学淘宝营	科学 水阔山高 奇花异草 冰天雪地 心灵手巧	语文 一字一珠 蒙学小博士 写物小能手 沟通无限 编辑部的故事 英语 畅想 listen 绘本"阅"读 童言 write 萌动 express	体育 打野鸭子 异侧手脚走 踩尾巴 蜗牛走路 运动促学 技巧滚翻 前仆后继 足球小将 欢快的小精灵 原地运球 足球小将 双人协作 夹球跑	音乐 电影歌曲我来听 古诗谱曲我来唱 音乐素养我提升 灵活身体我舞动 美妙口琴 美术 我们的节日 中国名画欣赏 豫剧里的艺术 画画小伙伴 树叶贴画	品德与生活 我先知
三年级下学期	数学 更胜一筹 图形反斗城 小小调查师 校园中的测量 数学淘宝营	科学 水阔山高 奇花异草 冰天雪地 心灵手巧	语文 一字一珠 蒙学小博士 写物小能手 沟通无限 编辑部的故事 英语 畅想 listen 绘本"阅"读 童言 write 萌动 express	体育 单人跳绳跑 靠背半蹲走 黄河长江 心心相印 探索思维 技巧滚翻 不倒翁 活力乒乓 跳动的音符 行进间运球 足球小将 绕障碍往返跳	音乐 电影歌曲我来听 古诗谱曲我来唱 音乐素养我提升 灵活身体我舞动 美妙口琴 美术 我们的节日 中国名画欣赏 豫剧里的艺术 画画小伙伴 树叶贴画	品德与生活 我先行 我监督
四年级上学期	数学 智取秘钥 智慧冒险家 初级分析师 讲台上的名家 数学淘宝营	科学 水积成川 硕果累累 雾里看花 游刃有余	语文 见字如面 跟着唐诗去旅行 写物小巧手 小小脱口秀 名家的魅力 英语 畅游 listen 绘本"畅"读 创意 write 魔力 express	体育 贴烧饼 趣味立定跳远 大鱼网 靠背半蹲走 准确表达 技巧滚翻 灵活的双脚 活力乒乓 千手观音 运球组合动作 足球小将 "S"跑	音乐 电影歌曲我来听 古诗谱曲我来唱 音乐素养我提升 灵活身体我舞动 美妙口琴 美术 我们的节日 走进博物馆 木版年画 画画我自己 粮食贴画	品德与生活 了解家乡 郑州的交通

第五章　课程图谱：基于关键素养的学习革命

(续表)

课程\学期	智慧 水滴课程	好奇 水滴课程	自信 水滴课程	活力 水滴课程	灵动 水滴课程	博大 水滴课程
四年级 下学期	数学 智取秘钥 智慧冒险家 初级分析师 讲台上的名家 数学淘宝营	科学 水积成川 硕果累累 雾里看花 游刃有余	语文 见字如面 跟着唐诗去旅行 写物小巧手 小小脱口秀 名家的魅力 英语 畅游 listen 绘本"畅"读 创意 write 魔力 express	体育 两人三足 单臂悬垂 "8"字跳绳 五人连排走 有效沟通 技巧滚翻 最佳团队 活力乒乓 三头六臂 活力乒乓 行进变向运球 足球小将 连续并脚跳	音乐 电影歌曲我来听 古诗谱曲我来唱 音乐素养我提升 灵活身体我舞动 美妙口琴 美术 我们的节日 走进博物馆 木版年画 画画我自己 粮食贴画	品德与生活 家乡最美丽 中原多圣贤 制作手册
五年级 上学期	数学 巧测谜城 百变 DIY 中级分析师 小鬼大当家 数学嘉年华	科学 水落石出 草长莺飞 斗转星移 驾轻就熟	语文 一字一师 宋词大观园 叙事小达人 甲方乙方 历史再现 英语 聆听 smarter 绘本"细"读 心灵 factory 快乐 express	体育 跑绳梯 悬垂过肋木 抢占先机 划小船 记忆超群 技巧滚翻 团队挑战赛 活力乒乓 天鹅湖 原地投篮 足球小将 30秒跳上跳下	音乐 电影歌曲我来听 中外经典我来唱 音乐技能我编创 戏剧活动我来演 炫酷吉他 美术 我爱旅行 走进博物馆 美丽的瓷器 画画我的老师 标本创意	品德与社会 解放新中国
五年级 下学期	数学 巧测谜城 百变 DIY 中级分析师 小鬼大当家 数学嘉年华	科学 水落石出 草长莺飞 斗转星移 驾轻就熟	语文 一字一师 宋词大观园 叙事小达人 甲方乙方 历史再现 英语 聆听 smarter 绘本"细"读 心灵 factory 快乐 express	体育 旗语跑 手推车 往返跑接力 同心协力 能量补给 技巧滚翻 我们是好搭档 活力乒乓 空中飞人 原地传接球 足球小将 直臂支撑	音乐 电影歌曲我来听 中外经典我来唱 音乐技能我编创 戏剧活动我来演 炫酷吉他 美术 我爱旅行 走进博物馆 美丽的瓷器 画画我的老师 标本创意	品德与社会 腾飞的中国

(续表)

课程\学期	智慧 水滴课程	好奇 水滴课程	自信 水滴课程	活力 水滴课程	灵动 水滴课程	博大 水滴课程
六年级 上学期	数学 融会贯通 图形大变身 高级分析师 少年三人师 数学嘉年华	科学 水到渠成 万木峥嵘 风雨同舟 炉火纯青	语文 汉字英雄 最美诗经 我是大作家 我是演说家 我爱我校 英语 分贝 smarter 绘本"品"读 书写 factory 疯狂 express	体育 高抬腿跑 角力 顺线追击跑 蛇战 放空心灵 技巧滚翻 最强组合 活力乒乓 我是明星 行进间上篮 足球小将 协作单足跳	音乐 电影歌曲我来听 中外经典我来唱 音乐技能我编创 戏剧活动我来演 炫酷吉他 美术 我毕业了 走进博物院 河南老建筑 我爱你们 标本创意	品德与社会 我骄傲 我自豪
六年级 下学期	数学 融会贯通 图形大变身 高级分析师 少年三人师 数学嘉年华	科学 水到渠成 万木峥嵘 风雨同舟 炉火纯青	语文 汉字英雄 最美诗经 我是大作家 我是演说家 我爱我校 英语 分贝 smarter 绘本"品"读 书写 factory 疯狂 express	体育 折返跑 人猿泰山 轮换跑 叠罗汉 健脑操跟我学 技巧滚翻 跟我来跳绳 活力乒乓 体能健将 半场运球上篮 足球小将 俯卧直臂支撑	音乐 电影歌曲我来听 中外经典我来唱 音乐技能我编创 戏剧活动我来演 炫酷吉他 美术 我毕业了 走进博物院 河南老建筑 我爱你们 标本创意	品德与社会 友谊与和平 共同的家园

第四部分 学校课程实施

学校以课程理念为指导思想，以学科标准和学生核心素养为切入口，以科学评价为支撑，具体从以下几方面实施。

一、构建"智润课堂"，扎实有效实施学校课程

课堂是提高学校课程实施能力、提升教师教的艺术、学生在学习中达到全面发展

的主要渠道。

（一）"智润课堂"的意涵和路径

1. "智润课堂"的意涵

"智润课堂"是教师运用灵动的智慧和积极的情感，以智启智、以情冶情，润物无声地发展学生各自的智慧潜能和情感潜能。学生在快乐与思辨的学习氛围中，主动求知、乐于探索，实现师生的智慧情感和谐共生的课堂文化形态。"智润课堂"，带来的是学生智慧的碰撞、情感的愉悦、生命的浸润、人格的升华。构建智润课堂，要通过理解和尊重、激发和启迪，实现师生情智共生、共同成长。

"智润课堂"是真诚的课堂：对学生的理解、关注和尊重，课堂氛围融洽，师生关系和谐。"智润课堂"是灵动的课堂：学生拥有欢喜心，对学习充满兴趣，课堂上静心地听、认真地想、放开地讲；课堂上的学生会观察、会思考、会表达、会总结，充满灵气。"智润课堂"是智慧的课堂：学生积极参与到"智润课堂"中，能提出不同问题，阐述不同观点。学生的发散思维和批判思维在思辨的氛围中得以发展，在师生的交流碰撞中生成智慧，共同成长。

2. "智润课堂"的四大路径

根据"智润课堂"的内涵，我们提出实施"智润课堂"的四大路径——"情、境、精、实"，每位教师从备课到上课，都要遵循这四大路径。具体表现为：

"情"，以情动人。入情，才能真正地关注学生，才能倾听学生的心声、观察学生的状态、感受学生的真诚、感染学生的情感，与教师产生共鸣。

"境"，以境渲染。我们要求教师在课堂上从各个方面入手，为学生创设一个学习的情境，营造一个充满互动、思辨氛围的课堂，尽可能地让学生置身其中，身临其境地感受、学习。

"精"，以精提炼。主要包含两层意思，一是精心的备课。备教师的教法、学生的学法，更要备"问题"，如何引起学生兴趣的问题，能让学生愿意反复去探究的问题，能引领学生思维导向的问题，牵一发而动全身的问题，能扩展学生思路的问题，能激发学生思维创新火花的问题。二是精彩的课堂。课堂的精彩，并不是热热闹闹，而是师生在共同学习和碰撞中出现的心灵上的共鸣所带给人的记忆深刻的震撼。能用自己的智慧发现课堂上随时出现的意外收获，能让学生感受到收获的心动和幸福。

"实",以实做基。指课堂教学的真实和教师平实的心态。

(二)"智润课堂"的实施策略

学校为深化高效的"智润课堂"建设,积极探索"智润课堂"实施的策略,切实保障推进"智润课堂"的高效运行。具体实施策略如下:

以校本教研为途径。学校健全校本教研制度,将每周二定为"教研日",每个教研组都有领导负责,深入到教研组内,带领教师开展行之有效的教研活动。

以教科研为抓手。学校领导指导每位教师在自己的课堂教学实践中发现问题,将这些问题作为自己的教研专题,探索解决问题的方法,寻找今后努力的方向。

以科学评价为支撑。带领老师们制定科学有效的评价体系,注重评价的多元,改变教师的教学观,促进学生的成长。

(三)"智润课堂"的评价标准

根据"智润课堂"的意涵,学校从教学设计、教学实施两方面制定"智润课堂"评价标准,具体见表5-3。

表5-3 金水区纬三路小学"智润课堂"评价表

执教教师		学科及课题	
执教班级		听课人及时间	
评价项目及权重		评价指标	得分
教学设计 (30分)	目标制定 (15分)	1. 学习目标紧扣课标和学段特点,体现课程特点,符合学情。 2. 学习目标定位合理,表述清晰。	
	环节设计 (15分)	1. 教学设计科学。 2. 过渡自然流畅。	
教学实施 (60分)	真诚 (20分)	1. 理解、关注和尊重学生。 2. 课堂氛围融洽,师生关系和谐。	
	灵动 (20分)	1. 学生拥有欢喜心,对学习充满兴趣,课堂上静心地听、认真地想、放开地讲。 2. 课堂上学生会观察、会思考、会表达、会总结,充满灵气。	
	智慧 (20分)	1. 学生积极参与到课堂学习中,能提出不同问题,阐述不同观点。 2. 学生的发散思维和批判思维在思辨的氛围中得以发展,在师生的交流碰撞中生成智慧,共同成长。	
教师综合素质 (10分)		1. 教师语言准确、精炼、规范,教学方法灵活。 2. 能适时有效地评价,关注课堂生成。 3. 电子白板、多媒体使用适时、适度、熟练。	

(续表)

执教教师		学科及课题			
执教班级		听课人及时间			
评价项目及权重	评 价 指 标				得分
总评	优 (100—90分)	良 (89—70分)	合格 (69—60分)	不合格 (60分以下)	
亮点					

二、建设"慧润学科",积极推进学科课程落实

"润教育"以"慧润学科"来推进学科课程的建设和实施。学科课程既有国家基础课程,也有在此基础延伸的满足学生终身发展需求的课程。

(一)"慧润学科"的建设路径

建设"慧润学科",学校从两方面入手,一方面通过挖掘学科内部或学科之间的逻辑来构建专业的学科课程群;另一方面充分利用地域特色来渗透多门学科。各学科基于特色追求,教师根据对学科的独特理解、独特优势、独特资源,开发学科课程群。

1. "润泽语文"课程群

"润泽语文"是丰富学生语言表达的课程。课堂上,师生潜心细读,读出文本意味,读出蕴情涵理,让师生享受一场精神的语言盛宴。学生自信地表达,将自身对言语的感悟有滋有味、有情有义地情动抒发,如水之"润",潜移默化地影响学生对世界的感受、思考及表达方式;如光之"泽",将言语的芬芳和色泽化为远方的自由翱翔,心之所至,言途为开。承绿色之性,持诗意之灵,拥丰富之源。除基础课程外,"润泽语文"课程设置见表5-4。

表5-4 金水区纬三路小学"润泽语文"课程设置

学期＼课程	文字天地	经典素读	创意写作	应用口语	知行实践
一年级上学期	汉字乐园	蒙学小萌娃	写话小明星	童言溢童真	四季乐
一年级下学期	汉字乐园	蒙学小萌娃	写话小明星	童言溢童真	四季乐
二年级上学期	金字招牌	蒙学小学士	写话小天才	你来听我说	食育小厨

(续表)

课程\学期	文字天地	经典素读	创意写作	应用口语	知行实践
二年级下学期	金字招牌	蒙学小学士	写话小天才	你来听我说	食育小厨
三年级上学期	一字一珠	蒙学小博士	写物小能手	沟通无限	编辑部的故事
三年级下学期	一字一珠	蒙学小博士	写物小能手	沟通无限	编辑部的故事
四年级上学期	见字如面	跟着唐诗去旅行	写物小巧手	小小脱口秀	名家的魅力
四年级下学期	见字如面	跟着唐诗去旅行	写物小巧手	小小脱口秀	名家的魅力
五年级上学期	一字之师	宋词大观园	叙事小达人	甲方乙方	历史再现
五年级下学期	一字之师	宋词大观园	叙事小达人	甲方乙方	历史再现
六年级上学期	汉字英雄	最美诗经	我是大作家	我是演说家	我爱我校
六年级下学期	汉字英雄	最美诗经	我是大作家	我是演说家	我爱我校

2. "L-English"课程群

L 是 love 的缩写,"L-English"能够激发学生学习英语的兴趣、爱上英语;塑造自信、爱学英语;培养能力、爱读英语。除基础课程外,"L-English"课程设置见表 5-5。

表 5-5　金水区纬三路小学"L-English"课程设置

课程\学期	Love to listen	Love to read	Love to write	Love to express
一年级上学期	"悦"耳 listener	绘本"悦"读(RAZ-a)		"悦"说 speaker
一年级下学期	"悦"耳 listener	绘本"悦"读(RAZ-a)		"悦"说 speaker
二年级上学期	"赏"歌曲童谣	绘本"乐"读(RAZ-A)		"悦"唱英文歌
二年级下学期	"赏"歌曲童谣	绘本"乐"读(RAZ-A)		"悦"唱英文歌
三年级上学期	畅想 listen	绘本"阅"读(RAZ-B)	童言 write	萌动 express
三年级下学期	畅想 listen	绘本"阅"读(RAZ-B)	童言 write	萌动 express
四年级上学期	畅游 listen	绘本"畅"读(RAZ-C)	创意 write	魔力 express
四年级下学期	畅游 listen	绘本"畅"读(RAZ-C)	创意 write	魔力 express
五年级上学期	聆听 smarter	绘本"细"读(RAZ-D)	心灵 factory	快乐 express
五年级下学期	聆听 smarter	绘本"细"读(RAZ-D)	心灵 factory	快乐 express
六年级上学期	分贝 smarter	绘本"品"读(RAZ-D)	书写 factory	疯狂 express
六年级下学期	分贝 smarter	绘本"品"读(RAZ-D)	书写 factory	疯狂 express

3."智慧数学"课程群

"智慧数学"课程建设基于教材,挖掘其数学性,凸显理性品质;彰显数学的自由,发展创造力,使小学数学课堂成为学生逐步形成正确世界观、人生观和科学方法论的摇篮。除基础课程外,"智慧数学"课程设置见表5-6。

表5-6 金水区纬三路小学"智慧数学"课程设置

学期＼课程	计算王国	图形乐园	数据世界	应用天地	文化旅程
一年级上学期	百发百中	天才设计师	小小观察员	手指间的创意	数学童乐站
一年级下学期	百发百中	天才设计师	小小观察员	手指间的创意	
二年级上学期	乘胜追击	数学益智棋	小小调查员	身体上的数学	
二年级下学期	乘胜追击	数学益智棋	小小调查员	身体上的数学	
三年级上学期	更胜一筹	图形反斗城	小小调查师	校园中的测量	数学淘宝营
三年级下学期	更胜一筹	图形反斗城	小小调查师	校园中的测量	
四年级上学期	智取秘钥	智慧冒险家	初级分析师	讲台上的名家	
四年级下学期	智取秘钥	智慧冒险家	初级分析师	讲台上的名家	
五年级上学期	巧测谜城	百变DIY	中级分析师	小鬼大当家	数学嘉年华
五年级下学期	巧测谜城	百变DIY	中级分析师	小鬼大当家	
六年级上学期	融会贯通	图形大变身	高级分析师	少年三人师	
六年级下学期	融会贯通	图形大变身	高级分析师	少年三人师	

4."活力体育"课程群

"活"是内在动力,活泼,富于变化,有灵气;"力"是外在体现,点亮思维,碰撞智慧,精彩绽放。"活力体育"旨在让学生通过体育活动,学会用体育精神的眼光看世界;经历体育活动过程,获得对体育理解的同时,在体育思想、思维能力、情感态度与价值观诸方面得到发展,真正发挥体育课程的育人功能。除基础课程外,"活力体育"课程设置见表5-7。

表 5-7 金水区纬三路小学"活力体育"课程设置

课程\学期	快乐游戏	健脑操	技巧滚翻	花样跳绳	活力乒乓	最炫啦啦	灌篮高手	足球小将	疾风少年
一年级上学期	限时模仿跑 谁的步子大 四足动物走 指挥摸黑走	找身体开关	分腿站立	我最摇摆	基础知识 球性练习 颠球游戏	"我的好朋友"啦啦操	原地拍球	小足球游戏 射门游戏 传抢球游戏	连续单脚跳
一年级下学期	跑—停变换 捡贝壳 过独木桥 剪刀石头布	我会做	并脚直腿立	跳绳我最棒	基础知识 球性练习 颠球游戏	啦啦操 "小豆包"	行进拍球 拍球手型	传抢球游戏 传接球游戏	四足动物爬
二年级上学期	踩石过河 贴报纸跑 首尾相接 四方走	整合大脑	两脚前后开	剪刀石头布	两点步 正手攻球	我最软	原地运球 运球手型	熟悉球性 单脚拉推球 左右脚拉推	趣味赶球跑
二年级下学期	"盲人走" 蛇形跑 仰撑 三人同时走	开启专注	单腿蹬地	琴弦上芭蕾	两点步 正手发球	弯弯小拱桥	行进间运球	单脚拉拨球 左右脚拉拨	趣味单足跳
三年级上学期	打野鸭子 异脚手侧脚走 踩尾巴 蜗牛走路	运动促学	两脚前后开	前仆后继	左推右攻步 反手发球	欢快小精灵	原地运球	脚背运球 脚外侧运球 脚内侧运球	双人夹球跑
三年级下学期	单人跳绳跑 靠背半蹲走 黄河长江 心心相印	探索思维	直腿坐撑	不倒翁	左推右攻步 反手推挡球 班级比赛	跳动的音符	直线运球	正脚背顶球 内侧变向运球 脚内侧传接球	障碍往返跳

第五章 课程图谱：基于关键素养的学习革命

（续表）

课程\学期	快乐游戏	健脑操	技巧滚翻	花样跳绳	活力乒乓	最炫啦啦	灌篮高手	足球小将	疾风少年
四年级上学期	贴烧饼 趣味立定跳远 大鱼网 靠背半蹲走	准确表达	单腿跪撑	灵活的双脚	推挡侧身步 正手攻球 小组比赛	千手观音	运球组合	运球练习 内侧传接球 运球射门组合	"S"跑
四年级下学期	两人三足 单臂悬垂 "8"字跳绳 五人连排走	有效沟通	原地跳起	最佳团队	推挡侧身步 反手多球 小组比赛	三头六臂	变向运球	运球摆脱练习 内侧传接球 一对一对抗	连续并脚跳
五年级上学期	跑绳梯 悬垂过助木 抢占先机 划小船	记忆超群	保护自己	团队挑战赛	正手搓球 班级联赛	天鹅湖	原地投篮	行进间内侧传 行进间传接球 一对一对抗	跳上跳下
五年级下学期	旗语跑 手推车 往返跑接力 同心协力	能量补给	怎么用	我们是搭档	反手搓球 班级联赛 年级联赛	空中飞人	原地传接球	巩固运球 巩固传接球 射门练习	直臂支撑
六年级上学期	高抬腿跑 角力 顺线追击跑 蛇战	放空心灵	挑战赛	最强组合	组合步 裁判法 班级联赛 年级联赛	我是明星	行进间上篮	头顶球技术 接球技术练习 传抢练习	协作单足跳
六年级下学期	折返跑 人猿泰山 地形轮换跑 叠罗汉	跟我学	滚翻比赛	跟我来跳绳	组合步 裁判法 班级联赛 年级联赛	体能健将	半场上篮	运球突破练习 传接球配合 七人制比赛	俯卧直臂支撑

167

5. "心意美术"课程群

尊重每一个孩子最真实的本心,从"心"出发,走进学生的内心,在美术学习和创作的过程中,让学生表达出自己的想法、观点,为情感目标做充分有效的引导。除基础课程外,"心意体育"课程设置见表5-8。

表5-8 金水区纬三路小学"心意美术"课程设置

学期 \ 课程	绘画日记	国宝欣赏	家乡的艺术	画画你我他	创意植物画
一年级上学期	我上学了	中国名画欣赏	剪纸世界	画画爸爸妈妈	树叶贴画
一年级下学期	我上学了	中国名画欣赏	剪纸世界	画画爸爸妈妈	树叶贴画
二年级上学期	快乐的事	中国名画欣赏	泥咕咕	画画我的家	树叶贴画
二年级下学期	快乐的事	中国名画欣赏	泥咕咕	画画我的家	树叶贴画
三年级上学期	我们的节日	中国名画欣赏	豫剧里的艺术	画画小伙伴	粮食贴画
三年级下学期	我们的节日	中国名画欣赏	豫剧里的艺术	画画小伙伴	粮食贴画
四年级上学期	我们的节日	走进博物馆	木版年画	画画我自己	粮食贴画
四年级下学期	我们的节日	走进博物馆	木版年画	画画我自己	粮食贴画
五年级上学期	我爱旅行	走进博物馆	美丽的瓷器	画画我的老师	标本创意
五年级下学期	我爱旅行	走进博物馆	美丽的瓷器	画画我的老师	标本创意
六年级上学期	我毕业了	走进博物馆	河南老建筑	我爱你们	标本创意
六年级下学期	我毕业了	走进博物馆	河南老建筑	我爱你们	标本创意

6. "悠扬音乐"课程群

"悠"是内在动力,悠然自得,无拘无束,自由自在;"扬"是外在体现,余音绕梁,婉转动听。让孩子们在课程学习中精彩绽放、开心成长。除基础课程外,"悠扬音乐"课程设置见表5-9。

表5-9 金水区纬三路小学"悠扬音乐"课程设置

学期 \ 课程	悦耳动听	亢音高唱	趣味乐理	创新舞动	奇妙乐器
一年级上学期	电影歌曲我来听	儿童歌谣我来说	音乐知识我知道	民族舞蹈我来跳	神奇沙锤
一年级下学期	电影歌曲我来听	儿童歌谣我来说	音乐知识我知道	民族舞蹈我来跳	神奇沙锤
二年级上学期	电影歌曲我来听	儿童歌谣我来说	音乐知识我知道	民族舞蹈我来跳	神奇沙锤

(续表)

课程\学期	悦耳动听	亢音高唱	趣味乐理	创新舞动	奇妙乐器
二年级下学期	电影歌曲我来听	儿童歌谣我来说	音乐知识我知道	民族舞蹈我来跳	神奇沙锤
三年级上学期	电影歌曲我来听	古诗谱曲我来唱	音乐素养我提升	灵活身体我舞动	美妙口琴
三年级下学期	电影歌曲我来听	古诗谱曲我来唱	音乐素养我提升	灵活身体我舞动	美妙口琴
四年级上学期	电影歌曲我来听	古诗谱曲我来唱	音乐素养我提升	灵活身体我舞动	美妙口琴
四年级下学期	电影歌曲我来听	古诗谱曲我来唱	音乐素养我提升	灵活身体我舞动	美妙口琴
五年级上学期	电影歌曲我来听	中外经典我来唱	音乐技能我编创	戏剧活动我来演	炫酷吉他
五年级下学期	电影歌曲我来听	中外经典我来唱	音乐技能我编创	戏剧活动我来演	炫酷吉他
六年级上学期	电影歌曲我来听	中外经典我来唱	音乐技能我编创	戏剧活动我来演	炫酷吉他
六年级下学期	电影歌曲我来听	中外经典我来唱	音乐技能我编创	戏剧活动我来演	炫酷吉他

7．"奇妙科学"课程群

奇妙科学课程重要面向全体学生，适应学生个性发展的需要，使他们获得良好的科学教育。除基础课程外，"奇妙科学"课程设置见表5-10。

表5-10　金水区纬三路小学"奇妙科学"课程设置

课程\学期	奇妙的物质	奇妙的生命	奇妙的地球	奇妙的技术
一年级上学期	水底捞针	萌宠乐园	春风化雨	奇思妙想
一年级下学期	水底捞针	萌宠乐园	春风化雨	奇思妙想
二年级上学期	山青水秀	春暖花开	春夏秋冬	巧夺天工
二年级下学期	山青水秀	春暖花开	春夏秋冬	巧夺天工
三年级上学期	水阔山高	奇花异草	冰天雪地	心灵手巧
三年级下学期	水阔山高	奇花异草	冰天雪地	心灵手巧
四年级上学期	水积成川	硕果累累	雾里看花	游刃有余
四年级下学期	水积成川	硕果累累	雾里看花	游刃有余
五年级上学期	水落石出	草长莺飞	斗转星移	驾轻就熟
五年级下学期	水落石出	草长莺飞	斗转星移	驾轻就熟
六年级上学期	水到渠成	万木峥嵘	风雨同舟	炉火纯青
六年级下学期	水到渠成	万木峥嵘	风雨同舟	炉火纯青

8."纯臻品德"课程群

"纯臻品德"课程群旨在促进学生良好品德形成和社会性发展,为学生认识社会、参与社会、适应社会,成为具有爱心、责任心、良好的行为习惯和个性品质的社会主义合格公民奠定基础。除基础课程外,"纯臻品德"课程设置见表5-11。

表5-11 金水区纬三路小学"纯臻品德"课程设置

学期＼课程	课程主题	课程名称
一年级上学期	跟我学礼仪之校园礼仪	升旗礼仪
一年级下学期	跟我学礼仪之校园礼仪	少先队礼仪
二年级上学期	跟我学礼仪之家庭礼仪	敬老礼仪
二年级下学期	跟我学礼仪之家庭礼仪	餐桌礼仪 电话礼仪
三年级上学期	跟我学礼仪之公共场所礼仪	我先知
三年级下学期	跟我学礼仪之公共场所礼仪	我先行 我监督
四年级上学期	带你认世界之"厚重河南"	初步了解家乡郑州的交通
四年级下学期	带你认世界之"厚重河南"	家乡最美丽 中原多圣贤 制作手册
五年级上学期	带你认世界之"厉害了,我的国"	解放新中国
五年级下学期	带你认世界之"厉害了,我的国"	腾飞的中国
六年级上学期	带你认世界之"世界真美丽"	我骄傲,我自豪
六年级下学期	带你认世界之"世界真美丽"	友谊与和平 共同的家园

(二)"慧润学科"的评价要求

"慧润学科"即在国家基础课程的指导下,教师依据本学科特点及课程标准,自主开发的X课程群,旨在用丰富多彩的课程资源,润泽学生的心灵,期许美好的未来。我们根据"慧润学科"的意涵,依据以下评价标准,在全校范围内评选"慧润学科"。具体评价标准有以下几个方面:

1.有独特的学科理念。提炼和形成独特的学科理念,利于形成学科特色,这是

"慧润学科"的核心所在。

2. 有基于特色学科理念的学科建设方案。撰写基于特色学科理念的学科建设方案是"慧润学科"建设的路径和保障。

3. 丰富的课程内容，满足学生多元发展需求的可能性。课程内容丰富的内涵和外延是满足学生日益发展的学习需求的产物。多元的课程内容满足了学生的学习兴趣，充实了学生的学习生活，丰富了学生的学习体验，是"慧润学科"建设的基础。

4. 高品质的学科教学是保证学科质量的基础。以正确的教学目标为前提，以丰富的课堂活动为主线，以提高学生的自学能力为保证，以深度的课后反思为助推，打造"慧润学科"的模式。

5. 有意识地进行学科学习及学法指导。重点放在培养学生良好的学习习惯上，注重对他们进行学习方法、学习能力的指导和训练。注意教法和学法相结合，课内与课外相结合。聚焦"授之以渔"的教学理念是"慧润课堂"建设的突出特色。

6. 高效的学科教研和学科团队建设。建立有效的学科团队教研机制是教学资源有效整合和推进课程有效实施的形式。学科团队进行有效教研有利于推动学校教学内容和方法的改进，有利于教学经验的交流，有利于增进学校各方面工作的协作，从而提高学科的品质，是打造"慧润学科"的中坚力量。

三、做活"达润研学"，着力落实研学旅行活动

学校借力于"达润研学"，将教育的关注点引向如何提高每个学生将来"有价值的生活"的可行能力，本着以"育人为本、安全为首、德育为重"的教学理念，树立"生活即教育、社会即学校、学做合一"的育人观，引导学生从学校走向社会，从课堂走向生活，从书本走向实践。通过一系列丰富多彩的活动，让学生在实践中"学会做人、学会做事、学会共处、学会生存"，全方位开启学生心智，激发学生团队互助精神与责任感，帮助学生建立自信，提升人生目标，发现自身全部价值的潜力。

（一）"达润研学"的主要做法

学校开展"达润研学"旅行活动遵循"开放性、综合性、体验性、生活性"的原则，积极开展具有"一校一旅一特色，彰显个性与快乐"的亮点课程。主要方式及其关键要素具体包括考察探究、社会服务、设计制作、职业体验等。其中，考察探究是学生基于自身兴趣，在教师的指导下，从自然、社会和学生自身生活中选择和确定研究主题，开展研究性学习;在观察、记录和思考中,主动获取知识、分析并解决问题的过程,如野外考察、社会调查、研学旅行等。具体活动安排见表5-12。

表5-12 金水区纬三路小学"达润研学"活动安排

年级	主题	地点	目的
一年级	食育之旅	河南省幼儿园耕读苑	亲近大自然,探寻食物的秘密
二年级	戏剧之旅	河南省豫剧团 万象城戏剧厅	感受戏剧的魅力,了解戏剧表演的技法
三年级	电影之旅	建文影城 电影大世界	丰富视野,感悟道理
四年级	桥梁之旅	黄河大桥 立交桥	走桥、量桥、拍桥、写桥、画桥……多感官参与,开展真实的学习
五年级	黄河之旅	黄河游览区 黄河大堤 黄委会	感受母亲河的壮观,了解黄河自然之水、功用之水、文化之水、未来之水
六年级	毕业之旅	离校课程实践基地	感恩母校,感恩父母,感恩朋友

在课时安排方面,1—2年级,平均每月不少于1课时;3—6年级平均每月不少于2课时。充分利用寒暑假,以小组合作方式为主,也可以个人单独进行。小组合作范围可以从班级内部,逐步走向跨班级、跨年级、跨学校和跨区域等,根据实际情况灵活运用各种组织方式。引导学生根据兴趣、能力、特长、活动需要,明确分工,做到人尽其责、合理高效。既要让学生有独立思考的时间和空间,又要充分发挥合作学习的优势,重视培养学生的自主参与意识与合作沟通能力。鼓励学生利用信息技术手段突破时空界限,进行广泛的交流与密切合作。

(二)"达润研学"的评价要求

"达润研学"从活动设计、实施准备、实施体验、安全保障几方面开展评价,力争做到"学"之扎实、"研"之尽兴、"旅"之有获、"行"之成长。

1. 系统的活动设计。设计完善研学旅行活动。研学旅行的落脚点应该在于"学",而"旅"是形式,是服务于"学"的。因此,每次的研学旅行应有明确的研学目标、研学内容、评价方式,而不仅仅是简单的游玩。研学旅行活动应该更多地体现出实践性和创新性。

2. 充分的活动实施准备。做好实施准备,是提高研学旅行活动教学效果的需要,是培养学生良好学习习惯的需要，是促进研学旅行活动教师专业成长的需要。

3. 精致的活动实施安排。精致的活动实施安排有利于研学旅行活动内容的深度有效学习，也有利于多种学习方法的内化。

4. 丰富的活动实施体验。研学旅行活动中丰富的体验是学生们最真实的学习，学生在最真实的场景下留下最独特、美好的感受，从而获得多方面的成长。

5. 足够的安全保障。在实施研学旅行计划时，一定要做好安全方案和应急预案，以确保课程的顺利进行。

总之，根据不同学段、年龄特点的学生，设计更具针对性的活动评价方案，对学生的学习效果不能简单地以分数来评价。在整个研学旅行过程中，教师对学生更应进行形成性评价和发展性评价。

四、开发"乐润社团"，全面优化兴趣特长

"乐润社团"为有一定特长和艺术兴趣爱好的学生搭建成长平台，发展学生的兴趣特长，提高学生的实践活动技能，促进学生被动学习为主动学习，掌握活动、学习、探究的方法，养成良好的学习习惯，培养良好的道德情操、审美能力、组织能力，促进学生的全面发展。

（一）"乐润社团"的主要类型

"乐润社团"分为科技素养类、身心健康类、人文素养类、艺术素养四大类，具体见表5-13。

表5-13　金水区纬三路小学"乐润社团"一览表

领域	社团	指导教师	领域	社团	指导教师
科技素养	科学万花筒	吴丹 沈淑霞	身心健康	啦啦操	刘彦 马振丽
	种植小能手	朱伟云 杨元元		毽球	陶文涛 李铎
	魅力数独	张变 张静丽		篮球	于军 郭师恒
	创意DIY	路祎倩 金喜荣		阳光跑步	宋健
	航模	杜冰		足球	李松

(续表)

领域	社团	指导教师	领域	社团	指导教师
科技素养	玩转科学世界	田琳 孟琳	艺术素养	巧手天地	葛丽萍 罗玲
	七巧科技	弓新国 孙美君		泥彩世界	马丽 倪兵
人文素养	豫文化	张景霞 徐璐		魅力衍纸	马慧 陈丽霞
	Happy Time	王静 郭蔚蔚		绘形绘色	李琨 刘旭东
	Light up science	左皓 徐沐葳		篆刻社	谨晖
				我型我塑	宋瑛姿
				钩针编织	吴辉 王莹
	缤纷英语	周静 杨明		十字绣	朱蒙蒙 康颖
	English with me	范文娟 郑李芳		戏曲	高洁 张瑜洋
	方寸天地	李少辉		合唱	徐征
				音乐素养	王晓菲
	积极行为引导团	张丽红		轻舞飞扬	尚静
身心健康	美食与健康	陈斐 马青珍		乐器琵琶	王萌萌
				乐器小提琴	王萌萌

备注：社团实施方式为学生根据个人兴趣，提出申请，自主选择社团，社团指导老师根据综合考查通过申请，组织学生参与社团活动，完成社团课程，记录成长轨迹。

（二）"乐润社团"的评价要求

社团活动在实施中做到"三稳定"：人员稳定、时间稳定、地点稳定。在此基础上，从指导老师（见表5-14）、课堂指导活动（见表5-15）、学生学习三方面进行评价，具体如下。

表5-14 金水区纬三路小学"乐润社团"指导教师评价表

评价内容	评价形式	评价结果
能开发挖掘有意义的课程内容，满足学生兴趣发展的需求，促进学生互助共进交往，内容有可学性、迁移性等，并能及时修整。	看活动方案、学习活动小结等	

(续表)

评价内容	评价形式	评价结果
能制定简要的课程纲要,并根据课程纲要制定一份课程实施计划。	看社团有形成果	
课程开发实施能满足学生的兴趣发展需求,重视发展学生的个性特长,能开发出结合学生特点和利于学生发展的课程,重视培养学生的实践能力和创造能力,受到学生喜爱。	学生问卷调查、随机访谈、学生活动感悟记录	
按照课程要求制定出个性化的学生评价方案,组织好对学生的发展评价,认真做好评价工作。	看评价方案、学生社团成果展示	

表5-15 金水区纬三路小学"乐润社团"指导教师课堂指导活动评价表

评价目标	目标描述	落实情况
理念体现	正确掌握课程的基本理念和教学模式,坚持全面发展的素质教育,体现知识与技能、过程与方法、情感态度价值观的和谐共融。	
活动目标的制定与达成	确定适合学生特点与课程特点的教学目标,目标明确、具体、切实可行,符合学生实际。	
活动内容设置的适切性	教学内容选择事宜,符合学生实际需求,并与教学目标一致。内容生动有趣,贴近学生的生活,能为学生所理解和把握,有利于学习目标的达成。	
指导方法的多样性	教学方法动静相宜、灵活多样,有实效,符合学生特点,为学生所喜爱,教学媒体的选择应恰当。	
活动组织的有效性	教学程序和结构清晰合理,新颖有效,各环节链接自然流畅,体现教师的主导作用。	
活动准备工作	教师的备课以及教学材料的准备要充分;教学场地的选择恰当;教学环境的设置要有利于师生互动和同学间的交流与沟通。	
指导教师专业素养	教师对课程的把握准确,对知识的理解和技能的操作到位,仪表、教态、语言恰到好处。	

社团指导教师可以根据自己的社团课程内容灵活地设计个性化的学生学业评价方案。比如:运动类的社团评价应该着重于学生技能的掌握;人文类的社团应该着重于知识获取与情感培养;科技类的社团应着重于知识的应用与方法的获得等。评价的内容有:学生活动出勤率评价;学生活动过程表现评价(包括平时上课听讲、学习的态度、作业的完成情况);学生学习成果与收获。

五、创新"行润项目",做好学科课程整合

项目学习的最基本的特点是自主学习,本着这一理念,学校在开展项目学习的过程中坚持以学生为主,让学生根据自己的兴趣爱好与实际水平选择学习项目。坚持打破学科壁垒,实现学科融合的原则,将学生的生活世界与认知需要联系起来,实现学习成果互享。

(一)项目学习的主要类型

学校依据学生兴趣、教师资源研发了丰富的学习项目,具体见表5-16。

表5-16　金水区纬三路小学项目学习一览表

序号	班级	项目	序号	班级	项目
1	一一	黄河泥	19	四一	素读
2	一二	素读	20	四二	素读
3	一三	黄河泥	21	四三	黄河水
4	一四	电影	22	四四	电影
5	一五	素读	23	四五	素读
6	一六	电影	24	四六	电影
7	二一	黄河鱼	25	五一	素读、立起来剧场
8	二二	食育	26	五二	素读、立起来剧场
9	二三	黄河鱼	27	五三	国防、立起来剧场
10	二四	食育	28	五四	黄河桥、立起来剧场
11	二五	电影	29	五五	电影、立起来剧场
12	二六	素读	30	五六	电影、立起来剧场
13	三一	素读	31	六一	电影
14	三二	电影	32	六二	素读
15	三三	素读	33	六三	国防
16	三四	声律启蒙	34	六四	国防
17	三五	素读	35	六五	黄河柳
18	三六	黄河米	36	六六	黄河柳

(二)项目学习的实施与评价

在课时安排方面,每周两个课时,1—6年级集中在每周四下午进行。

项目学习的评价,采用基于表现的学习性评价,由教师和教育共同体其他成员共同进行,从以下几个方面进行科学的评价:

学生在项目学习中能够有意识地观察、探访、记录,以及搜集、整理、筛选、提取有关信息,不断地积累经验。

学生在项目学习中能根据不同的任务进行分工合作,感受到自身的价值,自信展示学习成果,在整个项目学习研究过程中充满分享、分担、理解与感动。

六、推进"德润仪式",促进学生健康成长

"德润仪式"课程就是表达信仰、传递思想感情、传递社会价值观的工具。仪式作为一种文化象征,具有特别重要的作用,它可以使一些我们所经历的看似普通的事件,被赋予一种特别的,甚至是无法言说的意义,从而触及人的心灵。

以"德润仪式"的形式开展的教育活动,可以营造特殊的教育氛围,表达教育内容,传递价值观念。仪式教育应该成为学校生活不可缺少的一部分,成为学校文化的重要组成部分。让学生在庄重的仪式中产生对文化、对知识的敬畏和向往,感受"人"的丰富内涵,并产生长久而深远的影响。

(一)"德润仪式"课程名称

在"德润仪式"课程中,结合少先队活动课程,把握组织属性,通过特有的组织形式、集体生活和活动方式对少年儿童进行思想引导。以《少先队活动课程指导纲要(试行)》中的组织意识、道德养成、政治启蒙、成长取向这几大教育目标为主题,分层制定各年级活动的具体目标,形成从一年级到六年级的德润仪式课程体系,见表5-17。

表5-17 金水区纬三路小学"德润仪式"课程一览表

年级	主题	内容
一年级	入队	少先队入队仪式课程
二年级	队列	少先队队列仪式课程
三年级	梦想	播种梦想仪式课程
四年级	命名	特色中队命名仪式课程
五年级	结对	与农村学校组织结对仪式课程
六年级	感恩	毕业仪式课程

(二)"德润仪式"课程特点

关注课程活动中的个体体验。少先队是中国共产党创立和领导的少年儿童群众组织,是少年儿童学习中国特色社会主义和共产主义的学校,是建设社会主义和共产主义的预备队。为中国特色社会主义事业培养合格建设者和可靠接班人是少先队组织的根本任务。

如一年级"入队仪式课程",通过庄严的少先队礼仪,培养加入少先队组织的光荣感和自豪感。举行"今天我入队,争当好队员"少先队入队仪式:入队前能做一件好事;会提出入队申请,参加入队仪式编入新中队,参加队组织活动,能感受到入队光荣;出队旗、唱队歌、敬队礼、授戴红领巾、授队旗、聘请辅导员、新队员宣誓、呼号、退旗,与辅导员、家长在队旗下合影。

仪式课程构建了六年递进的活动框架,注重孩子的年龄特点和成长过程,让每个孩子都参与到活动中,并让活动具备独特的生命体验。如在六年级的毕业课程上,以"感恩、梦想、成长"为关键词,安排野外露营、校园篝火、种植毕业树等活动,让毕业生拥有难忘的毕业体验。

(三)"德润仪式"课程评价体系

学校以"争星换卡夺章"的评价方式,对"德润仪式"课程进行评价。根据孩子实际和发展需要,设定适应孩子发展的评价标准和评价方式,鼓励通过"竞星—换卡—夺章",不断确立新的目标,追求进步。

1. 特色奖章设置。我们结合少先队员雏鹰争章活动的特色,创设入队章、队列礼仪奖章、毕业奖章等特色奖章来调动学生的积极性。

2. 对照式同伴互评。在仪式课程评价中,通过自主化管理小队队员在团队活动和个人竞章活动中的表现,进行自动化的互评,引导队员通过对照式的同伴互评找优点、明差距,从而客观地认识自我,明确努力方向。

3. 童趣化过程评价。好玩是孩子的天性,采用争章兑换心愿来实现对学生各方面的过程性评价,兑换学校的"积极行为蜜蜂章"获得学校积极行为养成奖。

七、创设"广润节日",营造浓厚学习氛围

润,本义为雨水下流,滋润万物;广,多样、多元,努力发挥德育活动课程的育人功能,使每一位学子都能在纬三路小学的校园中健康、快乐地成长。

"广润校园节"是"小水滴课程"的一个子项目,通过开展适合学生个性发展的节日主题活动课程,激发学生参与的兴趣,丰富学生的经历和情感,让其在活动中发展个性、在学习中体验快乐、在自信中健康成长。

(一)传统节日课程

中华传统节日凝聚着中华民族的精神和情感,承载着中华民族的文化血脉和思想精华,是维系国家统一、民族团结和社会和谐的精神纽带,是建设社会主义文化的珍贵资源。传统节日丰富多彩,其课程具有深厚的文化内涵,学校以节日文化课程为依托,通过体验节日文化习俗的方式,开展"文化寻根"活动,见表5-18。

表5-18 金水区纬三路小学传统节日课程

月份	节日	主题	活动
二月	春节	晒晒我的年	晒年夜饭、写对联
二月	元宵节	浓郁思乡情	赏花灯、猜灯谜、吃元宵
三月	植树节	绿色,最美的颜色	1. 召开主题队会,激发学生对大自然的热爱。 2. 通过小手拉大手的形式向身边的亲人宣传环保知识。 3. 废物利用,将不用的废品进行回收再利用。 4. 绿色种植,美化班级。
四月	清明节	红领巾寻访英烈足迹	1. 带领若干学生前往郑州烈士陵园,参观烈士事迹陈列馆、烈士纪念碑等园内建筑,缅怀革命先烈,弘扬民族精神,争做文明小学生。 2. 利用周五队会时间,分年级带学生诵读清明小诗、讲英雄故事、制作"我心目中的英雄"卡、制作清明节知识小报,缅先烈话理想。
六月	端午节	强烈的爱国情	包粽子 念屈原
九月	中秋节	淳淳的民族情	做月饼、绘月亮、讲故事
九月	重阳节	真真的敬老情	尊老、敬老、爱老、助老
十月	国庆节	强烈的爱国情	学唱国歌 国旗国旗我爱你 爱国歌曲合唱比赛 我做升旗手

(二)主题校园节日课程

"主题校园节日课程"是围绕各类学科的学习内容,开发设计的各类主题节日课程,将书本知识与校园活动相联系,将直接经验与间接经验相结合,引导学生在学中玩、在玩中学。在这些校园节日活动中,鼓励学生自己设计、自己策划、自己实施、自己评价,给予每个学生尽情绽放的机会,具体内容见表5-19。

表5-19 金水区纬三路小学主题校园节日课程

时间	节日	主题	活动
三月	学雷锋日	新年新气象	1. 进行国旗下讲话,发动宣传。 2. 出一期《校园中的温暖瞬间》手抄报,大力宣传班级中的好人好事。 3. 组织队员观看电影《雷锋的故事》。 4. 利用班会讲讲"雷锋的故事"、背背"雷锋的名言"、读读"雷锋的日记"。
三月	节水日	节约用水	1. 制作节水小报。 2. 设计节水标志。 3. 书写节水宣传标语。
四月	读书节	最美书声	1. 建立班级图书角。 2. 开展一次以读书为主题的班会。 3. 出一期关于了解读书方面知识的手抄报。 4. 每位学生拟定自己的读书格言。 5. 学校举办"书香伴我成长"征文比赛。
四月	花卉节	行走在春天	1. 利用节假日走进公园或郊外。 2. 看一看、闻一闻、摸一摸,记录美好的瞬间。 3. 制作图文手抄报。
五月	感恩节	我爱妈妈	1. 亲手给妈妈制作一张贺卡。 2. 给妈妈唱一支歌。 3. 给妈妈说一句暖心的话。 4. 为妈妈做一件力所能及的事。
六月	合唱节	六一	六一综合汇演
九月	电影节	我爱电影	看电影 品电影 话电影
十月	科技节	科技 环保 创新	大篷车进校园

(三)"广润节日"的评价要求

为使节日课程更有针对性和有效性,对节日课程的评价主要采用过程性评价和学期综合性评价相结合的方式。

过程性评价主要从课前准备、课堂表现、课后实践入手,通过对学生课前资料收集、学具准备、课堂活动中的积极参与,以及作业完成等方面,以自评、互评、师评的形式开展。

学期综合性评价主要依托课程活动成长册、课程收获交流会,在学生课程活动成长册的收集、制作以及在交流会上的表达方面,通过"最佳创意奖""最佳人气奖""最佳时尚奖""最佳娱乐奖"等评比来进行。

学校在"润教育"教育哲学的引领下,让课程为学生发展铺设一条优质的"跑道",重塑个体生命,满足个性发展,让每一颗小水滴在课程学习中都能够变得温润美好,成为"懂感恩、勤锻炼、爱探究、乐生活"的少年,都能够以自己的姿态悄然绽放属于自己的光芒。

(撰稿人:王小蕾　马艳枝　李巧莉　罗迎超　张恒　钟静)

第六章

课程实施：学习方式深度变革的证据

　　学校课程的有效实施离不开良好的环境，未来社会是急剧变革的社会，学校课程亦应该做出相应的调整。在这之中，学生由过去的被动接受逐渐转变为在新的学校课程氛围中自主探索、主动探究，在具体的实践活动中获得经验的增长和知识的自我建构，逐渐在经验累积的基础上建构起知识框架，获得适合自己的学习方式，并不断提升自我学习能力。合作学习、探究学习、场馆学习、赛事学习、行走学习、项目学习……丰富多样而灵活有趣的课程实施方式，已成为学习方式深度变革的有力证据，为个体积蓄成长的力量、为未来幸福生活奠基。

智立方课程：融通生活养灵性　纵情学海增智慧

草木因润泽而丰茂，生命因灵智而精彩。郑州市第七十六中学"灵智教育"以生活经历丰润个体生命底色，以"智立方课程"滋养孩子灵性与智慧，以丰富多样的实施途径实现学习方式的深度变革。以唤醒灵动意识、激发灵活思维、塑造灵慧品行，来培养孩子内心格局，促使其生命焕发蓬勃的活力与张力，提升自我生命品质，成就精彩人生。

黄河之滨，邙山之侧，大河文明汇集之处，坐落着郑州市第七十六中学。学校位于郑州市花园北路57号，占地面积48 000平方米，紧邻市区主干道，地理位置优越。学校前身为柳林中学，创建于1992年，2002年更名为郑州市第七十六中学。学校现有64个教学班、251名教职工，其中有省市级骨干教师19人、市级名师1人、市级学术技术带头人2人，有80余人在国家、省、市级优质课评比中获奖。学校作为金水区规模最大的初中义务教育公办学校，文化氛围浓郁，育人环境优雅，教学设施先进。主体建筑有智远楼、德润楼、行知楼、尚雅楼。配置有标准400米塑胶跑道，各类场馆完备，设施完善，功能齐全。学校秉承"修身立品，灵智笃行"的办学理念，学术氛围浓厚，教风学风端正，教育教学质量在金水区名列前茅，享有良好的社会声誉。学校是全国语文教师专业化发展研究基地、河南省综合实践活动样本校、河南省数字教材应用样本校、郑州市教学创新先进单位、郑州市教科研先进单位、郑州市创客教育示范校、郑州市研究性学习先进单位、郑州市STEM教育联盟主席校、郑州市教学改革先进单位、郑州市中小学教师职业道德建设先进集体、郑州市文明标兵学校、郑州市标准化初中，多次被评为郑州市人民满意学校。

第一部分　学校课程哲学

一所优秀的学校要有灵气逼人的学生、钟灵毓秀的环境、蕙质兰心的教师。而优秀学校的核心竞争力就在于学校特有的课程哲学。

一、学校教育哲学

学校的教育哲学是"灵智教育"。"让教育直抵人的内心,唤醒主体生命意识,激发人的灵性与智慧"是灵智教育的重要理念。

(一)"灵智教育"的提出

——基于现实的需求。学校学生中有75%以上为随迁子女,大部分家长为生活而奔波,对子女的成长、教育、关怀程度不够,缺乏有效的方法。学校力求通过"灵智教育",使每一位来到七十六中这个温暖大家庭的学生能够成为灵动勤勉、善于创新的智慧学子,让学生生命和个性差异受到尊重,让学生主动发展成为独立的优秀个体。

——源自课堂的提炼。在课程改革与发展中,学校以新理念、新思想打造灵动的、智慧的课堂,形成全新的"灵智课堂"形态,培养学生自主学习能力、交流合作能力、知识拓展能力,凝练成全员参与、共创共享课堂文化。"灵动的课堂、智慧的课堂"无疑是"灵智教育"的雏形,更是对"灵智教育"最基本的诠释。

——归于教育的本质。教育最基本目的是传授知识,更高目的在于启蒙人的思想和智慧。"灵智教育"是一种回归本性的教育,是教育的返璞归真。它基于学生、为了学生,真正以唤醒学生灵动生命意识为出发点,培养其灵活的思维特性,塑造其灵敏跃动的性格品质,孕育充满灵气与活力、灵性与智慧的鲜活生命个体。

(二)"灵智教育"的内涵

"灵智教育"是灵动而智慧的教育,是滋养心灵、智慧成长的教育。

学校与政府、社区、家长进行对接,拓展学校的服务功能,争取更多的社会资源对学校教育的支持。同时,学校通过"灵智教育"的管理体系重塑教师的精神信念,坚挺学生精神脊梁,实现教育的价值。

教师眼中有学生,心中有机智,教中有能力,敢于打破常规,善于探索走进学生心灵的新途径。以明确的目标、饱满的激情、敏锐的眼光、探求的精神、创新的胆略、强烈的人文情怀,以及灵活多变的教学设计和教学智慧滋养学生心灵,丰富师生情感,促进自我与学生共同成长。

学生带着各自已有的学习经验和灵感参与教育活动,学生拥有话语权、教育权、发展权,敢于表达,主动探索,积极思考,不断体验、认识、升华,舒展自我个性,在学习活动中不断激发灵感与智慧。

"灵智教育"是培养思维、发展智力、涵养品格的过程,是回归生命的自然成长,本真而又灵动、积极而又智慧,也是超越知识的生命关怀。"灵智教育"作为学校的教育理念,是校园文化建设、学校课程建设、课堂文化建设、师生发展围绕的核心,是学校发展的思想灵魂。

基于上述教育哲学,学校明确办学理念:"修身立品,灵智笃行"。"修身立品"是修养身心,树立品行,努力提高自身的思想道德修养水平;"灵智笃行"是教育之道,道在情智共生、落到实处。"修身立品"是激励、警醒师生时刻注意自己的言行,提高自身的道德修养;"灵智笃行"是对师生能够灵活进行教与学,保持严谨踏实的态度,专心实现自己梦想的美好期盼。"修身立品、灵智笃行"既包含对师生品德修养的要求,也包含对师生工作、学习态度的激励和训导。

我们坚信,学校是涵养心灵的地方;

我们坚信,每一个孩子都是一个精灵;

我们坚信,教育是充满灵气与活力的过程;

我们坚信,共融和谐的教育是启人心智的钥匙;

我们坚信,回归本真的课程是润物无声的心灵滋养;

我们坚信,灵于心、智于行是教育呈现的最美的图景;

我们坚信,修身立品、灵智笃行是学校教育的神圣使命。

二、学校课程理念

在"修身立品,灵智笃行"的办学理念引领下,学校提出如下课程理念:"融通生活养灵性,纵情学海增智慧"。这意味着:

——课程即生活的融通。生活教育是生活所原有,生活所自营,生活所必需的教育。教育的根本意义是生活之变化。生活无时不变,即生活无时不含有教育的意义。作为教育的载体,课程承担着丰富学生知识和经验积累,促进学生生活能力提升的重任。课程设置应以让学生拥有更好的生活能力为原点,丰富课程种类,调整课程实施途径,让学生真正走入生活、亲近社会,感受自己生命成长的脉动。回归生活的课程,将使学生真正处于一个自己的需求、兴趣、潜能得到充分发挥的真实世界。

——课程即智慧的增长。教育的智慧在于用智慧启迪智慧,用生命呵护生命,用创造支撑创造。智慧属于教师，需要教师在课程实施中随时关注生活、关注学生的兴趣，根据学生的兴趣和生活中濡染发生的、有教育意义的事件来调整教学计划。智慧属于学生，需要学生在课程学习中随时在课堂中发现问题、思考问题、探究问题、解决问题，从而实现创造性地学习。学生的学习过程，既能获得新知识、新技能，又能不断激发学习兴趣、增长学习智慧，从而内透灵秀、外显智慧。

——**课程即灵性的滋养**。课程实施的过程是使心灵变得纯净、充实、澄明。课程学习应顺应学生天性，尊重个体差异，珍视学习的整体性与多样性。课程实施应侧重师生共生、师生互动、生生互动，注重课程类型的多样化和内心体验的深刻性。学校培养的学生将是面对21世纪快速发展、属于未来的孩子，学校无法预知未来三十年世界的样子，但是学校可以提供给孩子影响一生的好习惯，可以通过课程滋养孩子的心灵。守住课程的净土，给予学生一片海阔天空。守住教育的信念，让学生的灵性得以滋养。

——**课程即生命的情愫**。现今的教育，从课程体系、内容到授课形式，并不缺少先进的教学方法和教学设备，也不缺少教育思想和教育著作，惟独缺少灵魂。课程的价值在于对生命的体悟，在于满足生命生长的需求，在于师生之间生命本真的共鸣。通过课程实施，教师用教育的初心唤醒学生的内心，激发学生潜在的生命活力，让课程成为生命栖息的绿洲。

总之，课程是学生灵性滋养和智慧增长的载体。课程是促进心灵修炼和成长的历程，它让知识拥有生命的温度，它融通生活、重塑学生生命个体、满足学生个性发展、促进学生智慧提升。因此，我们将学校的课程模式确立为"智立方课程"。

第二部分　学校课程目标

学校根据时代发展对未来人才培养的需要，按照国家基础教育的基本要求和当代中国学生核心素养的发展框架，结合学校的教育哲学，以培养全面发展的人为宗旨，提出学校的育人目标，并制定相应的课程目标。

一、学校育人目标

学校的育人目标是：培养"灵于心、智于行"的学子。

——灵心：崇德尚礼，自立自强，责任担当，家国情怀；

——灵慧：崇尚真知，思维缜密，乐学善思，合作共进；

——灵韵：知识广博，情感丰富，人文丰盈，气韵典雅；

——灵美：才艺丰富，热爱生活，情趣高雅，审美达美；

——灵动：身心健康，朝气蓬勃，勇敢无畏，自信乐观；

——灵创：善于观察，独创思维，勤于实践，敢于创新。

二、学校课程目标

学校在"修身立品，灵智笃行"的办学理念引领下，以课程为载体，以文化融合为方式，以促进学生全面发展为核心，努力实现学校"灵于心，智于行"的育人目标。根据"融通生活养灵性，纵情学海增智慧"的课程理念，分三个年级制定与"灵心、灵慧、灵韵、灵美、灵动、灵创"相呼应的课程目标(见表6-1)。

表6-1　郑州市第七十六中学年段课程目标

育人目标＼课程目标	七年级	八年级	九年级
灵心	培养良好的学习习惯和生活习惯，学会与人相处，培养善于合作、乐于分享的品质，了解我与他人、我与社会、我与自然的道德规范。	养成良好的行为习惯和学习习惯，激发学习动力，拥有自信心，培养对自己、对班级及社会的责任感。掌握与个体成长和社会生活紧密联系的基础法律知识，做到正确行使权利，自觉履行义务。	树立正确的人生观、价值观，关心集体，乐于奉献，增强民族自豪感，具有强烈的爱家乡、爱社会、爱国家的情感。成为有理想、有道德、有文化、有纪律的合格公民。
灵慧	培养良好的观察和思考能力，善于发现，乐于探究。拥有探究周围事物的基本能力。激发爱科学、学科学、用科学的兴趣。	强化科学意识，掌握一定量的科学知识，具备一定的发散思维能力和辨别真伪的能力。培养刻苦钻研精神和较强的思辨能力。	形成科学精神、态度与价值观。能独立思考，学会克服困难，养成科学的思维习惯与行为方式。

(续表)

育人目标＼课程目标	七年级	八年级	九年级
灵韵	汲取广博的人文知识，开展丰富的听说读写活动，拥有多方面的知识和能力，培养关注现实、热爱生活、积极向上的生活情趣。	提高阅读质量，注重情感体验，发展感受和理解能力，丰富自己的精神世界。逐步形成热爱祖国优秀文化传统和尊重世界文化多样化的价值观。	拓展思维空间，培养观察、思考、表达和创造能力，培养视野开阔、心态开放、心智豁达、情感纯净、意志坚强的品质，积淀较为丰厚的人文底蕴。
灵美	初步认识艺术的特征、表现形式及对社会生活的独特贡献，丰富视觉、触觉和审美经验，形成基本的艺术素养。	学会多角度欣赏艺术作品，形成健康的审美情趣，增强对自然和人类社会的热爱及责任感。	自由抒发艺术情感，表达个性和创意，增强审美自信，善于发现美，学会鉴赏美，敢于创造美。
灵动	积极参加体育活动，养成良好运动习惯。掌握几项运动技能，形成自己特长项目。呈现出青少年独有的身心健康、朝气蓬勃的精神面貌。	保持参与运动的兴趣和养成积极运动的习惯，使性格更开朗，动作更协调。让学生在进行体育活动时有所了解，形成积极进取、乐观向上的生活态度。	持之以恒地参与各项体育运动，增强体质，保持愉悦心情，激发创造力，发扬体育精神，形成健康的生活方式，促进学生身体素质与心理素质的健康发展。
灵创	积极参加各项实践创新活动，拓展知识领域，体验和感受知识与生活的链接，增长生活经验，初步培养学生的创新精神和实践能力。	在实践活动中善于观察和思考，勤于动手，勇于实践，增强探究和创新意识，发展综合运用知识的能力，在创新领域有初步的体验。	在实践操作的基础上，提高学生发现问题、分析问题、独立解决问题的能力，发展学生思辨能力及个性化探究能力，在实践创新领域有自己的作品和成果。

第三部分　学校课程体系

依据"灵智教育"的教育哲学，及"修身立品、灵智笃行"的办学理念，学校梳理现有课程，建构体现"融通生活养灵性，纵情学海增智慧"课程理念的"智立方课程"体系，以实现"培养灵于心、智于行的学子"的育人目标。

一、学校课程逻辑

在学校"灵智教育"的教育哲学和"修身立品,灵智笃行"的办学理念框架之下,依据"融通生活养灵性,纵情学海增智慧"的课程理念和相应的课程目标,构建"智立方课程体系",包含灵心课程、灵慧课程、灵韵课程、灵美课程、灵动课程、灵创课程六大课程领域。丰富多彩的课程共同承载育人功能,实现育人目标。学校课程逻辑示意图如下(见图6-1)。

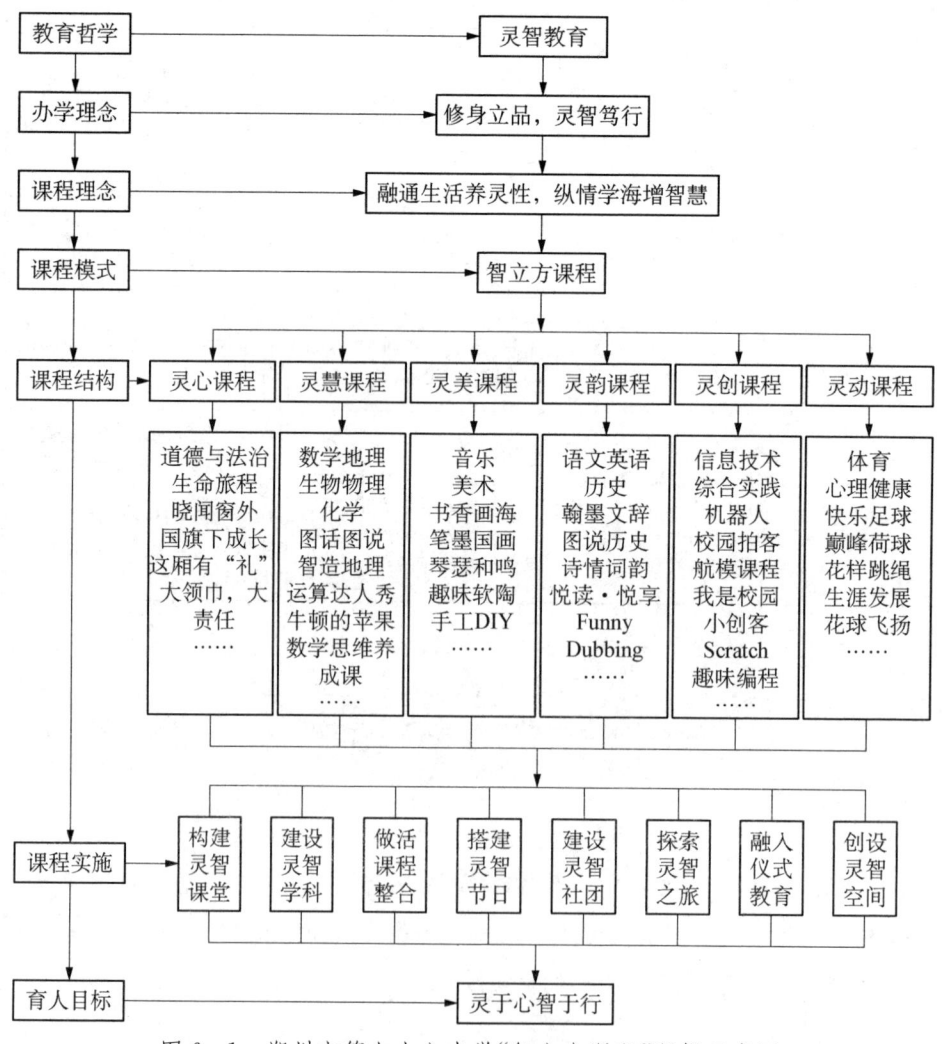

图6-1 郑州市第七十六中学"智立方课程"逻辑示意图

二、学校课程结构

六类课程体现灵智教育理念，涵盖中学生六大核心素养，组成"智立方"课程结构（见图6-2）。这六个方面的课程相互融合，共同促进学生全面发展。

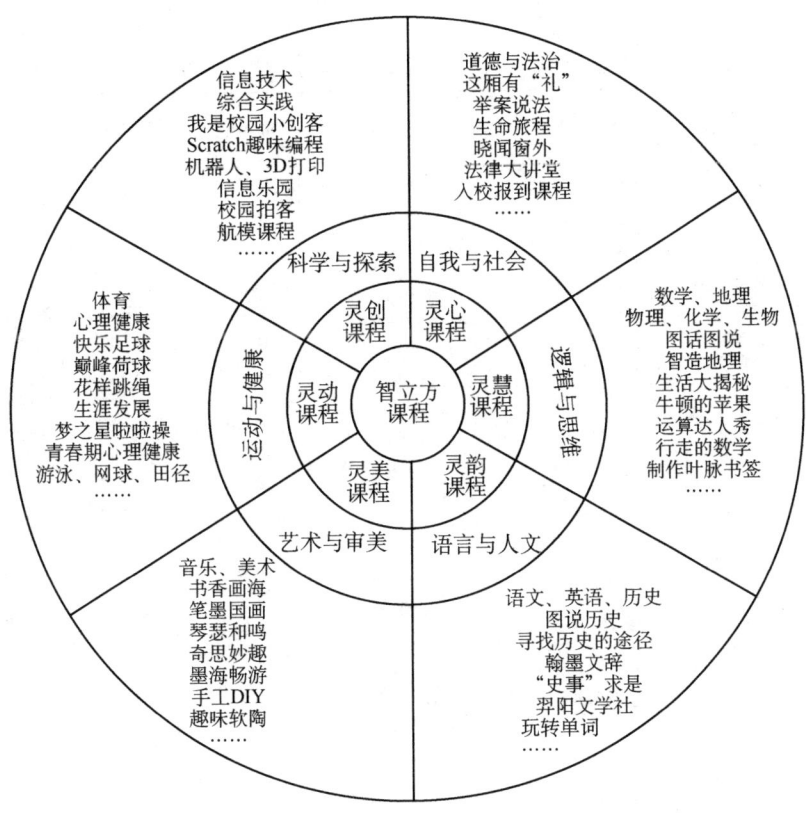

图6-2 郑州市第七十六中学"智立方课程"结构图

完善的课程体系是促进学生成长的重要载体。学校依据加德纳的多元智能理论，围绕"灵于心，智于行"的育人目标，将"智立方课程"设置为六大课程领域。其中灵心课程体现自我与社会，灵慧课程体现逻辑与思维，灵韵课程体现语言与人文，灵美课程体现艺术与审美，灵动课程体现运动与健康，灵创课程体现科学与探索。每个课程领域都包含学科基础课程、拓展课程、活动课程等丰富的课程种类，满足学生课程需求，为学生发展提供适切的课程选择。

三、学校课程设置

根据国家基础课程安排，结合学校课程资源、课程门类，考虑学生的学习兴趣和发展需求，学校按照年级水平对课程内容进行系统建构，形成"智立方课程"六大领域课程设置的具体框架（见表6-2至6-4）。

表6-2　郑州市第七十六中学"智立方课程"七年级课程设置

年级	学期	灵心课程	灵慧课程	灵韵课程	灵美课程	灵动课程	灵创课程
七年级	上学期	道德与法治 开学第一课 国旗下成长 我与共青团 我爱祖国 文明小公民 校园安全知识 大领巾，大责任 我是校园小主人 晓闻窗外 生命旅程 这厢有"礼" 生命旅程	数学 地理 生物 图话图说 智造地理 手绘校园 智行研学 大洲的命名 中国特色民居 无土栽培 细胞模型 叶脉书签 运算达人秀 文化数学 数学思维养成课	语文 英语 历史 悦读·悦享 翰墨文辞 羿阳文学社 Mini Talker （外教课） Phonetics （读音标） Play with Word （玩转单词） Picture Reading （绘本阅读） Culture in Mind （走进西方） 图说历史 "史"事求是 与历史亲密接触 翰墨文辞	音乐 美术 我爱唱歌 书趣 Q版动漫人物 墨海畅游 笔墨国画 名画欣赏 奇思妙趣 手工DIY 幻乐之声 琴音摩尔 乐海畅游 名曲欣赏	体育 心理健康 生涯发展 快乐足球 花样跳绳 巅峰荷球 啦啦操 3米世界 网球课程 游泳课程 第二大脑 思维导图 梦的解析	信息技术 综合实践 信息乐园 机器人 3D打印 校园拍客 航模 我是校园小创客 Scratch趣味课程 纸飞机 变废为宝 头脑风暴 未来工程师
	下学期	道德与法治 向往共青团 我是文明中学生 遵守交通法规 我的班我做主 爱我地球 雅礼课程 新年新展望 今天，我是值日生 法律大讲堂 晓闻窗外 这厢有"礼"	数学 地理 生物 手绘世界 演绎世界 地区与国家 模拟旅游 走进科学家 小小营养师 行走的数学 运算达人秀 数学思维养成课 文化数学 我是小小科学家	语文 英语 历史 悦读·悦享 翰墨文辞 羿阳文学社 Phonetics （学音标） Mini Talker （外教课） Play with Phonetic （洋音洋调） Picture Reading （绘本阅读）	音乐 美术 琴瑟和鸣 口风琴演奏 魅力和声 欢乐风琴 高山流水 书趣 笔墨国画 以线立骨 手绘之美 书韵 奇妙折纸	体育 心理健康 生涯规划 快乐足球 花样跳绳 巅峰荷球 啦啦操 网球课程 游泳课程 拒绝拖延症 最强大脑 高效沟通	信息技术 综合实践 信息乐园 机器人 3D打印 校园拍客 航模 我是校园小创客 Scratch趣味课程 纸飞机 变废为宝 头脑风暴 未来工程师

(续表)

年级	学期	灵心课程	灵慧课程	灵韵课程	灵美课程	灵动课程	灵创课程
				Culture in Mind（走进西方） 能工巧匠 百家小讲坛 与历史亲密接触			

表6-3 郑州市第七十六中学"智立方课程"八年级课程设置

年级	学期	灵心课程	灵慧课程	灵韵课程	灵美课程	灵动课程	灵创课程
八年级	上学期	道德与法治 入校报到课程 走近共青团 我是文明中学生 消防器械我会用 励志教育 寻根郑州 知行尚德 悦纳自己 祖国，在我心 举案说法 晓闻窗外 这厢有"礼" 智慧人生	数学 地理 物理 生物 手绘中国 爱我中华 图说中国 一带一路 发酵艺术 运算达人秀 数学思维养成课 文化数学 行走的数学 科学之旅 玩转科学 立物之自制照相机 我是小小科学家	语文 英语 历史 悦读·悦享 翰墨文辞 说文解字 羿阳文学社 A bite of English（舌尖上的英语） Talker（外教口语交流） Funny Dubbing（英语趣配音） StoryReading（故事阅读） Culture in mind（走进西方） 模拟现场 地图中的历史 博雅历史社 与历史亲密接触	音乐 美术 琴瑟和鸣 书写技法 我爱唱歌 愉悦琴声 天籁之音 童心舞动 锦瑟共鸣 宫商角徵羽 趣味软陶 书趣 情趣笔墨 名画欣赏 趣味泥塑	体育 心理健康 生涯规划 快乐足球 绳彩光速 巅峰荷球 啦啦操 游泳课程 网球课程 图解心理 墨菲定律 解读微表情 超越自我 重塑自信	信息技术 综合实践 信息乐园 机器人 3D打印 校园拍客 航模 我是校园小创客 Scratch趣味课程 纸飞机 变废为宝 头脑风暴 未来工程师 淘宝集市 炫彩动漫
	下学期	道德与法治 入校报到课程 光荣的共青团 我是文明中学生 消防器械我会用 关爱他人 廉洁伴我行 厉害了,我的班 新年新展望 模拟法庭 晓闻窗外	数学 地理 物理 生物 畅游中国 智行课程 校园园艺师 健康地生活 植物的组织培养 行走的数学 运算达人秀	语文 英语 历史 翰墨文辞 悦读·悦享 诗情词韵 羿阳文学社 Talker（外教口语交流） English Debate（英语辩论）	音乐 美术 琴瑟和鸣 快乐歌声 雅韵传承 乐海寻宝 悦动心弦 妙剪生花 经典欣赏 书写技法 手工DIY	体育 心理健康 青春期心理健康 生涯发展 快乐足球 绳彩光速 巅峰荷球 游泳课程 网球课程 啦啦操	信息技术 综合实践 信息乐园 机器人 3D打印 校园拍客 船模 我是校园小创客 Scratch趣味课程

(续表)

年级	学期	灵心课程	灵慧课程	灵韵课程	灵美课程	灵动课程	灵创课程
		这厢有"礼"	文化数学 牛顿的苹果 立物之弓弩 我是小小科学家	Novel Reading（小说阅读） Culture in mind（走进西方） 建国周年庆 图说历史 "史"事求是 与历史亲密接触	趣味软陶 墨色生香 创意泼墨	学会提问 沟通的艺术 快行动，慢思考 与自我和解	变废为宝 头脑风暴 淘宝集市 炫彩动漫

表6-4 郑州市第七十六中学"智立方课程"九年级课程设置

年级	学期	灵心课程	灵慧课程	灵韵课程	灵美课程	灵动课程	灵创课程
九年级	上学期	道德与法治 我是安全宣讲员 入校报到课程 光荣的共青团 毕业规划 祖国，为你骄傲 我是文明中学生 晓闻窗外 智慧人生	数学 物理 化学 玩转科学 立物 玩转科学之火炮 运算达人秀 文化数学 行走的数学 化学的昨天今天与明天 趣味化学 生活大揭秘	语文 英语 历史 翰墨文辞 悦读·悦享 界阳文学社 Novel Reading（小说阅读） Culture in Mind（走近西方） English Debating（英语辩论赛） 与历史的亲密接触 记者发布会 漫画中的历史	音乐 美术 中外国经典作品鉴赏 绘声绘色 我是表演家 一唱三叹 高山流水 丝竹管弦 一笔传神 丹青妙笔 创意泼墨	体育 心理健康 花式跳绳 快乐足球 飞旋篮球 巅峰荷球 啦啦操 网球课程 游泳课程 学会减压 生涯规划	信息技术 综合实践 我是校园小创客 3D打印 校园拍客 Scratch趣味课程 变废为宝 机器人 航模 头脑风暴
	下学期	道德与法治 我是文明中学生 我的毕业季 感恩母校 我是安全宣讲员 走进名校 光荣的共青团 晓闻窗外	数学 物理 化学 牛顿的苹果 玩转科学之平衡车 运算达人秀 数学思维养成课 文化数学 生活大揭秘 发现身边的化学	语文 英语 历史 悦读·悦享 翰墨文辞 界阳文学社 Topic Revision（话题整合复习） 图说历史 "史"事求是 与历史的亲密接触	音乐 美术 经典作品鉴赏 风箫鸾管 阳春白雪 笔精墨妙 丹青不渝 手工课 行针步线	体育 心理健康 快乐足球 巅峰荷球 啦啦操 游泳课程 网球课程 考试减压 感受幸福	信息技术 综合实践 我是校园小创客 3D打印 校园拍客 Scratch趣味课程 变废为宝 机器人

第四部分　学校课程实施

学校通过"灵智课堂"文化建设、"灵智学科"建设、做活"课程整合"、搭建"灵智节日"、建设"灵智社团"、探索"灵智之旅"、融入"仪式教育"、创设"灵智空间"等方式,推进各类课程有效实施。

一、构建"灵智课堂",推进学科课程有效实施

在"融通生活养灵性,纵情学海增智慧"课程理念引领下,学校以"灵智课堂"建设为抓手,转变教师教育理念,改进学生学习方式,培养学生学习能力,提升学科核心素养,使学生在基础课程学习中实现灵性的滋养和智慧的成长。

(一)"灵智课堂"的提出

在郑州市道德课堂理念引领下,"灵智课堂"是针对教师较多关注自己的教、较少关注学生的学,因循于文本,因循于常规思维,课堂不够生动,对学生缺乏吸引力;学生机械、僵化、被动地接受知识,思维缺乏自由和灵性,表达缺乏智慧等现象,而生成的一种高品质的课堂形态。"课堂因灵智而精彩"是"灵智课堂"的重要理念。

(二)"灵智课堂"的内涵

"灵智课堂"是目标丰盈,内容灵秀,过程灵动,方法灵活,主体互生,文化灵妙的课堂。

1. 学习目标丰盈。依据学科课程标准,明确学习目标的层级与来源,确定学习目标的侧重点。在落实国家课程标准的同时,融入学校灵智教育特色,实现"灵于心,智于行"的育人目标。学习目标的确定基于对课程标准的深度解读、对学习材料的精准把握、对学情的正确分析、对生活的融汇贯通。目标表述应明确、可操作、可测量(行为主体是学生,行为动词可操作,达成效果可测量)。根据学习目标合理设计灵动的教学环节,每一个教学环节的设置有明确的目标引领。通过课堂学习、课堂检测完成目标的落实,从而实现"目标—实施—评价"的一致性,避免教学的随意性和盲目性。

2. 学习内容灵秀。教师在整合学科基础课程、拓展课程、校内外课程资源的基础上,依据学科课程特点和学生发展需求,设置富有吸引力的学习内容。每节课的学习内容应体现学科知识的生成与建构,体现学科素养和方法,体现知识与生活的融通,体现实践与创新的融合,体现情感、态度、价值观的转化,体现心灵与生命的成长。

3. 学习过程灵动。课堂学习中学生带着明确的学习任务,在自主学习的基础上,以学习小组(师友互助)为单位进行交流展示、启发思考。教师通过设置有针对性的教学情境,帮助学生进行思维研判。教师点拨学生不能解决的共性问题,帮助学生归纳系统性知识、普遍性方法,帮助学生延展学习内容。教师要让学生的学习过程充满灵性与智慧,力求让学生情感丰富、思维敏捷,求异、求新、求变。

4. 教学方法灵活。"灵智课堂"作为学校的课堂文化形态,其基本呈现是"三主四步"。"学生为主体,教师为主导,发展为主旨"是在教学中遵循的基本原则。"目标引领—自主探究—展示交流—考查反馈"是课堂教学的基本形态。在课堂教学实际中,把"灵智课堂"的核心理念基本要求融入到不同学科、不同课型中,通过思考、实践、反思、总结,来提升课堂教学的效果。"灵智课堂"不是模式化和一成不变的,其精髓是灵活多变、智慧融通。这要求教师在课堂上提高对学生学习状态、学习过程、学习方法、学习态度和学习效果的关注度,及时调整自己的教学方法,以灵活多变的教学设计和教学智慧滋养学生心灵、促进智慧成长。

5. 教学主体互生。教学活动是师生双主体协同、双边联动、智慧互生的过程。真正的教学活动是教与学相伴互生、师生互学共进的活动,是具有增值性与扩展力的活动。它不会停留在简单"告诉""输入"层面,而是通过唤醒学生学习动机、激发其学习兴趣、发现其学习潜能,师生在智慧的碰撞中实现共同发展。

6. 教学文化灵妙。教育之道,道在心灵;教学之道,道在情智共生。"灵智课堂"文化理念符合教育之道的根本要求。在"灵智课堂"的文化内涵里,课堂是学生自我发展的精神阵地。课堂教学中的学生是成长的生命,发展的主体。教师把目光转向学生,把课堂还给学生,把自主留给了学生,用真情关注学生,用智慧激活学生,让课堂焕发生命的活力,让课堂呈现灵智教育特有的文化气息。

(三)"灵智课堂"的推进

"灵智课堂"内涵来自于师生在课堂上互启灵智,教学互生的精彩演绎。因此,"灵智课堂"的实施推进立足于"教"与"学",以学生学习为中心、以教科研为驱动、以校本教研为保障,编制学科素养双向细目表,尝试多样方式培育学生素养,实现"灵智课堂"高效高质的最终目的。

1. 推进"灵智课堂"系列校本研修

系列活动之一：建立师带徒学习共同体。学校每个学年组织新任教师与学科骨干教师组成师带徒学习共同体,师傅通过一对一、手把手地"传、帮、带",多角度、立体式帮助徒弟尽快领悟"灵智课堂"文化理念,熟悉"灵智课堂"基本形态和教学特点,把握"灵智课堂"的精髓,上好达标课。学校通过编制《夫子册》和《门生册》,组成《薪火集》,制定完善的考评制度,对师带徒学习共同体进行考核评价。

系列活动之二：组织学科教学研究。作为区域课程研究基地,各学科依据"灵智课堂"文化理念,确立各学科教学研究的主题。如：语文学科的"作文教学"、数学学科的"概念课教学"、英语学科的"模块教学"、物理学科的"国家课程校本化"、信息技术学科的"微课制作"、化学学科的"问题式教学"、政治学科的"课程整合"、地理学科的"地图教学"等。学科组长发挥课程规划、引领、组织、落实的作用,带领学科教师积极参与教学研究。在教学实际中,把灵智课堂的核心理念融入不同学科、不同课型、不同主题,通过思考、实践、反思、总结,来提升课堂教学的效果,促进灵智课堂真正落地生根。

系列活动之三：定期发行《教研专刊》。围绕"灵智课堂"建设,学校定期发行《教研专刊》,引领教师业务学习和专业成长。学校依托《教研专刊》,有计划地引导教师开展以成果共享为目的的系列阅读写作活动。教师在学习每期《教研专刊》的基础上,有意识地结合自身的思考与实践,撰写案例、心得、随笔、微博、故事,通过各种平台进行分享交流。

系列活动之四：开展小课题研究。学校围绕"灵智课堂"文化建设,开展课题立项与研究,并组织教师开展小课题研究。在学校总课题的引领下,规划子课题,为老师们小课题立项提供引领和参考。学校小课题研究的基本流程为"发现问题—形成课题—课题论证—课题研究—撰写成果—分享交流—实践改进"。小课题研究周期短,切入点小,与课堂教学紧密结合,实效性强。课题研究使"灵智课堂"文化更丰盈,植根的土壤更肥沃。

2. 推进"师友互助"小组合作学习

各班学习小组每组8人,在教师引导、学生自愿的原则下结合成4对学习伙伴。

担任"师傅"的同学在学习上、纪律上起到表率作用,在学习中帮助同学在一定程度上解决疑问,起到督促、辅导、带动的作用。学习伙伴的结成也有利于学习内容的互查、互学。学习伙伴中的"徒弟"主动参与学习,认真听讲、独立思考、认真练习,有疑难问题时主动向同学请教,课堂学习中主动参与交流、展示。教师在开展教学时,充分利用学习组长、同伴互助。如:分别对不同层次的同学提出明确的学习任务;课堂交流以"同桌—小组"为主体进行;课堂展示、讲题以"学友—师傅—组长"为团体进行;课堂练习同伴互批;课堂对话同伴互助;课堂背默同伴互查;以小组为单位收集学生作业和练习中的疑难点;同伴一对一辅导等。"师友互助"学习小组建设是灵智课堂推进的重要途径。

3. 编制学科素养双向细目表

学科教研组长根据本学科"课堂教学落实学科核心素养评价标准",对照课程标准,组织学科教师结合学科教学案例,进行深入研究和解读,使教师明晰本学科应注重培养学生哪些方面的关键能力和必备品格,教会学生哪些基本的学科学习与研究方法。

双向细目表编制方式:每个单元应列出对应的"学习内容"(包括必备知识、核心概念)、"测查形式"(常见题型)、"方法建议"(对应的学科教学方法)、"达成程度"(了解、理解、掌握、应用)、"指向的关键能力和必备品格"。

双向细目表使用方式:根据单元教学细目表做好课时备课教学设计,使课堂教学中组织实施指向性清晰的教学活动。这样课堂教学环节的设置以学习任务为导向、以学习活动为载体,体现明晰的目标指向。同时,教师注重对学生学习过程的方法指导、思维品质的培养,从而使学生通过学习实现自主构建、发展核心素养。

在课后评价中,根据单元细目表中的必备知识、核心概念及对应的关键能力、必备品格进行编制。除了必要的单元测试外,还可引入"单元学习学生问卷",帮助学生回顾学习过程,自主梳理单元知识体系,做好单元学习总结,了解学生学习动机、学习兴趣、学习态度、学习策略、学习习惯、学习投入等方面的基本情况,并进行针对性的点评。学科素养双向细目表是提升"灵智课堂"教学质量的重要抓手。

4. 探索多样化的新教学方式

追求教学方式的多样化是"灵智课堂"的基本要求,适合学生的教学方式就是最好的。随着教育信息化的发展和"灵智课堂"文化建设的深入进行,学校的教学方式必然更加灵活多样。"翻转课堂""主体式课堂""体验式课堂""探究式课堂""合作式课堂""问题式课堂"等新教学方式推动"灵智课堂"走向纵深。学校必然从关注"教"走向关注"学",培育学科核心素养,全面提升课堂品质,让课堂生态更加富有生命气息、思维张力和精神滋养,更加融入国际视野、理性精神和家国情怀,更加强化信息技术参与、多样态呈现和交互式应用,打造绿意盎然、千姿百态的课堂风景,描绘灵智教育创新、智慧和谐的课堂图谱。

(四)"灵智课堂"的评价标准

根据"灵智课堂"的内涵特点,学校从教学目标、教学内容、教学方法、教学过程、课堂文化等方面,制定"灵智课堂"评价量表(见表6-5),引领课堂发展方向。

表6-5 郑州市第七十六中学"灵智课堂"评价量表

评价项目	评价标准		评价结果
	教师教学	学生学习	
目标丰盈(20分)	1. 学习目标符合课程标准,体现学科核心素养。 2. 学习目标清晰、具体,易于理解,便于操作实施。	学生明确本节课学什么,怎么学,学到什么程度。	
内容灵秀(20分)	1. 学习内容紧扣学习目标,从服务学生的"学"出发,创造性地使用教材。适度整合相关学科知识,丰富学科知识体系。 2. 学习内容体现学科的思想性和内在逻辑性,注重情境化、生活化、活动化。	学生能对学习内容进行精深加工,会构建知识框架,会联系生活实际。	
过程灵动(20分)	1. 学习过程始终突出学生的主体地位,能营造民主、平等、和谐、积极向上的课堂氛围。 2. 围绕目标设置恰当的教学情境和灵动的教学环节。注重知识生成过程,师生互动、生生互动自然流畅,预设与生成相辅相成。	学生注意力集中,积极参与各环节学习。敢于质疑,大胆实践,积极交流,勇于展示个性化观点。	
方法灵活(15分)	1. 教师能根据学习内容,帮助学生选择恰当的学习方式,并体现学习方式的灵活性、多样化。 2. 教师从关注"教"走向关注"学",注重学法和策略指导,助推学生掌握学科思想方法。 3. 教师能适时有效地介入课堂,精讲点拨,变式拓展。鼓励不同层次的学生进行个性展示,发展求异思维。	学生课堂学习参与面广,乐于合作交流,善于观察思考,能通过多种学习方式激活思维,突破障碍,加深理解应用。	

(续表)

评价项目	评价标准		评价结果
	教师教学	学生学习	
效果良好（10分）	1. 教师能对学生的学习效果进行评估,对共性的问题进行总结。 2. 教师能根据目标设计针对性的教学评价,当堂检测,反馈点评及时到位。	不同层次的学生学有所获,相关能力和情感态度价值观得以较好发展,在学习评价中目标达成度较高。	
文化灵妙（15分）	1. 体现灵智课堂基本内涵特征,具有启发性、逻辑性、开放性。 2. 体现参与体验、合作交流、实践创新、融通生活的学习特点。	学生学得主动,学得愉快,学得灵动,学得智慧。	
总体评价			

"灵智课堂"的评价方式主要通过学科组集体备课、课堂观察、主题教研、学生评教、教学展评等方式进行。

二、建设"灵智学科",推进学科拓展课程全面落实

"灵智学科"以学科基础课程为核心,贯彻"融通生活养灵性,纵情学海增智慧"的课程理念,依据学科课程标准的要求,根据学生发展需求,对学科基础课程进行拓展,从而构建灵智课程群,帮助学生完善学科知识体系,提升学科素养,提高学科学习能力,激发学习潜能与兴趣。

(一)"灵智学科"课程建设原则

实用性。课程内容要充实具体,选择有利于学生终身发展的必备基本技能为切入点,使学生能学以致用、学以提高,更好地培育学生的核心素养,提升学生的学科学习能力。

趣味性。应将知识性强的材料化繁为简、化难为易、深入浅出,着眼于激发学生的学习兴趣,使学生对课程嚼之有味、学之有得、思之有获。

针对性。特色课程的设置要针对学生个性发展需求,研究学生课程学习的薄弱点、兴趣点、增长点,研发学生必要的、针对性的课程内容,让学生在全面发展的基础上在某一方面有突出的发展。

前瞻性。课程应建立在时代特征、学生发展、现代教育理念的基础上。在课程目标、课程内容、课程实施、课程评价的确定上都应体现超前发展意识。

操作性。课程实施的对象是学生,课程的设计编排必须符合学校教育教学实际和学生发展需求。在课程资源利用和课程实施的时间、场地、保障措施方面要切实可行。

(二)"灵智学科"的建设路径

为进一步落实国家课程标准要求,满足学生学习需求,凸显学校文化特色,各学科组进行课程群构建时,关注学科基本属性,以课程标准的目标分类为领域,以学科课程资源整合为抓手,侧重厘清基础课程与拓展课程逻辑,使二者相辅相成,更好展示学科特色魅力,并系统思考实施路径。其基本呈现是构建"1+X"学科课程群。

1. "情怀语文"课程群

"情怀语文"课程群以"润物无声,以情怀丰盈灵魂"为课程理念,以打造"情怀课堂"为平台,引领学生涵养诗意的心灵,丰盈自我的灵魂,全面提升学生的语文素养。语文学科课程群的构建侧重给予学生生命关怀和灵性滋养,围绕语言建构与运用、思维发展与提升、审美鉴赏与创造、文化传承与理解等核心素养,以国家课程为基础,从情怀品读、情怀写作、情怀交际、情怀实践四个领域进行课程构建,包含"大话西游""说文解字""中招应考文体写作""经典诗词大会"等二十四门课程内容,从而形成"情怀语文"课程群。

情怀品读课程,通过阅读文学经典使学生领略到读书的价值和意义,形成对文学经典浓厚的阅读兴趣,引导学生养成良好的读书习惯,提高个人人文素养和人文精神。根据不同学段的知识储备和学生需求,将课程分为"半部《论语》促成长""大话西游""说水浒""听时光飞舞""小说群文阅读""戏剧群文阅读"六个系列,并由各年级的任课教师组织实施。

情怀写作课程侧重写作方法与技能的培养,通过讲解和训练作文写作技巧,激发学生写作兴趣。本课程与教科书相呼应,沟通课内外学习,使二者相得益彰。根据不同学段的需求,课程分为"简单记叙文写作""复杂记叙文写作""日常应用文写作""简单说明文写作""简单议论文写作""中招应考文体写作"六个系列,并由各年级的任课教师组织实施。

情怀实践课程以"羿阳文学社"为依托,以"弘扬民族文化,丰富校园生活"为宗旨,旨在为广大文学爱好者搭建一个学习与交流的平台。通过"经典诗词大会""颂美德故事""生活中的语文""网络语言大家谈""名师面对面""天下国家"等活动的开展,培养学生的文学兴趣,提高学生的人文素养,激发学生语文学习热情,培养创新精神,活跃校园文化生活。

二十四门课程依据各年级学生学情,由易到难、由浅入深、由单一到综合、循序渐进,贯穿七、八、九三个年级,根据不同学段的知识储备和学生需求编制不同的内容,由各年级的任课老师组织实施。情怀品读课程间周一课时,情怀写作课程间周一课时,情怀交际课程间周一课时,情怀实践课程每学期举行至少一次活动。"情怀语文"课程设置如下(见表6-6)。

表6-6 郑州市第七十六中学"情怀语文"课程设置

年级/学期		情怀品读	情怀写作	情怀交际	情怀实践
七年级	上学期	半部《论语》促成长	朗读者	简单记叙文写作	经典诗词大会
	下学期	大话西游	见字如面	复杂记叙文写作	颂美德故事
八年级	上学期	说水浒	我是小记者	日常应用文写作	生活中的语文
	下学期	听时光飞舞	说文解字	简单说明文写作	网络语言大家谈
九年级	上学期	小说群文阅读	唐诗经典	简单议论文写作	名师面对面
	下学期	戏剧群文阅读	宋词情韵	中招应考文体	天下国家

2."启慧数学"课程群

所谓"启慧数学",就是使智慧萌发的数学,让智慧丰盈的数学,促智慧超越的数学。它以"启发思想,生成智慧"为课程建设的哲学依据,提炼出"让智慧的风帆在数学课程中启航"的课程理念,打造"启慧数学"课程,并以培养灵动勤勉、善于创新的智慧公民为学科育人目标。

"启慧数学"课程群旨在通过课程增长智慧,基于国家基础课程,立足于数学抽象、逻辑推理、数学建模、数学运算等核心素养,在知识技能、数学思考、情感态度和问题解决四个方面进行课程构建。"运算达人秀"依托课本资源,为提高学生的运算能力构建知识技能拓展课程。"数学思维养成课"依据课程标准在数学思考能力方面的要求,为促进学生思维能力的提升,构建了数学思维课程。"文化数学"重点在数学文化体验中促进数学思维品格的形成,构建了数学文化课程。"行走的数学"依据生活中常见的数学问题,进行数学建模,构建了数学活动课程。

四门课程由浅入深,逐级深入,循序渐进;贯穿七、八、九年级三个学段,根据不同学段的知识储备和学生需求编制不同的内容,由各年级的任课教师组织实施。"运算达人秀"间周一课时;"数学思维养成课"间周一课时;"文化数学"间周一课时;"行走的数学"每学期举行三次数学活动。"启慧数学"课程设置如下(见表6-7)。

表6-7 郑州市第七十六中学"启慧数学"课程设置

年级/学期		运算达人秀	数学思维养成课	行走的数学	文化数学
七年级	上学期	"有理"我最强	神奇的规律	立体日历	数学家的故事1
	下学期	"公式"小达人	数形结伴	玩转七巧板	数学家的故事2
八年级	上学期	"方程"智多星	分分总总	自行车里的秘密	有"史"以来
	下学期	"分式"变形计	方案最优化	发现对称美	古题今探
九年级	上学期	"方程"大练兵	思想大聚会	找寻黄金分割点	数学危机
	下学期	运算集结号	触"模"未来	魔力数学	十拿九稳

3. "OPEN-ing English"课程群

"OPEN-ing English"是鼓励开口表达的英语、凝练开放的英语、培育开阔视野的英语。其课程理念是"开口说的英语、开放的英语,培育有国际开阔视野的学子"。它的课程目标是"在对话、交流、分享的过程中学习英语,培养学生听说读写的语言综合能力,培养学生的思维能力和思辨能力、创造性能力,养成一种良好的行为习惯、道德品质及国际文化理解能力等"。

在课程设置上,"OPEN-ing English"课程群从"O——Open Your Mouth、P——Practice English、E——Enjoy Reading、N——Inter-National",即听说与交际、实践与运用、阅读与分享、文化与体验四个方向进行课程构建,落实学生语言能力、思维品质、学习能力、文化品格的英语核心素养。O系列课程依托外教课,鼓励学生开口说、开口讲、开口读,实施对话、交流、沟通、分享的英语;P系列课程提倡创设真实性语境与活动,搭建应用平台,通过生活化现实场景话语、多样化活动,培养学生探究精神,促成学以致用的思维品质;E 系列课程通过阅读绘本、故事、小说、名著等活动,在交流与分享中获得语言综合运用能力提升;N 系列课程旨在通过社团学习获得情境的体验,关注中外文化异同的同时形成跨文化交流意识,生成理解、尊重的生命品格。

七年级课程体现兴趣激发、游戏带动的模式。安排 Word Kissing(单词接龙)等游戏项目;阅读与分享以绘本阅读、短故事阅读为主,图文并茂,旨在提升学生阅读兴趣,拓展阅读视野。八年级课程体现多元输入、逐级强化的模式;安排有 Funny Dubbing(趣配音)、Debating(辩论)学习;阅读与分享以故事阅读为主,让学生感受文本的趣味性,促进阅读能力提升及思维品质的形成。九年级课程体现输出为主、学会整合的模式,通过"话题复习"整合教材,提升学生归纳与整理的学习能力;阅读与分享以阅读英语小说为主,进一步感知英语文化,促进文化理解,提升语言能力。

四门课程由浅入深,逐级深入,循序渐进;贯穿七、八、九三个年级,根据不同学段课程特点及学生能力,开展不同形态的课堂,由各年级的任课教师组织实施。"Open Your Mouth"课程每月进行一课时;"Practicing English"每学期二课时;"Enjoy Reading"间周一课时;"Inter-National"系列课程每学期举行两次活动。"OPEN-ing English"课程设置如下(见表 6-8)。

表 6-8 郑州市第七十六中学"OPEN-ing English"课程设置

年级/学期	课程类别	Open Your mouth 听说与交际 (O 派课程)	Practice English 实践与运用 (P 派课程)	Enjoy Reading 阅读与分享 (E 派课程)	Inter-National Culture 文化与体验 (N 派课程)
七年级	上学期	Mini Talker (外教课)	Travelling Words (单词旅行)	Picture Reading (绘本阅读)	Culture in Mind —— UK (走近西方——英国)
	下学期	Mini Talker (外教课)	Play with Phonics (玩转音标)	Picture Reading (绘本阅读)	Culture in Mind —— USA (走近西方——美国)
八年级	上学期	Talker (外教课)	Funny Dubbing (小演员,大舞台)	Story Reading (故事阅读)	Culture in Mind —— Canada (走近西方——加拿大)
	下学期	Talker (外教课)	English Speech (英语演讲赛)	Story Reading (故事阅读)	Culture in Mind —— Australia (走近西方——澳大利亚)

(续表)

年级/学期	课程类别	Open Your mouth 听说与交际（O派课程）	Practice English 实践与运用（P派课程）	Enjoy Reading 阅读与分享（E派课程）	Inter-National Culture 文化与体验（N派课程）
九年级	上学期	Talkerd(外教课)	English Debating（英语辩论赛）	Novel Reading（小说阅读）	Culture in Mind —— Africa（走近西方——非洲）
	下学期	Talkerd（外教课）	Topic Revisiond（话题整合）	Novel Reading（小说阅读）	Culture in Mind —— France（走近西方——法国）

4."润心道法"课程群

"润心道法"即以德润心，以法正行，润泽心灵，德法同行。"以德润心"，就是要求学生修身养德，用社会主义核心价值观滋润心灵；"以法正行"，就是要求学生全面提高自身法治观念和法律意识，使遵法、学法、守法、用法成为青少年的共同追求和自觉行动。基于对课程标准和道德与法治学科素养的细化解读，"润心道法"课程以"德润心灵，法护成长"为课程建设的哲学依据，以"立身为人德法兼修，家国情怀行走天下"为课程理念，打造"润心道法"课程，并以"培养智德文法兼修的负责任公民"为学科育人目标。

"润心道法"课程群关注学生的道德感、规则边界感，以国家课程标准为基本依据，以学生"成长中的困惑和问题"作为内容构建的基本路径，结合每个年级学生的身心发展特点，从"我与国家、社会""我与他人、集体""成长中的我"三个方向，构建贴近社会、贴近生活、贴近实际的"润心道法"课程群。

"晓闻窗外""这厢有礼"系列课程根据学生的发展需要，依据不同年级学生身心发展特点、道德认知发展规律，构建了道德与法治时政播报、时政点评、时政命题课程及家庭、学校、社会礼仪课程。"晓闻窗外"系列课程内容包括"新闻播报""时政点评""综合述评及时政命题"。"这厢有礼"系列课程内容包括"家庭礼仪""校园礼仪""社交礼仪""中西方礼仪差别"。

"法律照我心"以学生的逐步成长为主线，以社会现实生活为载体，注重学生的生活经验，关注学生的生活体验，创设生活化的学习环境，构建道德与法治法律课程；"生命旅程""环保——让生活更美好"从学生兴趣、能力和需要出发，结合学生的生活经验,遵循学生的生理、心理及认知发展规律,构建道德与法治生命和环保课程;"漫谈中华文化""大国崛起""老家河南"从学生情感需要出发,以培养学生热爱家乡、热爱祖国的高尚情感及自觉承担起建设祖国的责任感为目标,构建道德与法治省情国情课程。

"润心道法"课程种类丰富,以螺旋上升的形式,创设程度不同的课程内容,贯穿于整个初中阶段。"晓闻窗外"以每节课时政教学的形式实施,"法律照我心""生命旅程""大国崛起""漫谈中华文化""环保——让生活更美好"以嵌入课堂教学的形式实施,"这厢有礼""老家河南"以主题教学形式实施,一学期举行三次主题活动。"润心道法"课程设置如下(见表6-9)。

表6-9 郑州市第七十六中学"润心道法"课程设置

年级/学期	课程类别	成长中的我	我与他人和集体	我与国家和社会
七年级	上学期	生命旅程	家庭礼仪	新闻播报
	下学期	法律大讲堂	校园礼仪	新闻播报
八年级	上学期	举案说法	社交礼仪	时政点评
	下学期	模拟法庭	中西礼仪差别	时政点评
九年级	上学期	智慧与人生	明是非	综合述评及时政命题
	下学期	我的毕业季	爱祖国	综合述评及时政命题

5."明智历史"课程群

所谓"明智历史"是以史怡情的历史、是以史明智的历史、是以史育能的历史。基于对课程标准和历史学科素养的细化解读,它以"纵情史海寻奥秘,徜徉古今明真谛"为课程开发的理念,打造"明智历史课堂",采用"感受历史、知晓历史、传承文化"的学习策略,促进师生共同成长。

"明智历史"课程群依据《义务教育历史课程标准(2011年版)》的相关要求,结合学校历史文化、课程理念及历史学科课程理念,围绕历史学科"时空观念、史料实证、唯物史观、历史解释、家国情怀"五大核心素养,以国家课程为基础,在历史理解、历史感受、历史技能、历史想象、历史思考五个方向进行课程构建。"图说历史"以课本内容为依托,为培养学生读图识图的能力,构建图说历史的拓展课程。"'史'事求是"是以文字史料为依托,培养学生阅读史料、分析史料、从史料中获取历史信息的能力,构建史料说史的历史拓展课程。"与历史的亲密接触"系列课程依托国家基础课程,从探寻历史、聆听历史、感受历史三个方面拓展学生的知识面,激发学生的学习兴趣,提高学生的动手能力,构建活动历史课程,它包括"寻找历史的途径"(上、下)、"聆听历史的声音"(上、下)、"感受历史的智慧"(上、下)。此外还有社团课程——"博雅历史社",通过历史社团活动,拓展历史知识,展现学生风采。

社团课程只针对八年级学生,每学期两个课时;其他三门课程贯穿于七、八、九三个年级,根据不同学段的知识储备和学生需求编制不同内容,由各年级的任课教师组织实施。拓展课程每学期3课时,活动课程每学科2课时。"明智历史"课程设置如下(见表6-10)。

表6-10 郑州市第七十六中学"明智历史"课程设置

年级/学期	课程类别	历史理解	历史想象	历史技能	历史感受	历史思考
七年级	上学期	"史"事求是	图说历史 历史典故大会	寻找历史的途径(上)	"史"事求是	图说历史 历史典故大会
七年级	下学期	"史"事求是 小百家讲坛	图说历史 能工巧匠	寻找历史的途径(下)	"史"事求是 小百家讲坛	图说历史 能工巧匠
八年级	上学期	"史"事求是 模拟现场	图说历史 地图中的历史	聆听历史的声音(上)	"史"事求是 模拟现场	图说历史 地图中的历史
八年级	下学期	"史"事求是 建国周年庆	图说历史	聆听历史的声音(下)	"史"事求是 建国周年庆	图说历史
九年级	上学期	"史"事求是 记者发布会	图说历史 漫画中的历史	感受历史的智慧(上)	"史"事求是 记者发布会	图说历史 漫画中的历史
九年级	下学期	"史"事求是 记者发布会	图说历史 地图中的历史	感受历史的智慧(下)	"史"事求是 记者发布会	图说历史 地图中的历史

6."锦绣地理"课程群

"锦绣地理"学科的核心价值是,树立科学的人口观、资源观、环境观和可持续发展的观念。地理学科以"学习地理知晓万物,运用地理助力生活"为课程建设的哲学依据,提炼出"心怀祖国放眼世界,读万卷书行万里路"的课程理念,以打造"锦绣课堂"为平台,增强学生的地理学习能力和生存能力,使学生具备家国情怀和世界眼光,关注人口、资源、环境和区域发展等问题,用已有的地理知识解决身边的地理问题。

"锦绣地理"课程群设置的目的是让学生掌握丰富的地理知识,获取基本的地理技能和方法,培养全球意识和爱国情感,提高个人地理素养。依托地理课程标准、学生学情及认知特点开发和设置地理拓展课程。通过自主学习、合作探究等过程,感知身边的地理事物和现象、归纳地理特征、理解地理规律;运用绘图比赛、文艺活动、成果展示、研讨会、动手实践、实地考察等丰富的学科活动形式,表达、交流地理学习的体会、想法和成果。课程群在构建时注重围绕地理学科综合思维、区域认知、地理实践力、人地协调观的核心素养,选择从地球与地图、世界地理、中国地理、乡土地理四个方向进行课程规划。

在课程群具体构建中,充分利用地理的语言——地图来构建富有鲜明学科特色的拓展课程,如:图画图说、手绘地图(包含手绘校园、手绘世界、手绘中国三个系列课程),让学生通过手绘各种富有美感的地图学会读图用图。构建富有生活化的地理课程,真正让地理课程从生活中来、到生活中去。如:"智造地理"是利用生活中的材料制作地理模型;"智行课程"通过让学生参观气象科普馆、游览黄河游览区等实地考察活动,将地理知识学以致用;"畅游中国"则是借助丰富多彩的模拟或真实旅游活动学习区域地理知识,让地理课程与生活情境相结合。通过与其他学科的关联性活动实现学科融合,促进学生综合能力的发展。如:"演绎世界""爱我中华"将地理与音乐、美术、综合实践等课程相关联,从而丰富地理课堂,激发学生对地理学习的兴趣。

"锦绣地理"课程基于对新课程标准、地理学科素养、学情校情的分析,紧紧围绕七、八年级学段课程目标,循序开设,由七八年级的地理任课教师组织实施。七年级上学期开设"图画图说""智造地理""手绘校园";七年级下学期开设"手绘世界""演绎世界";八年级上学期开设"手绘中国""爱我中华";八年级下学期开设"畅游中国""智行课程"。实施类别分为必修课与选修课,必修课以嵌入形式实施,选修课主要以社团形式实施。其中嵌入式课程紧随国家课程的相应进度适时穿插,社团课程在学校地理辅导课中以活动课的形式开设。"锦绣地理"课程设置如下(见表6-11)。

表6-11 郑州市第七十六中学"锦绣地理"课程设置

年级/学期	课程类别	地球与地图	世界地理	中国地理	乡土地理
七年级	上学期	图画图说 智造地理 手绘校园	大洲的命名	中国特色民居	智行研学
七年级	下学期	认识地区与国家	手绘世界 演绎世界	我国极地科学 考察站	模拟旅游
八年级	上学期	图说中国	一带一路	手绘中国 爱我中华	节水公益宣传
八年级	下学期	图说四大地理 区域	中国在世界中	鸟瞰中国	畅游中国 智行研学

7."魅力化学"课程群

所谓"魅力化学",就是美丽的化学、实践的化学、活力的化学。它以"用化学的眼光认识世界、改造世界"为课程建设的哲学依据,提炼出"彰显化学之美、助力智慧人生"的课程理念,打造"魅力化学"课程,并以培养"乐学、实践、善思"的智慧公民为学科育人目标。

"魅力化学"课程群旨在通过课程增长智慧,立足于变化守恒、宏微结合、实验探究、绿色应用等核心素养,在化学与生活、化学与实践、化学与情感三个方面进行课程构建。"趣味化学"依托课本资源,将知识融入到一个个的趣味小实验中去,激发学生的兴趣,提高学生的实验能力。"是真的吗"依据课程标准在科学探究方面的要求,将科学探究与初中化学知识及实际生活联系起来,提高学生的科学素养;"化学的昨天、今天和明天"利用化学发展史,让学生回到真实的历史情境中去感受,促进学生思维品格的形成;"生活大揭秘"依据生活中常见的化学问题,从化学的角度解释生活中常见的问题和现象,提高学生的学科素养;"发现身边的化学"旨在扩大学生知识面、拓宽学生视野,发展学习化学的兴趣,增强关注我们身边的生活、将化学知识应用于生产生活实践的意识,逐步形成可持续发展的思想。

五门课程由浅入深,逐级深入,循序渐进,贯穿九年级,根据不同学期的知识储备和学生需求编制不同的内容,由九年级化学任课教师组织实施。"趣味化学"间周一课时;"是真的吗"下学期进行三课时;"化学的昨天、今天和明天"每学期举行一课时;"生活大揭秘"下学期举行两次化学活动;"发现身边的化学"下学期举行三次化学活动。"魅力化学"除国家基础课程之外的拓展课程设置如下(见表6-12)。

表6-12　郑州市第七十六中学"魅力化学"拓展课程设置

年级/学期	课程类别	化学与生活	化学与实践	化学与情感
七年级	上学期	生活大揭秘	趣味化学	化学的昨天、今天和明天
	下学期	发现身边的化学	是真的吗	

8."生物乐园"课程群

　　生物学科从《义务教育生物学课程标准(2011年版)》提炼出生物学科的核心价值观为:"培养以理性的思维和科学的态度终身学习的能力"。以"保持浓厚的学习兴趣,养成理性的思维,形成积极的科学态度,发展终身学习能力"为课程开发的哲学依据,构建"生物乐园"课程群,依托"趣味课堂"为实施平台,点燃学生兴趣的火花,让兴趣之火遍布到无限的学习中。依据学科性质和学科理念、结合学校文化、生物学教材和教参以及学生的实际情况,确定"生物乐园"课程基本理念为"趣游乐园,让思维在探索中升华"。

　　"生物乐园"课程在具体实施中,"细胞模型""校园园艺师"课程通过设计制作细胞模型、种子艺术等活动,培养学生勇于创新的意识;"走近科学家"依托实验室现有实验器材构建技能拓展课程,课程中学生通过积极主动参与探究活动领悟科学的研究方法;"发酵艺术""叶脉书签"课程通过学科知识与生活实际相结合,设计了很多日常生活中有的生物技术实验和实践活动,丰富了学生对生物技术的感性认识,并激发了他们的学习兴趣;"小小营养师""健康地生活"课程设计了饲养蚕宝宝、孵化鸟卵、了解自己的成长过程等活动,培养学生珍爱生命并确立积极、健康的生活态度。

"细胞模型""叶脉书签"安排在七年级上学期,"走近科学家"和"小小营养师"等课程安排在七年级下学期;"发酵艺术"课程安排在八年级上学期;"校园园艺师"和"健康地生活"安排在八年级下学期。实施类别分为必修课与选修课,必修课以嵌入形式实施,选修课主要以社团形式实施。其中嵌入式课程紧随国家课程的相应进度适时穿插,由生物老师利用生物辅导课时间实施,社团课程在学校社团活动时间由社团辅导老师指导实施开展。"生物乐园"课程设置如下(见表6-13)。

表6-13 郑州市第七十六中学"生物乐园"课程设置

年级/学期	课程类别	科学探究	生物与环境	生物技术	健康地生活
七年级	上学期	无土栽培	细胞模型	叶脉书签	探究癌细胞
七年级	下学期	走近科学家	生物入侵	试管婴儿之父	小小营养师
八年级	上学期	黑猩猩之谜	生物学与艺术	发酵艺术	超级细菌
八年级	下学期	解读杂交水稻	校园园艺师	植物的组织培养	健康地生活

9."兴趣物理"课程群

"兴趣物理"是努力激发学生学习物理的兴趣,打造快乐的物理课堂。它以物理国家课程为核心,将生活融于课程,将课程实践于生活,围绕知识技能、科学思维、科学探究三个方面进行课程建构,形成"兴趣物理"课程群。然后通过对实验、问题解决的创新,使学生初步形成科学探究、科学创新的能力。

在课程设置中,"科学之旅"依托课本,围绕提高学生的科学素养,构建科学思维拓展课程。"立物"依据课程标准在知识技能方面的要求,为促进学生解释自然现象和解决实际问题能力的提高,构建了知识技能拓展课程。"玩转科学"以科学探究问题为载体,旨在提高学生科学探究、科学创新能力而构建的科学探究拓展课程。

课程依据年级的不同,课程难度由浅到深,课程内容依据基础学科的教材,适当拓展,发展学生物理观念、科学思维、科学探究、科学态度与责任等核心素养。三门课程贯穿八、九年级两个学段,根据不同学段学生的物理知识储备编制不同内容。在具体实施的过程中,"科学之旅"依托多媒体教室实施,每周一节课,由八、九年级物理任课教师具体实施。"立物"课程依托创客空间,通过问题的解决,形成物理观念,部分学生参与,每周一次课。"玩转科学"等课程部分学生参与,由社团辅导老师利用社团活动时间实施。"兴趣物理"课程设置如下(见表6-14)。

表6-14 郑州市第七十六中学"兴趣物理"课程设置

年级/学期		课程类别 科学思维	知识技能	科学探究
八年级	上学期	旅行到宇宙的边缘	自制照相机	光——星辰间的流浪者
	下学期	冰冻星球	制作喷泉	水——生命之源
九年级	上学期	能源与可持续发展	自制电动机	电流永不眠
	下学期	信息之路 人工智能的号角	自制LED手电筒	电磁波的海洋

10."奇妙美术"课程群

美术学科通过分析《义务教育美术课程标准(2011年版)》发现美术课程的核心价值是树立正确科学的审美意识、创新意识,以及培养对自然和人类社会的热爱及责任感。因此,美术学科提炼出"学习奇妙美术,拓展灵智思维美化生活"为课程建设的哲学依据,打造"奇妙美术"课程,并以培养活跃的、有责任感的公民为学科育人目标。

"奇妙美术"课程群结合本校实际情况,针对在校学生实际情况量身打造了"欣赏评述""设计应用""造型表现"三大类。具体来说,"墨海畅游"是中国画学习区域,结合学生认知能力,教师在拓展课程中积极开展自主学习、动手探究,提高学生学习笔墨情趣技能的兴趣,初步形成中国画的审美意识;"书香画海"是学生书法与名画欣赏认识区域的主要组成部分,掌握书写的基础知识与基本技能以及提高学生的审美意识去欣赏评述中外名画是教学工作的重要内容;"奇思妙趣"是学生在绘画及手工创作认知区域的主要组成部分。本区域除了常规课程学习以外,还在"趣味软陶""手工DIY"拓展课程中得以充分体现。

五门课程由易渐难,逐步深入,循序渐进;主要在七、八两个年级,根据不同年级的知识储备和学生需求编制不同的内容,由各教学教师组织实施。"书趣"每周一课时;"名画欣赏"安排进每年级教学课时;"笔墨国画"安排进每年级教学课时;"手工DIY"间周一课时;"趣味软陶"每周两次两课时。"奇妙美术"课程设置如下(见表6-15)。

表6-15 郑州市第七十六中学"奇妙美术"课程设置

年级/学期		课程类别 造型表现	欣赏评述	设计应用
七年级	上学期	墨海畅游 笔墨国画	名画欣赏 书趣	奇思妙趣 手工DIY
	下学期	以线立骨 手绘之美	书韵 书趣	纸趣 奇妙折纸
八年级	上学期	情趣笔墨	名画欣赏	趣味泥塑
	下学期	墨色生香 创意泼墨	书香画海 书趣	心灵手巧 趣味软陶
九年级	上学期	一笔传神	丹青妙笔	挥洒青山
	下学期	笔精墨妙	丹青不渝	手工客

11. "遇见未来"综合实践课程群

"遇见未来"综合实践课程包含心理健康课程、信息技术课程、综合实践课程三类课程。该课程以"健康向上有梦想,创新实践造未来"为学科课程理念,旨在培养掌握信息技术、具备实践能力、心理健康向上的少年。

"遇见未来"课程群以综合实践基础课程为核心,围绕考察探究、研究性学习、创新创造、职业体验、设计制作五个方面进行课程构建。综合实践课程依托微机教室和创客空间进行课程实施,将生活中易得的课程资源引入课堂,与心理健康学科知识相结合,激发学生学习兴趣,注重发展学生实践创新能力。

在课程具体实施中,"信息乐园"安排在七年级上学期;"校园拍客"安排在七年级下学期;"机器人"和"趣味编程"安排在八年级上学期,这些课程都利用信息技术课堂时间,每周一次实施;"3D打印"和"航模"安排在八年级下学期,由社团辅导老师利用社团活动时间实施。"生涯发展"贯穿整个初中生活,有心理健康教师在课堂中实施。"遇见未来"课程设置如下(见表6-16)。

表6-16 郑州市第七十六中学"遇见未来"综合实践课程设置

年级/学期		课程类别 考察探究	设计制作	职业体验	创新创造	研究性学习
七年级	上学期	传统文化研究	校园拍客	认识初中生活	Scratch趣味编程	春节传统文化研究
	下学期	信息乐园	视频制作	正视身体发展	编程猫	网络语言研究
八年级	上学期	社区安全问题防范	航模课程	叛逆期心理疏导(上)	mBlock机器人	慧眼追星
	下学期	青春期心理健康	船模课程	叛逆期心理疏导(下)	VJC机器人编程	制定生涯发展方案
九年级	上学期	规划生涯发展	3D打印	与人和谐相处	我是校园小创客	小零食大学问
	下学期	社区服务	3D打印	缓解压力	我是校园小创客	班级文化研究

12."活力体育"课程群

体育课程核心价值是增进学生健康,培养学生终身体育意识和运动能力。因此,学校体育学科以"学习体育增进健康,热爱运动幸福生活"为课程建设哲学依据,打造"活力体育"课程。所谓"活力体育"就是热情的体育精神,让活力四射的学生成为有着拼搏精神和优秀技术的体育人,提炼出"增强体质,增进健康,终身体育,阳光快乐一辈子"的课程理念,以"培养阳光的热爱生活的公民"为育人目标。

"活力体育"课程群旨在通过课程培养学生热爱运动、自主运动,掌握特殊运动技能。以体育与健康国家课程为核心,秉行"灵智教育"塑造学生灵气跃动的性格品质的培育目标,紧扣课程标准对于学生运动技能的要求设置课程,力争学生掌握1—2项终身受益体育项目。同时,结合中招体育考试要求,综合运动技能融入课堂常态教学。"活力体育课程"依据课程标准在运动参与、运动技能、身心健康、心理健康与社会适应能力四个方面的要求开设了啦啦操、花样跳绳、篮球、足球四门拓展课程:"梦之星啦啦操"主要提升学生的运动参与性;"绳舞花样跳绳"重点培养学生的运动技能;"巅峰篮球"旨在帮助学生保持身体健康;"快乐足球"重点培养学生的心理健康和社会适应能力。

四门课程由简入难,循序渐进,贯穿初中三个年级,根据不同年龄段所需的运动能力编制不同的学习内容,由任课教师组织实施,每个拓展课程每天的课程都按照既定目标进行组织活动。"活力体育"课程设置如下(见表6-17)。

表6-17　郑州市第七十六中学"活力体育"课程设置

年级 \ 课程类别	运动技能	心理健康及社会适应性	身体健康	运动参与
七年级	舞动彩绳	快乐足球	3米世界	舞动青春
八年级	光速彩绳	脱逃游戏	方圆世界	花球飞扬
九年级	花式跳绳	中考综合辅导	巅峰荷球	炫舞时刻

13."快乐音乐"课程群

学校音乐学科将"音乐审美为核心,兴趣爱好为动力"作为课程理念,打造"快乐音乐"课堂,将"培养灵动勤勉、善于创新的高素质公民"作为学科育人目标。"快乐音乐"课程群旨在通过课程群增长审美素养,立足于音乐实践、音乐创造等核心素养,在知识技能、情感体验和学科综合等方面进行课程构建。

"合唱乐园"类课程依托课本资源,为提高学生的演唱能力、参与作品情感体验构建知识技能拓展课程。"课堂乐器"类课程依据课程标准在音乐实践方面的要求,为促进学生创新能力的提升,构建了乐器吹奏课程。"鉴赏经典"类课程重点在突出音乐特点,拓展学生艺术视野,深化学生对音乐艺术的理解方面设置课程。三门课程由浅入深,逐级深入,循序渐进;贯穿七、八、九三个年级,根据不同学段的知识储备和学生需求选择不同的内容,由各年级的任课教师组织实施。

为实现教师和学生在艺术殿堂欣赏音乐的快乐篇章,享受音乐的艺术之旅,"快乐音乐"课程群的拓展课按照以下情况实施:"合唱乐园"类课程间周一课时;"课堂乐器"类课程间周一课时;"鉴赏经典"类间周一课时。"快乐音乐"课程设置如下(见表6-18)。

表6-18　郑州市第七十六中学"快乐音乐"课程设置

年级/学期 \ 课程类别	合唱乐园	课堂乐器	鉴赏经典
七年级 上学期	幻乐之声	琴音摩尔	乐海畅游
七年级 下学期	魅力和声	欢乐风琴	趣味经典

(续表)

课程类别 年级/学期		合唱乐园	课堂乐器	鉴赏经典
八年级	上学期	我爱歌唱	愉悦琴声	经典作品鉴赏
	下学期	快乐歌声	琴瑟和鸣	乐海寻宝
九年级	上学期	我爱唱歌	丝竹管弦	高山流水
	下学期	一唱三叹	凤箫鸾管	阳春白雪

（三）"灵智学科"的评价

"灵智学科"旨在打造动态课堂，促进学生勤学善思，从而落实"融通生活养灵性，纵情学海增智慧"的课程理念。"灵智学科"的课程评价着眼于融通生活、增长智慧、滋养灵性、呵护生命。课程设计应根据国家课程标准体现明晰的目标、严谨的逻辑、递进的序列、科学的编排。教师评价着眼于课程规划与设计、课程实施、教学方案、组织能力、课程评价。学生评价既重视学习结果，更关注学习过程，保护、发展学生的个性特长，促进学生全面发展。"灵智学科"的评价主体包括学校评价、学科组评价、教师自评、学生评价，评价形式根据学科特点进行纸笔测试、成果展评等。

三、做活"课程整合"，推进主题课程的实施

主题课程以综合性学习主题统领课程整合。基于标准的主题课程整合以学生为中心，重在打通学科内和学科间的壁垒，把学生的学科知识和社会生活、课内学习和课外学习紧密联系起来。主题课程要求主题鲜明，课程资源丰富，内容生动有趣，突出课程的拓展性、开放性、融合性。主题课程教学过程以任务驱动项目学习，体现跨界学习、STEM教育的特点，激发学生参与体验、探究、展示的兴趣。"智立方课程"体系，以整合的思维设置主题课程的教学内容，推进主题课程的实施。

（一）"课程整合"的主要方式

主题课程整合立足于学科内容的统整。课程设计需要将部分或全部学科的内容以一个或一组主题为中心加以整合，帮助学生在主题的学习过程中感知学科知识之间、学科与学科之间的内在联系，从而有序组织学校的课程资源，构建系统的知识体系，培养学生完整的学习思维结构，促进学生的全面综合发展。

1. 学科内课程资源整合。即在单学科课程之内,建构从一节课到一个单元、一个学期到整个7—9年级学段的逻辑知识体系,通过纵向联系、梳理知识系统来达到学科整合目的。单学科课程整合的方法有学习主题整合、知识归类整合、方法归类整合、学科思想整合等。通过课程整合,使学生走出碎片化学习模式,提升学科学习能力。同时,鼓励学生参与学习活动,从学科视角观察世界,实现知识与生活的链接。以英语学科模块整合为例,把初中英语语法整合为7大模块,把初中英语1 600个单词整合为170个模块,把听、说、读、写语言运用能力的培养创建成若干个教学模块,把初中英语语言交际整合为10大话题模块,使英语教学成为一个有机的整体。各学科课程在教学中最常用到的就是教学主题的整合。通过主题整合,帮助学生构建学科知识体系,有利于形成学科整体思想。

2. 跨学科课程资源整合。主题课程还可以将两个以上学科课程内容进行整合。根据学生学习需要,打破学科间的界限,以统一的主题、问题、概念、基本学习内容来连接不同学科,使学生在此过程中建立系统的思维方式,体验知识间的内在联系。多学科整合的路径有"以学习内容交叉的多学科融通"、"以学习方式一致的多学科叠加"、"以学习资源相同的多学科聚焦",使学生视野更开阔,思考问题的角度更广,从而使其融会贯通、思维活跃。以"老家河南"乡土文化主题教育课程为例,地方课程中的省情礼仪、政治学科中的国情省情、地理学科中的风俗礼仪等都有涉及,根据教育主题,帮助学生进行多学科整合学习,有利于启发学生针对学习主题进行横向联系、活学活用,建构起不同学科知识体系之间的内在联系。

3. 课内外课程资源整合。课内外课程资源整合是在STEM教育理念引领下,以项目式教学方式驱动,以学生为中心,整合校内外课程资源,通过观察发现、实践体验、合作探究,学会知识技能,学会动手动脑,培养学生适应未来社会生活的关键能力和必备品质。例如,学校物理教师引导学生从身边的生活中发现问题,基于学生的需求开发了"玩转科学"系列主题课程,设置了"空气""水""光""运动""磁学""电""化学""生命科学"八个主题,每个主题都设计为STEM教育理念下的项目式学习,并且通过多个项目的学习和多个科学探究活动,将初中物理、化学和生物学科课内外课程资源进行了整合,有目的、有方法、有系统地创造出一个多维的空间,为学生提供了具有关联性的学习经历。让学习跨越课堂、教室限制,直接走向了大千世界。

主题课程内容涉及面广,单学科内部整合跨度较大,多学科内容整合更是纵横交叉,在课程实施中应帮助学生选择多样化的学习方式。整合学习、行走学习、项目式学习、问题学习、合作学习、研究性学习等都应成为主题教育课程实施的主要方式。

(二)"主题课程"的评价

"主题课程"评价要求围绕教师的学科素养、教学目标、教学内容、教学方法、教师素养;学生的参与状态、思维状态、实践操作、学习习得进行。具体评价量表如下(见表6-19)。

表6-19 郑州市第七十六中学"主题课程"实施评价量表

学科			授课教师		班级	
课题					时间	
一级	二级		评 价 内 容			得分
教师教学	学科素养 5分	准确把握学科教学规律和特点,能体现学科知识、学科方法、学科思想、学科精神。学科素养底蕴丰实,能创造性地整合课程资源。				
	教学目标 5分	教学目标基于学科素养和课程标准,适合校情学情、具体明确、操作性强、体现知识技能、思想方法的统一,突出活动性和实践性。在学习目标的基础上形成清晰的任务单。				
	教学内容 15分	教学主题鲜明,课程资源精选,突出学科拓展性、开放性,体现学科内课程资源的整合及跨学科资源的整合。教学内容生动有趣,有利于激发学生参与体验、活动、展示、探究的兴趣。				
	教学方法 20分	突出体现以学习为中心的课程变革。创设激励学生探究学习、启迪学生深度思考的问题情境,建立项目与现实生活的联系。教学过程以任务驱动项目学习,体现跨界学习、STEM教育的特点。教学真实有效,预设到位,生成精彩,评价多样,针对性强。				
	教师素养 5分	深刻理解核心素养、课程标准,课程设计能融合学校的课程理念、育人目标。具有广博的知识积累和独到的课程理念,大胆尝试综合实践活动特色拓展课程实施的新方法,真正成为学生学习的支持者和促进者。				
学生学习	参与状态 5分	学生全员、全程参与,积极主动,饶有兴致。善于观察、思考、倾听、合作,乐于交流、表达,勇于发表自己独到的见解,思维活跃,共同进步。				
	思维状态 5分	积极互动,深度思考;师生、生生之间能进行深层次的对话与交流;提出的问题或观点具有挑战性和独创性;具有较强的沟通能力、合作能力和理解能力;具有批判性思维的特点。				
	实践操作 20分	像科学家一样思考,像工程师一样解决问题。从提出问题、提出假设、设计实验,到表达和交流,综合科学和工程的流程。把想法落实到行动中,把理念融汇在作品中,把思考凝结在创造中,把能力展现在应用中。				

(续表)

学科			授课教师		班级	
实施效果	学习习得 10分	通过问题思考、设计、合作、探究、创造、展示、交流、体验、表达、质疑、改进，经历一个深度学习的过程，掌握一种学科思维方法，触及学科本质，提升核心素养，习得一种融入世界的能力。				
	目标达成 10分	把立德树人融入教育过程，形成独特的教学特色和课堂文化，产生优质的教学效果和长远的育人效益。				
总评	特色或建议					

四、搭建"灵智节日"，推进节庆课程的持续实施

校园是学生自由伸展的美好空间，更是灵智文化扎根生长的舞台。学校根据学生的身心成长的阶段性需求，设立"灵心"淘宝节、"灵美"艺术节、"灵创"创客节、"灵动"体育节四个综合性校园节庆活动。通过"灵智节日"课程，搭建多种形式的学习平台，满足学生成长的需求。"灵智节日"主题要鲜明，形式要灵活。节庆课程的实施应综合竞赛学习、主题学习、服务学习等多种学习形式，促进学生在参与中获得体验，在活动中提升综合素质，涵养品格。节庆课程的内容与实施、评价如下（见表6-20、表6-21）。

表6-20 郑州市第七十六中学节庆课程的内容与实施

灵智节日	课程内容	实施方式
"灵心"淘宝节	团队组建、店面设计、标语制作、淘宝市场	综合实践课
"灵美"艺术节	合唱比赛、校园歌手大奖赛、汉字书写比赛、美术作品展、软陶作品展	班级联赛、主题展览、成果展示
"灵创"创客节	创客小讲堂、创意小发明、校园拍客评选	综合实践、成果展示
"灵动"体育节	花式跳绳比赛、足球篮球班级联赛、全校学生体质健康测试、趣味运动会等项目、健康教育手抄报展示	体育课、大课间、班级联赛、运动会
我们的节日——传统节日、纪念日	清明节文明祭扫、网上祭先烈	清明扫墓、主题报告
	"五四"青年节——放飞青春梦想	主题演讲、黑板报、手抄报
	国庆节——我和祖国共成长	主题朗诵、征文比赛
	元旦——新一年新希望	班级联欢活动

表6-21 郑州市第七十六中学节庆课程评价量表

评价维度	评价内容	评价标准	评价方式
学习态度与习惯	学习的态度	主动积极、专注认真,良好的学习辅助行为(笔记、查阅、回应)	通过自评、互评、组评、师评的方式,对学生参与活动的进行评价。通过个人申报项目表、活动记录表、互评打分表、小组报告等形式评价。
	课堂上的学习习惯		
学习方法与过程	师生、生生之间的有效互动	能够在节庆课程学习中做到自主学习,合作探究	
	参与节庆课程的次数和参与度		
	课程中解决问题的能力和方法		
习得效果与体验	学生个人特长和综合能力展示	达成课程目标,感受课程传达的精神,培养热爱传统节日激发创新精神	
	对传统节日的了解和热爱		
	养成创新意识和合作探索精神		

五、建设"灵智社团",推进兴趣爱好课程的实施

社团活动是学校课堂教学的延伸性活动,是进一步深化课程改革、发展素质教育的重要体现。社团活动的正常开展,既丰富学生的课余生活,也为学生提供了自主发展的空间。社团是学校校园文化建设的重要载体,是学校第二课堂的引领者。学校各社团要以其思想性、艺术性、知识性、趣味性、多样性的活动吸引学生积极参与。

(一)"灵智社团"的设立与实施

社团文化是在学校文化大背景下,影响和促进师生活动发展的各种文化因素总和,是一种无形的、巨大的教育力量,也是教育成功的重要基础。学校依据学生综合素养,广泛调查学生兴趣,充分挖掘学生潜能,开设学科拓展类、综合类、科学创新类和文体类社团。社团涉及面广泛,内容丰富多彩,它对启迪学生的智慧、开阔学生的视野、优化个性人格等都具有重大而深远的影响。"灵智社团"具体设置如下(见表6-22)。

表6-22 郑州市第七十六中学"灵智社团"的设立与实施

社团类型	社团名称	实施方式
学科拓展类	羿阳文学社	学生根据个人兴趣,提出申请,自主选择社团,社团辅导老师根据综合考查通过申请,组织学生参与社团活动,完成社团课程,记录成长轨迹。
	指尖上的数学	
	智立方社团	
	"我爱记单词"英语社团	
	博雅历史社团	

(续表)

社团类型	社团名称	实施方式
综合类	校园之声广播社团	
	"走近西方"英语文化社团	
科学创新类	"E时代"电脑社团	
	智慧百草园生物社团	
文体类	快乐足球社团	
	"书趣"书法社	
	田径社团	
	"绳舞"社团	
	巅峰篮球社团	
	"梦之星"啦啦操社团	

(二)"灵智社团"课程的评价

学校社团活动,立足本校校情,结合学生学情,发挥教师特长引领。保证学生的自主性、提高学生的积极性、鼓励学生的创造性、力求活动的成效性,推进素质教育深入发展,营造优良校风,真正把社团办成学生喜爱的家园、学园和乐园。在此准则的指导下,评价更要起到导向作用。学校从社团筹备、活动过程的监测、活动效果的多元化评估以及特色创新的推广及肯定,全方位、多角度促进社团发展、学生进步,使社团活动的开设与发展成为学校打造品牌的靓丽窗口(见表6-23)。

表6-23 郑州市第七十六中学"灵智社团"课程实施评价

评价维度	评价内容	评价标准	评价方式
社团筹备	社团主题	主题健康积极,课程资源丰富,准备充分	阶段性评价与过程性评价相结合。注重过程性评价:活动过程记录、活动成果展示。评价方式多元化:自评、互评、组评、师评、家长评相结合。通过社团成果评比,评出优秀社团,参加星级社团评比。
	活动方案		
活动过程	特长发展	积极参与社团活动,发展自我特长	
	活动过程		
活动效果	社团学习成果	能形成自己的学习成果,积极参与社团成果展示交流	
特色创新	活动亮点	社团成果展示有特色、有创新、有亮点	

六、探索"灵智之旅",推进研学旅行课程实施

研学课程包罗万象,是综合历史、地理、科技、人文和爱国主义教育等内容的融合课程。学校倡导以社会调查、参观访问、亲身体验、资料搜集、集体活动、同伴互助、成果总结等为一体的社会综合性学习形式,使学生能达到在游中有学、行中有思。

(一)"灵智之旅"的主要范畴

乡土研学。郑州市有丰富的乡情市情研学旅游课程资源,包括古荥汉代冶铁遗迹、历史文化名胜(文庙、城隍庙)、古人类文化研究(大河村遗址)、科技教育(郑州市科技馆)、自然和野外活动体验(北龙湖公园,黄河湿地公园)、参观传统街道(德化商业步行街)、著名大学(郑州大学)、高新企业和现代化工厂(金星啤酒厂)等。

国情研学。我们国家幅员辽阔、山河壮美、历史悠久、文化博大精深,有许多研学的课程资源。如首都北京之旅、抗战遗址考察(山东台儿庄、云南滕冲)、中国古都之旅(西安、南京、杭州)、追寻丝绸之路、体验敦煌文化和孔子的故乡(曲阜)等。

国际研学。以主题的方式进行研学,引导学生了解世界历史、文化、环保等方面的内容。如走进美国——童子军夏令营、走进世界名校——牛津剑桥之行等。

(二)"灵智之旅"研学课程的实施

"灵智之旅"研学课程实施以年级为单位,整合各学科课程资源、课内外资源、教师资源、家长资源,利用社团活动时间、节假日开展校内外活动。教师根据学科课程标准、学生实际情况设计研学手册、学习任务单,让学生在实地研学时,完成研学手册、学习任务单,形成研学报告。具体实施如下:

行走前:教师做好研学规划,制定课程纲要,设计活动方案和评价方式,在此基础上编制研学教材,发给学生。学生根据教师提供的研学纲要,查阅相关资料,做好研学功课,分组展示交流。

行走中:根据研学课程,教师做好活动计划,精心组织学生活动,指导学生边走边学。学生在行走中善于观察和思考,勤于记录和整理,积极探索知识与社会、知识与生活的链接,在行走体验中感悟和内化。

行走后:教师指导学生根据研学评价标准,进行成果收集、整理、展示,在此基础上进行自我评价、小组评价、教师评价。教师撰写研学心得,学生撰写研学报告。教师负责集结成册,形成研学课程成果。

(三)"灵智之旅"研学课程的评价

"灵智之旅"研学课程的评价重点在于师生参与研学时过程性评价、研学后目标性评价、发展性评价。过程性评价可从研学自我评价(如自我管理、实践活动、协作精神等)、教师活动组织指导评价(如研学方案实施、教师指导研学方式等)、家长参与度等方面评价。目标性评价侧重研学学习达成、研学成果的评价。发展性评价侧重学生研学之后,自我内在素养提升、研学活动认知提升、情感体验提升。

在实施评价中,注意多维度、多形式评价学生。如评价学生知识理解情况,可以采取测验法、调查法等,在形式上可以是抢答、PK、竞赛、反馈等。了解学生的态度、意识,可以采用访谈法、表现性评价等,形式上采取座谈、演讲、作品展示等活动。同时,关注教师和家长在评价中的作用。具体评价要求如下(见表6-24)。

表6-24 郑州市第七十六中学"灵智之旅"研学课程评价要求

评价维度	评价内容	评价标准	评价方式
过程性评价	学生参与研学过程的积极性	积极参与研学活动,认真记录整理研学过程的知识。	1. 根据学生在研学中的阶段表现,结合积极性、参与度等,划分等级进行记录。 2. 按照活动小组的分工要求,对照实施标准,对活动组织的各个环节进行检测,根据活动完成情况,对研学的效度进行过程评估。 3. 举办研学成果评比展示,记入学生成长记录袋中,其结果纳入综合素质评价体系。 4. 通过问卷调查和座谈等方式,向参与单位、学生家长、志愿者、服务合作部门等针对研学活动的效果进行评估。
过程性评价	学生在研学过程资料收集、记录和整理	积极参与研学活动,认真记录整理研学过程的知识。	^
目标性评价	活动完成的情况。	教师的工作以及学生的活动完成能符合研学活动师生共同制定的目标。	^
目标性评价	教师工作的有效性评价	教师的工作以及学生的活动完成能符合研学活动师生共同制定的目标。	^
发展性评价	学生参与研学之后的收获	在研学活动同时提升自我效能感以及成就感,实现研学课程认知的深度体验。	^
发展性评价	研学活动认知体验及情感体验	在研学活动同时提升自我效能感以及成就感,实现研学课程认知的深度体验。	^

七、融入仪式教育,规范仪式课程的实施

仪式教育在灵智育人中具有不可替代的教育效果。学生学校生活的归属感很大程度上建立在仪式课程实施上。仪式课程让学生的灵魂得以洗礼,精神得以成长。

(一)仪式课程的设立与实施

仪式是一种文化象征,要触及学生灵魂。仪式课程直接目的是通过营造隆重、庄严、神圣的环境氛围,产生强烈感染力以实现教育目的。学校仪式课程分为常规仪式、

成长仪式、节日仪式。仪式课程在特定时间、环境、场景中综合展示;融合知、情、意、行为一体;多角度调动参与者情感与思维,产生共鸣,净化心灵,陶冶情操。在实施上整合多方之力,激励学生参与、互动、展示,将价值理念与情绪感知交织、融和,以期对学生产生综合影响(见表6-25)。

表6-25 郑州市第七十六中学仪式课程设置与实施

仪式类型	课程名称	实施方式
常规仪式	升国旗仪式课程	每周一举行庄严的升旗仪式、国旗下演讲
	入团仪式课程	每学期举行入团仪式
成长仪式	毕业仪式课程	每学年策划毕业季系列活动
	青春仪式课程	分年级进行青春主题活动
节日仪式	感恩节仪式课程	每学期举行家校联合感恩主题教育活动
	劳动节仪式课程	每学期举行劳动主题教育活动

(二)仪式课程评价

学校里的各种仪式,是学生们校园生活的重要组成部分。仪式课程,只有引入新的评价模式、评价体系,才能真正有效地促进学生的素养发展。在评价的导向上,我们重视对学生真善美的熏染,重视学生学习习惯、意识、情感等素养的形成。意识课程的意义绝不仅仅体现在仪式进行的过程之中,而是更鲜明地指向学生的素养发展、精神润泽和生命丰盈,并内化为人格力量。每一次的仪式课程,每个生命都在书写中建构起自己的精神王国。仪式课程评价要求如下(见表6-26)。

表6-26 郑州市第七十六中学仪式课程评价要求

评价维度	评价内容	评价标准	评价方式
学习态度	在仪式活动中的参与情况	态度积极、参与认真、仪式感强	自评、互评、组评、师评相结合
学习过程	仪式学习中熟练掌握特定仪式的行为要点	认真学习不同类型的仪式要求,感受仪式带来的成长	
学习效果	在仪式活动中获得的情感体验,领悟仪式课程的精神内涵	在仪式中感受其文化内涵和价值追求,实现心灵的润泽,感受生命的洗礼	

八、创设"灵智空间",提升创客课程品质

创客教育是培养学生创客精神的重要载体。初级课程面向全体学生进行普惠教育,主要与传统学科相结合,在课堂教学过程中实施,以保证学生人人成为创客。中级课程面向部分学生开展创客拓展教育,主要在拓展课程中实施,培养学生兴趣。高级课程面向有探究意愿的学生开展创客特长教育,主要在社团活动中实施。

(一)"灵智空间"的设计与实施

"教育即生活",创客教育更是源于生活、归于生活的教育方式,重视引导学生跳出书本、走近生活、积极创想、反复实践。突出训练"发现问题、分析问题、解决问题"的创客思维模式,组织学生进行头脑风暴、创意碰撞,让学生在观察、研究、协作、分享、优化等过程中形成创客能力。突出"沟通优化、行动生成"的创客实践准则,倡导以交流沟通贯彻始终,遵循新建构主义教育理念,将实践探究与合作学习结合起来。让学生更深地卷入到发现问题、解决问题的思考中,形成真正有深度的学习。课程实施过程中突出"开源协同、跨界整合"的 STEM 教育战略,有意识地加强跨学科、跨领域的整合,将科技、艺术、人文、自然、社会和自我等各方面的内容,以及学科知识、学习体验有机地融合起来,逐步开发出更加具有"创客"特点的课程,帮助学生走出课堂、走向社会、全面发展。

课程实施主要通过五条途径,具体如下:

1. 创建研修平台,推进创客课程实施。学校成立创客教研组,成员由热爱创客教育的各学科教师组成,以创客课程的开发和实施为工作重点。定期召开教研会议,交流创客教育的经验,分享研究成果,推进创客课程实施。学校教师积极参加"郑州创客项目组",并参与创客教育通识读本《创客跟我来》、基于信息技术的校本课程《校园拍客跟我来》两本书的编写。创客教研组要善于利用"创客示范校"的平台,做好"科学实验"和"校园拍客"重点项目,推动创客教育取得更大发展。

2. 整合课程,课堂教学融合创客教育。在学科教学中融入创客教育理念,在解决问题的情景中发挥学生的想象力和创造力,培养学生的创新精神。部分学科开展创客教育示例如下(见表 6-27)。

表6-27 郑州市第七十六中学部分学科开展创客教育示例

学科	内容	效果
化学	心形蓝色硫酸铜晶体	锻炼学生实验能力
物理	侧倾器、带齿抹泥板	能够测量倾斜角,解决了铺地板时水泥砂浆不平的问题
生物	细胞模型、叶脉书签、染色体模型	培养学生利用生活中的材料发明制作的思维和能力
地理	学校手绘地图、地球仪	培养学生将知识与生活相结合的能力
美术	科幻画	培养学生的创新思维
信息技术	电子报刊、电脑绘画、网页、DV作品、flash动画	提高学生信息素养,参加"青少年科技创新大赛"
综合实践	制作纸桥	鼓励学生大胆尝试,发明创造

3. 课题引领,深化创客课程的研究实施。以课题为抓手,对创客教育校本课程的开发和实施进行研究。学校课题"农村中学创客教育校本课程的开发与应用研究"作为河南省教育科学"十三五"规划课题立项,已顺利结题;该省级课题的阶段性成果"农村初中'灵·动'创客教育课程开发与实施"被选入2016年郑州市校本推进会优秀成果;"农村中学创客教育校本课程的实践与研究"也已通过郑州市教育科学研究课题立项。创客课程实施要充分发挥课题引领作用,并对课题研究成果进行实践检验。

4. 利用创客空间实施创客课程。创客空间是开展创客教育的重要场所,建设创客空间并合理使用至关重要。学校创客空间为创客教育的开展创造了新的环境。基于创客空间实施的课程有:机器人、3D打印、开源硬件等。创客空间除了班级授课、社团活动外,周一至周五课余时间对学生开放。

5. 分享成果,推进创客课程实施。创客的精神在于分享。创客的共同特质是创新、实践与分享。没有分享,就没有人类社会的整体进步,作为人类社会的一分子,分享和传播知识是每个人应尽的义务,将分享作为乐趣则是一种良好的品格和习惯。创客鼓励创新各种分享模式,分享的方式有多种,比如:组内分享、班内分享、校内分享、社区分享等;可以通过微信、QQ、网站等各种社交平台发布创客成果;也可以举办各级各类创客文化节分享展示创客成果。通过分享创客成果,推进创客实施。

（二）创客课程的评价

创客课程评价采用多元化评价体系，坚持过程性评价和终结性评价相结合、自我评价与他人评价相结合，注重成果分享展示评价。

在创客课程实施过程中，坚持过程性和终结性评价相结合的原则，注重活动过程的评价。过程性评价指标应包括学习态度、创新意识、动手能力以及练习情况。终结性评价指标应包括对学生的知识掌握、操作技能、综合能力等。

以"我是校园小创客"课程评价为例，学生最终评价＝过程性评价×60％＋终结性评价×40％。过程性评价包括以下几个维度：笔记本是否合格、笔记记录情况、创意表完成情况、发明创造实物情况、课堂上参加创客讲堂情况、上课发言情况、纪律情况、小组合作情况。过程性评价主要由各组长和课代表完成。终结性评价主要取决于学生参加创客大赛的成绩。评价即育人。在创客教育校本课程实施过程中，凭借多元化的评价机制，促进学生核心素养的发展，在奔向未来的道路上，让孩子们全面发展、个性化发展、创新发展。

总之，"灵智教育"已成为郑州市第七十六中学发展的新篇章，"智立方课程"铺就高速发展之路。七十六中人将继续秉承"以人为本，追求卓越"的学校精神，践行"唤醒灵动意识、培养灵活思维、塑造灵慧品行、激发生命张力"的课程愿景，培养"灵于心，智于行"的七十六中学子，奏响课程建设最强音。

（撰稿人：陈喜顺　史敏敏　蒋璞　陈广融　时峰林　孙晓军）

第七章

课程文化:"会话"的确证与主体的张扬

　　课程是文化的载体,是一种复杂意义的会话,在会话的过程中逐渐理解并达成共识。学校课程变革,归根结底是不断挖掘和丰富人的文化实践。学校课程是其教育哲学、办学理念和办学特色等在"会话"过程中的进一步融合和集中体现,因此,每一所学校都有着自己独特的课程文化。立足于学生发展的必备品格和关键能力,最大限度地满足学生发展上的各种不同层次和水平的需要,彰显学生的主体意识,张扬学生的个性潜能。通过设计科学合理的学校课程体系,丰富和拓展人的文化实践,促进学校文化的建设与发展,使学校文化力得以充分释放。

花自开课程：成就师生最灿烂的人生价值

"花自开课程"是在围绕一定办学特色建构学科课程群的基础上，呈现出以多维联动、逻辑结构清晰为典型标志的学校课程体系，它将课程、教学、管理、师生发展融为一体，是一场文化建构与创生层次的课程变革。学校秉承"让理想自由高扬，让心灵自由绽放，让个性自由舒展，让思想自由飞翔"的教育追求，坚持"自教育"教育哲学和"面朝大海，春暖花开"的办学理念，完善"花自开课程"体系，推进"自能课堂"建设，深化"自觉选择，自我培养，自由发展"的人才培育平台，彰显学生的主体意识，张扬学生的个性潜能，成就师生最灿烂的人生价值。

每一朵花都能找到自己的春天，做个有方向的花儿更美丽，让花儿生长在尊敬温暖的花园，让每一个心灵获得真正的自由。郑州市第七十一中学位于郑州市南阳路37号，是一所全日制公办初级中学。学校始建于1972年，原属郑州纺织机械厂子弟中学，2000年3月移交金水区政府管理，更名为郑州市第七十一中学。2002年9月金桥学校初中部并入。近年来，学校先后荣获了"全国啦啦操示范窗口学校""全国学校体育联盟实验学校""全国青少年科技推广示范学校""全国啦啦操五星俱乐部""河南省人民防空教育示范学校""河南省示范家长学校""河南省创客教育试点学校""郑州市平安校园先进单位""郑州市标准化初中""郑州市管理先进学校""郑州市文明学校""郑州市德育先进单位""郑州市教育教学创新先进单位""郑州市毽球示范学校""郑州市体育传统项目学校""郑州市创客教育示范学校"等荣誉称号。

第一部分　学校课程哲学

学校的发展和创新需要科学、严谨的教育哲学为其提供方法论的指导，我们确定了我校的教育哲学。

一、学校教育哲学

学校的教育哲学为：自教育。

"自教育"一词源于拉丁文 educate。本义为"引出"或"导出"，意思就是通过一定的手段，把某种本来潜在于身体和心灵内部的东西引发出来。从词源上说，"自教育"一词是"内发"之意，强调教育是一种顺其自然的活动，旨在把自然人所固有的或潜在的素质，自内而外引发出来，以成为现实的发展状态，无论是自上而下，还是自左而右。

"自教育"就是充分发挥学生这个主体的力量，让教育唤醒学生的生命意识，激发学生的无限潜能。"自教育"强调的是一种悄无声息的滋养过程，一种静待花开的教学艺术，一种由内而外的成长历程。

"自教育"就是让学生具备自得、自能、自由、自信的教育，顺应人生长的灵性，最大限度地激发学生的潜能，助力每位学生具备健全人格和顽强生命力。

——自教育是自得的教育，致力于让每个学生自得其道，自然获得潇洒、坦荡、热情、开朗的品格；

——自教育是自能的教育，致力于让每个学生自己能够懂事理、有远见、会学习、能做事；

——自教育是自由的教育，致力于让每个学生按照自己的意愿，自我管理、自我教育、自我引导，张扬个性，发展所长。

——自教育是自信的教育，致力于让每个学生相信自己，树立自信、自强的信念，优美雅致，高雅脱俗。

基于以上"自教育"的思想，我们把学校的办学理念确定为：面朝大海，春暖花开。希望以此引领广大师生积极践行平等尊重、自由欢乐、参与体验、协作共创、社会开放、激发鼓励、数字智能的学校生活方式，始终保持好奇、想象的探寻精神，向往质朴、自由的人生境界，追求明丽、温暖的幸福人生。

在"面朝大海，春暖花开"的小学理念引领下，提出我们的教育信条：

我们坚信，每一个孩子都有自己的花期；

我们坚信，让思想自由飞翔是教师专业成长的追求；

我们坚信，面朝大海、春暖花开是学校教育的最美境界；

我们坚信，学校是为花一样的生命增长温暖和幸福的乐园；

我们坚信,让每一个孩子心灵获得真正的自由是教育的使命。

二、学校课程理念

基于"自教育"的内涵,我们提出了"春暖花自开"的课程理念,如春天般的温暖,百花盛开,生机勃勃。在郑州市第七十一中学这片肥沃的土壤上,七十一中学子努力着、拼搏着,我们不问花期,我们静待花开。

初中阶段是养成自觉的学习习惯和自发的学习动机的关键时期,也是挖掘学生的潜力的重要时期。学校课程建设就是要给学生们提供一个自由可选择的机会,唤醒学生自我培养的意识,使每一个学生都能获得增值性发展。而这些都需要我们提供自然的教育方式和自由的课程培养,所以我们认为课程是学生意识、成长、价值的载体,是促进学生自我修炼和自觉成长的平台,是将生活融通其中让知识拥有生命的温度,是重塑学生生命个体、满足个性发展、实现价值的提升。

——课程是自觉意识的唤醒。学生要学会选择,为自己的选择负责。每一个学生都是独特的、有潜力的,学校为学生们提供了多样的校本课程和社团活动,有基础的提升,有特长的滋养,有文化的熏陶,有心灵的洗涤,引导他们发现更为广阔的世界,去翱翔,去发展。

——课程是自我成长的基石。教育即成长,课程是成长的基石。学生在经历、体验、操作、活动的过程中,投入的状态、自信的表情、创造的灵感,是真实的有所收获,是自觉的自我培养。

——课程是自由价值的实现。课程是学生价值实现的载体,通过心灵的唤醒、智慧的启发,让知识变得有温度,让志向变得有激情,让课程成为学生发展的价值引导者。

基于以上理解,我们认真搭建了"自觉选择、自我培养、自由发展"的人才成长平台,践行我们"春暖花自开"的课程理念,确定学校"花自开课程"模式。我们将选择的权利教给学生的那一刻,便意味着教育的发生——为自己的选择负责任,为今后的人生负责任。

第二部分 学校课程目标

根据新时代发展对未来人才培养的需要,按照国家基础教育的基本要求和当代中国学生核心素养的发展框架,结合学校的教育哲学,以培养全面发展的人为宗旨,学校提出自己的育人目标,并制定相应的课程目标。

一、学校育人目标

依据学校"自教育"的教育哲学和"春暖花自开"的学校课程理念,学校的育人目标设定为培养"豁达,明智,简单,隽雅"的学子。具体内涵阐释如下:

豁达:潇洒,坦荡,热情,开朗。

豁达的人生态度,是高尚品德的生活常态。神情自然,举止大方,心地正直,心胸开阔,热烈积极,主动友好,开阔明朗,性格乐观,充分体现着正能量的世界观、人生观、价值观。"自教育"哲学引领下的"自得学科"教学,重在陪伴学生经历、体验、感悟成长的过程,收获健全人格,夯实社会主义核心价值观,在追求美好生活的过程中努力做更好的自己。

明智:懂事理,有远见,会学习,能做事。

明智的综合素养,是有志少年的智慧才干。明白事理,见识深远,学习得法,解决问题,充分体现着认真、自觉的优秀品质和文化内涵。"自教育"哲学引领下的"自能课堂"实践,聚焦自主自发和循序渐进,指引学生畅游知识海洋,练就健美体魄,发展创造才干,不断提升自我培养和合作发展的能力。

简单:化繁为简,以简驭繁。

简单的生活方式,是生命追求的至高境界。深入浅出,大道至简,简捷了当,充分体现着新时代少年的生命特质。"自教育"哲学引领下的"自乐节日"活动,挖掘中华民族传统文化魅力,融入青少年"平等尊重、自由欢乐、参与体验、协作共创、社会开放、激发鼓励、数字智能"的学校生活方式,实现灿烂人生价值。

隽雅:优美雅致,高雅脱俗。

隽雅的生命姿态,是美好青春的高尚情操。举止优雅,从容大方,温文尔雅,气质非凡,充分体现着教育的艺术活力。"自教育"哲学引领下的"自信社团"系列课程,帮助学生在发现美、鉴赏美、创造美的学习体悟过程中,增长自信,提升雅趣,涵养气质,生长文明。

二、学校课程目标

以课程为载体,以文化融合为方式,以促进学生全面发展为核心,努力实现学校

"豁达,明智,简单,隽雅"的育人目标。根据"春暖花自开"的课程理念,分三个年级细化课程目标。具体如下(见表7-1)。

表7-1 郑州市第七十一中学年级课程目标表

育人目标＼课程目标＼年级	七年级	八年级	九年级
豁达	培养关注现实、热爱生活、积极向上的生活情趣。会合理地控制自己的情绪,汲取广博的学科知识,开展丰富的活动,拥有多方面的知识和能力,拥有豁达的人生态度。	丰富自己的精神世界,逐步形成热爱祖国优秀文化传统和尊重世界文化多样化的价值观。注重情感体验,发展感受和理解能力,自立自信,乐观开朗,宽容大度。	培养视野开阔、心态开放、心智豁达、情感纯净、意志坚强的品质,积淀较为丰厚的情感底蕴。获得自若的处事方式,为美好的未来做更好的自己。
明智	培养良好的观察和思考能力,善于发现,乐于探究。能够珍惜时间,明确目标,拥有探究周围事物的基本能力。在纷繁复杂的境遇里抓住机会,养成科学的思维习惯与行为方式。	强化自主能动意识,会学习,掌握一定的知识,具备一定的发散思维能力和辨别真伪的能力。培养勤奋刻苦的钻研能力,形成科学的精神、态度与价值观。	能独立思考,能做事,具有远见意识,拓展思维空间,培养观察、思考、表达和创造能力,能够洞悉和思辨客观发展规律,形成对周围事物的辨别体系系统,并具备自我管理和自我发展能力。
简单	学会与人相处,培养善于合作、乐于分享的品质,了解我与他人、我与社会、我与自然的道德规范。培养良好的学习习惯和生活习惯,培养分析问题、理解问题、解决问题的能力,化繁为简,提高自身素养。	掌握个体成长和社会生活的基础能力,做到正确行使权力、自觉履行义务。养成良好的行为习惯和学习习惯,培养对自己、班级、社会问题的解决能力,具备善思多做的行动力,以简驭繁,律己宽人。	自由和谐地发展,树立正确的人生观、价值观,关心集体,乐于奉献,增强民族自豪感,具有强烈的爱家乡、爱社会、爱国家的情感。成为有理想、有道德、有文化、有纪律的合格公民,博观约取,让心灵自由绽放。
隽雅	培养身心健康、朝气蓬勃的精神面貌。掌握几项技能,形成自己的特长项目。会诵读并背诵国学经典,呈现出初步的审美经验,形成基本的艺术素养,树立自信。	形成积极进取、优美雅致的生活态度,使性格更开朗、动作更协调。学会多角度欣赏作品,形成健康的审美情趣和基本的审美能力,增强自信心。	增强审美自信,善于发现美,学会鉴赏美,敢于创造美。形成健康的生活方式,促进身体素质与心理素质的健康发展,高雅脱俗,让自信成为一种自然的流露。

第三部分 学校课程体系

在学校"自教育"的教育哲学和"面朝大海,春暖花开"的办学理念引领下,依据"春暖花自开"的课程理念和相应的课程目标,构建"花自开课程"体系,包括语言类、逻辑类、科学类、社会类、艺术类、健康类六大类课程。丰富多彩的课程共同承载育人功能,实现育人目标。学校的课程逻辑如下(见图7-1)。

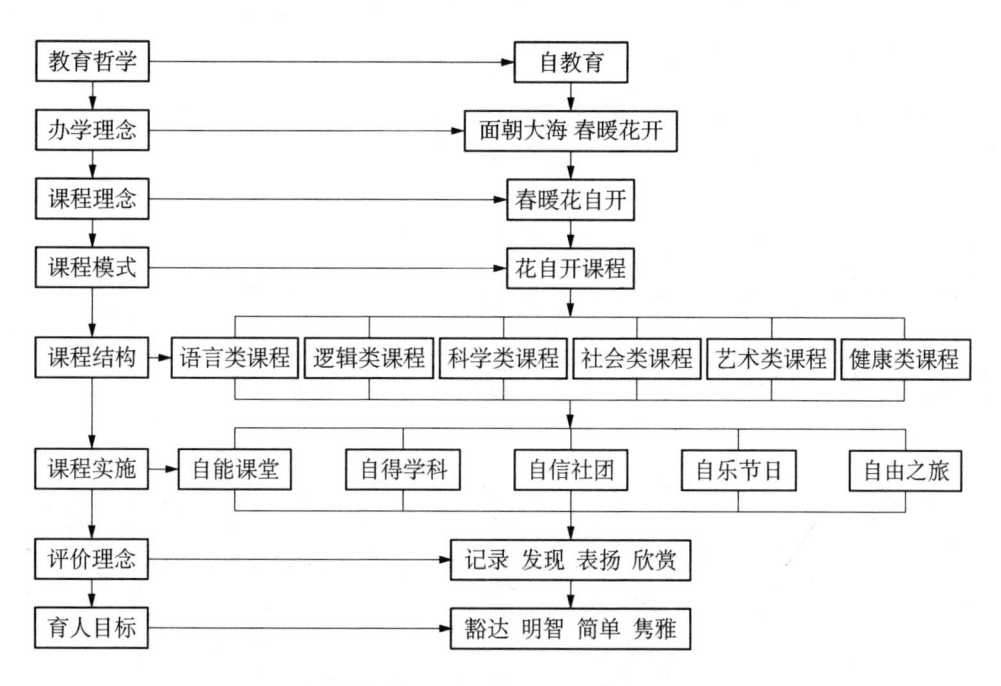

图7-1 郑州市第七十一中学"花自开课程"逻辑示意图

六类课程体现自教育理念,涵盖中学生六大核心素养,组成"花自开课程"结构。这六个方面的课程相互融合,共同促进学生全面发展。课程结构如下(见图7-2)。

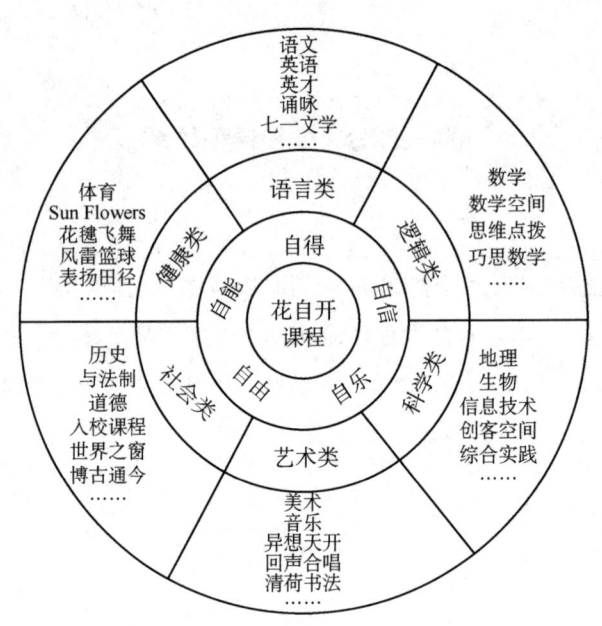

图 7-2 郑州市第七十一中学"花自开课程"结构示意图

根据国家基础课程安排,结合学校课程资源、课程门类,考虑学生的学习兴趣和发展需求,我们按照年级水平对课程内容进行系统建构,形成"花自开课程"六大领域的具体框架。每个课程领域都包含学科基础课程、拓展课程、活动课程等课程种类,满足学生课程需求,为学生发展提供适切的课程选择。课程设置如下(见表7-2)。

表 7-2 郑州市第七十一中学课程设置表

学期\课程	语言类	逻辑类	科学类	社会类	艺术类	健康类
七年级上学期	语文 英语 汉字王国 诵·咏 SEASKY English Dubbing Daily English Melody Songs Rainbow Party Classical Reading Fun Reading	数学 思维点拨 数学空间 运算冲冲冲 巧思数学 动画数学 数学聊斋 数学新思维 慧读数学	地理 生物 科学探索 实验扩展 信息技术 综合实践 世界之旅 地球家园 地理放大镜 生物科普 创客空间	道德与法治 历史 世界之窗 生命起航 博古通今 百家争鸣 百家讲坛 入校课程 励志课程 节日课程	音乐 美术 异想天开 回声合唱 哆来咪 绘美 清荷书法	体育 Sun Flowers 花毽飞舞 风雷篮球 青扬田径 心理健康

第七章 课程文化:"会话"的确证与主体的张扬

(续表)

课程\学期	语言类	逻辑类	科学类	社会类	艺术类	健康类
	Window of the World Movie Props DIY		异想课程			
七年级 下学期	语文 英语 七一文学 世说新语 诵·咏 SEASKY English Dubbing Daily English Melody Songs Rainbow Party Classical Reading Fun Reading Window of the World Movie Props DIY	数学 思维点拨 数学空间 运算冲冲冲 巧思数学 动画数学 数学聊斋 数学新思维 慧读数学	地理 生物 科学探索 实验扩展 信息技术 综合实践 世界之旅 地球家园 地理放大镜 生物科技 创客空间 异想课程	道德与法治 历史 世界之窗 青春有约 与法同行 博古通今 百家争鸣 百家讲坛 入校课程 励志课程 节日课程	音乐 美术 艺想天开 回声合唱 哆来咪 绘美 清荷书法	体育 Sun Flowers 花毽飞舞 风雷篮球 青扬田径 心理健康
八年级 上学期	语文 英语 七一文学 畅言书会 光影智旅 SEASKY English Dubbing Daily English Melody Songs English Songs Sunny News Rainbow Party Classical Reading Window of the World Movie Props DIY	数学 思维点拨 数学空间 运算冲冲冲 巧思数学 动画数学 数学聊斋 数学新思维 慧读数学	物理 地理 生物 生活运用 外出实践 科学探索 实验扩展 信息技术 综合实践 绿水青山 地理放大镜 小小实践员 生物科技 创客空间 异想课程	道德与法治 历史 家园情怀 唯物史观 史料实证 历史解释 时空史观 博古通今 世界之窗 大国崛起 励志课程 拓展课程 入团课程 节日课程	音乐 美术 "绘美"课程 艺想天开 回声合唱 哆来咪 绘美 清荷书法	体育 Sun Flowers 花毽飞舞 风雷篮球 青扬田径 心理健康
八年级 下学期	语文 英语 七一文学 远方话剧 绘诗绘文 SEASKY English Dubbing Daily English Melody Songs	数学 思维点拨 数学空间 运算冲冲冲 巧思数学 动画数学 数学聊斋 数学新思维 慧读数学	物理 地理 生物 生活运用 外出实践 科学探索 实验扩展 信息技术 综合实践	道德与法治 历史 家园情怀 唯物史观 史料实证 历史解释 时空史观 博古通今 世界之窗	音乐 美术 "绘美"课程 艺想天开 回声合唱 哆来咪 绘美 清荷书法	体育 Sun Flowers 花毽飞舞 风雷篮球 青扬田径 心理健康

（续表）

课程\学期	语言类	逻辑类	科学类	社会类	艺术类	健康类
	Sunny News Rainbow Party Classical Reading Window of the World Movie Props DIY		绿水青山 地理放大镜 小小实践员 生物科技 创客空间 异想课程	厚重河南 励志课程 拓展课程 入团课程 节日课程		
九年级 上学期	语文 英语 思维导图 七一文学 绘诗绘文 一人一诗 SEASKY English Dubbing Daily English Rainbow Party Writing Square Classical Reading Window of the World Topic Bank	数学 思维点拨 数学空间 运算冲冲冲 巧思数学 动画数学 数学聊斋 数学新思维 慧读数学	物理 化学 化学与生活 "趣"物理 "玩"物理 我身边的化学 综合实践	道德与法治 历史 家园情怀 唯物史观 史料实证 历史解释 时空史观 博古通今 世界之窗 少年有梦 励志课程 节日课程	音乐 美术 艺想天开 回声合唱 哆来咪 绘美 清荷书法	体育 Sun Flowers 花毽飞舞 风雷篮球 青扬田径 心理健康
九年级 下学期	语文 英语 七一文学 思维导图 一人一诗 SEASKY English Dubbing Daily English Rainbow Party Writing Square Classical Reading Window of the World Fun Reading Fun Talking Fun writing Topic Bank	数学 思维点拨 数学空间 运算冲冲冲 巧思数学 动画数学 数学聊斋 数学新思维 慧读数学	物理 化学 化学与生活 "趣"物理 "玩"物理 我身边的化学 综合实践	道德与法治 历史 家园情怀 唯物史观 史料实证 历史解释 时空史观 博古通今 世界之窗 走向未来 励志课程 离校课程 节日课程	音乐 美术 艺想天开 回声合唱 哆来咪 绘美 清荷书法	体育 Sun Flowers 花毽飞舞 风雷篮球 青扬田径 心理健康

第四部分　学校课程实施

学校从"自能课堂""自得学科""自乐节日""自由之旅""自信社团"五个方面,贯彻"自教育"教育哲学,践行"春暖花自开"的课程理念。

一、建构"自能课堂",落实学科基础课程

一个学校的课程是在国家、地方和学校这三个层次上运作的,在不同的社会里,这三个层次在课程运作过程中的相互关系各不相同,这就形成了多种多样的课程运作机制[①],学校的"自能课堂"则是课程运作的主阵地。

(一)"自能课堂"的内涵

以"自能学习"为课堂教学的核心理念,构建"自能课堂"。"自能学习"是与传统接受式学习相对应的一种现代化学习方式。"自能学习"立足于"自",着眼于"能"。"自能学习"的"自"是强调学生的主体地位和主体作用,学生在学习过程中是主人,是主角。同时,"自"也强调学生个体在群体学习过程中的独立性。"自能学习"的"能",一是指主体、主人、主角在学习过程中发挥的能动性、创造性,强调学生自觉、自律、自制的学习品质及其发展;二是指学生表现出来的学习能力,包括学习的需要与动机、情感与意志,强调学生自能学会学习,让课堂焕发生命与活力。

"自能课堂"融会了叶圣陶先生的"教是为了不教"的教育思想。"自能"强调独立,但并非要求学生脱离课堂和老师的教学独自学习,它提倡的是在老师指导下,学生有步骤、有系统、有目的地学习,在学习的过程中学会自主学习、自主探究,做自主能动的学习者:自能融入课堂,自能经历学习,自能管理学习。

培养学生的"自能学习"能力,是课程改革的核心目标,也是全面发展的需要。培养学生的"自能学习"能力,既有利于学生的未来学习能力的积蓄,同时也在很大程度上是对学生的当下学习方式的解放,让学生自己掌握、自己发掘、自己整理知识,从而

[①] 李芳芳.上海市高中体育校本课程开发的学习效果与实验研究.[D].华东师范大学.2008-04-01.

达到提高自身素质的最终要求。

(二)"自能课堂"推进措施

深化教研,助推"自能课堂"落地生根。依据"自能课堂"文化形态要求,开展主题式校本教研。每学期,各教研组制定学期主题教研实施方案,围绕主题教研专题序列开展系列研讨活动,在教学中搜集第一手资料,各教研组在每个学期末形成本组教研有形成果。学校大力支持具有创新的校本教研形式,鼓励教师发挥自主意识,自发组织形式多样的教研团队,形成学科专业领域的学科思想,促进教师教育教学能力的全面提升。

立足课堂,促进"自能课堂"深入人心。学校通过常态随堂课、青年教师达标课、骨干教师示范课、上级部门参赛课四种课例展示形式,依托各类工作坊,组织教师积极参与不同级别的教学比赛和课堂观摩展示活动,促进全体教师对"自能课堂"理念和方法有深入的认识,不断优化课堂教学结构,逐步完善"自能课堂"文化,形成有形成果,提高课堂教学效率,逐渐使"自能课堂"文化深入人心。

(三)评价标准

课堂教学评价应该是一种民主、平等的"对话",这种"对话"过程贯穿着尊重人、爱护人、发展人的人本主义情怀。实施科学有效的评价策略,用积极的态度看待课堂[①],"自能课堂"的评价标准如下(见表7-3)。

表7-3 郑州市第七十一中学"自能课堂"评价标准表

教师		课题		节次	班级
项目		评价标准			分值
教学设计 20分	教学目标	教学目标定位准确,内容具体,表述明确,符合课程标准和学习起点要求,体现核心素养和可持续发展的基本导向,可操作、可检测。			10
	教学设计	教学内容丰实,处理教材得当,教学思路清晰,结构安排合理,情境创设有新意,活动设计有张力,问题驱动有活力。			10
	评价理念	"自能课堂"是"自主""能动"的课堂。学生在教师有目的、有组织、有系统地激发和引领下,在自探、自悟、自得的学习过程中,能自学、能质疑、能讨论、能评价、能运用,从而自主地、能动地实现自我的积极变化,形成独立而稳固的品质和素养。			

[①] 杨臣须.语文课堂怎样对学生进行评价[J].中学生导报(教研周刊).2012-12-30.

第七章 课程文化:"会话"的确证与主体的张扬

(续表)

教师		课题		节次	班级	
项目			评 价 标 准		分值	
学生学习40分	情感沟通	课堂气氛民主和谐,学生在尊重中思维活跃,在关爱中主动参与,在沟通中学得轻松①,在体验中感受成功。			10	
	问题交流	学生在多种感官协调作用下主动参与知识的获得过程,学习情绪高涨,勇于探索,思维活跃,敢于发表自己的意见;教师能尊重学生的观点,鼓励学生求新、求异,师生交流融洽。			10	
	目标达成	每一个知识点都能有效落实,学生能理解和应用当堂所学的知识,学生基本能力的提高达到预期目标。			10	
	综合发展	不同层次的学生在知识、能力、情感意志、道德品质等方面都有所提高和发展。			10	
	评价理念	"自能课堂"是自觉、自律、自制的课堂。具有三大特点:学习的自主性和能动性;学生的创新性和成长性;课堂的常态性和实效性。				
教师教学40分	过程组织	面向全体学生,因材施教,注意学生的差异性,能调动不同层次的学生积极参与,教学具有启发性、逻辑性、发展性,给学生充分的自主活动时间和空间,提供探索、尝试和思考的机会。教学环节组织有条理、有层次,衔接紧密,过渡自然,时间分配合理。重点问题讲解突出,难点的分解、引导合理。②			10	
	方法运用	运用新颖的教学方法,能激发学生的学习兴趣,调动学生的学习积极性和主动性。注重培养学生综合能力,有计划地给学生学习方法的指导。恰当地选择和组合各种直观教学手段,充分发挥多媒体等现代教育技术在解决教学重点、难点及创设教学情境等方面的作用。			10	
	教学机智	具有较强的驾驭课堂教学的能力,能灵活、恰当地根据学生反应与参与状况,及时调节教学节奏和步调,进行灵活的教学反馈。			10	
	教师素质	能自制教具、课件,较熟练地使用电教手段。教师教态自然、亲切,仪表端庄,富有教师魅力。教学语言规范、通俗易懂、生动、清晰、准确、精炼、机智。教师板书简要工整、准确、字迹美观。			10	
	评价理念	"自能课堂"是能学、会学、善学、坚持学的课堂。体现三大特质:教学面向每一个学生,尊重学生的个体差异,激发每一个学生的学习潜能,让每一个学生都得到充分发展。				
评语					合计	
					观课人	

① 丁星凡.抓实"三定一评"提升听课效益[J].教书育人(校长参考).2015-01-15.
② 曹学武.初中"自能课堂"管理策略研究[D].湖南大学.2014-11-01.

二、建设"自得学科",落实学科拓展课程

"自得学科"是我校推进特色课程建设的有效抓手。"自得学科"以学科基础课程为核心,依据学科课程标准的要求,根据学生发展需求,对学科基础课程进行拓展,从而构建"自得学科"课程群,帮助学生完善学科知识体系,提升学科素养,提高学科学习能力,激发学习兴趣与学习潜能。

(一)建构"1+X"学科课程群,完善学科课程建设

课程基准提示,要在严格精选教育内容、明确基础知识和基本能力上下功夫,新的课程方案给课程较充分的课时,给学校一个创造特色课程的空间,学校各学科依据要求建立学科课程群。

1. "智美语文"课程群

"智美语文"课程群是基于语文学科核心素养——"语言建构与运用、思维发展与提升、审美鉴赏与创造、文化传承与理解"四方面的要求,结合学生课程发展实际,依据我校"春暖花自开"的课程理念建构开发的课程群。"智美语文"与我校"自得、自能、自由、自信"的"自教育"理念一脉相承:引导学生自主学习语文知识,鉴赏语文之美,创造语文之美;在语文之美的学习感知中获得文化自信与人生自信,在语文学习过程中感受美的熏陶,提高文化认同感。

"智美语文"课程群开设十门校本课程。"汉字王国"关注汉字溯源、巧记趣记,通过听写大赛、名字溯源、汉字故事等各种形式的活动,提高识字写字能力。"七一文学"提供同题擂台,为爱好、擅长写作的学生提供展示平台。"诵咏课程"以诵读为载体,以音乐为翅膀,用声音传递情感。"畅言书会"以读书沙龙交流读书感悟,营造书香校园氛围,发展阅读、思维和表达能力。"思维导图"通过绘制各种形式的语文思维导图,形成、提升语文思维。"绘诗绘文"鼓励学生将诗歌和名著等画成图画、绘本,将语文和美育相结合。"远方话剧""光影智旅"开展剧本创作、影视评论等形式多样的审美创作训练,发掘学生表演才能。"《世说新语》赏读"侧重经典文化传承,并为学生文言文语感的培养奠定基础。"一人一诗"通过一首诗,补充作者生平经历,了解一个诗人,致力于文化传承与理解。

根据学情和课程逻辑,七年级上学期开设"汉字王国""诵咏课程",七年级下学期开设"《世说新语》赏读"和"七一文学社",八年级上学期为"畅言书会"和"光影智旅",

八年级下学期为"远方话剧社"和"绘诗绘文",九年级主要是"一人一诗"和"思维导图"。除基础课程外,"智美语文"拓展课程结构如下(见图7-3)。

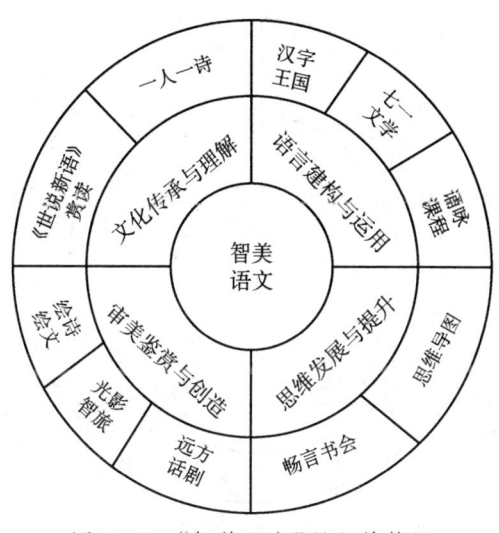

图7-3 "智美语文"课程结构图

2."缤纷数学"课程群

"缤纷数学"课程群旨在通过内容缤纷、思维缤纷的课程学习,扩展学生的数学自主学习活动,立足于数学阅读、数学抽象、逻辑推理、数学建模、信息技术与数学的融合等核心素养,在知识技能、数学思考、问题解决、情感态度四个方面进行课程构建。"动画数学"依据课程标准中对学生"空间观念""几何直观"方面的要求,向学生开发并提供丰富的学习资源,把现代信息技术作为学生动手"做"数学和解决问题的有力工具,构建知识技能课程。"慧读数学"依据课程标准中对学生"数感""符号意识""数据分析观念""运算能力""推理能力"方面的要求,为促进学生思维能力的提升,构建数学思考课程。"数学新思维"依据课程标准中对学生"应用意识""创新意识""模型思想"方面的要求,对生活中问题进行数学建模,构建数学活动课程。"数学聊斋"重在数学文化氛围中了解数学的价值,促进数学思维品格和科学态度的形成,构建数学文化课程。

四门课程由浅入深,逐级深入,循序渐进,贯穿七、八、九三个年级。根据不同年级学生的知识储备和学习需求编制多样的内容,由各年级的任课教师组织实施。"动画数学"每月一课时,"慧读数学"融入数学课堂学习环节中,"数学聊斋"每月一课时,"数学新应用"每学期举行两次。除基础课程外,缤纷数学拓展课程结构如下(见图7-4)。

图7-4 "缤纷数学"课程结构图

3. "品趣英语"课程群

"品趣英语"秉承"品味性和趣味性并重"的学科理念,以激发学生兴趣为入手点,品读英语经典,品味英语之美。寓教于乐,注重知识性学习与实际生活的联系,尽可能地利用各种教学资源为课程服务,针对不同层次的学生实施不同的课程内容。"品趣英语"的实施则秉承"教研有品,教学有趣,做有品质有趣味的英语课程"的理念,充分发挥团队合力,认真组织和开展教研活动和学科活动,探究课程改革,摸索新的方向,力求使我们的课程有品味、教研有品质、教学有乐趣。

七年级的话题感知从体会身边的人或物开始,了解多姿多彩的生活;"声临其境"趣配音培养学生的语言表达能力,通过使用手机和Ipad等设备及《英语趣配音》APP,让学生为电影片段或动画片段配音,练习语音语调,让英语成为表达自己情感的工具;Fun Reading让学生从阅读小故事开始,选取《典范英语7》《书虫1级》英文小故事作为阅读材料,让学生在"I悦读"课程中初步体会到英语阅读的乐趣;八年级在"Bright Future"话题中让学生想象自己和世界未来的样子,并用恰当的语言表达出来;通过阅读《典范英语7、8》和《书虫1、2级》来接触更多原版经典故事,将读到的经典片段或课本文章改编为戏剧,在"I表演"课程中进行表演,让语言输入更贴近其本身,让语言表达更为地道;让学生举办自己的E-radio,从稿件选材撰写、英文歌曲选择来提高英语综合素养。九年级学生通过阅读《典范英语8》和《书虫2级》,撰写读后感,并在"I分享"课程中分享自己的读书感悟;Topic Bank 让九年级学生整合三年所学情景交际话题,通过编排不同的板块为中招考试打下基础。除基础课程外,"品趣英语"拓展课程结构见图7-5。

图7-5 "品趣英语"课程结构图

4."趣玩物理"课程群

"趣玩物理"课程群是以"关注生活、学以致用、促进发展"为宗旨,紧扣国家课程标准,将生活融入课程,将课程用于实践。围绕"联系生活""指导实践"等两方面进行课程建设。

"有'趣'的物理"以生活为对象,以物理探究方法积极组织引导学生亲近生活、了解生活、探究生活,让学生感到物理离我们很近也很有趣,并会从日常生活中发现知识、发掘知识。[①] 该课程贯穿八九年级两个学段,根据不同学段所学物理知识,选取生

---

① 郑丽群.开放式物理校本课程的实施体会[J].课程教育研究.2015-04-25.

活中与之有关的物理现象汇集成专题,每周一节课在实验室进行,由八九年级任课老师具体实施。

"动手动脑'玩'物理"课程是以发展学生实践能力、探究能力和创新能力等核心素养为主的发展性课程。鼓励学生人人参与、人人动手操作、人人亲身体验,最终使学生都有提高。以小组为单位,每月初由老师布置一个课题,月末利用一节课的时间汇报展示。除基础课程外,"趣玩物理"拓展课程结构如下(见图7-6)。

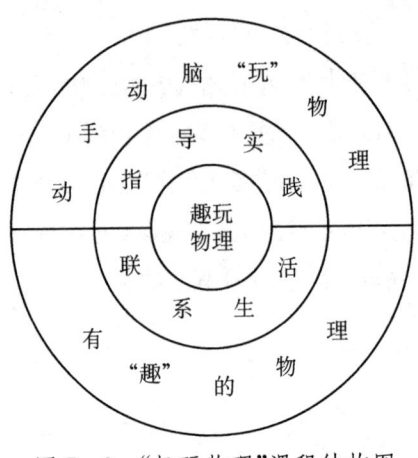

图7-6 "趣玩物理"课程结构图

5. "魅力化学"课程群

"魅力化学"课程群通过"化学的语言"基础课程的学习,发展学生必备的化学基础知识;利用"我身边的化学"的探究活动,使学生体验科学研究过程,激发学习化学的兴趣。让"走进化学"从课堂一直延伸到生活领域,加强知识的实用性、应用性研究。

"化学的语言"基础课程主要放在上学期,一部分渗透在平日教学中,另一部分由辅导老师集中利用辅导课完成,共需要6节课。"我身边的化学"在九年级下学期实施,具体包括:水火相容、配制一定质量分数的盐水、红色喷泉、洗发套餐、鸡蛋跳舞、鲜花变色、营养食谱、叶脉书签、自制碳酸饮料等内容,一些实验全员参加,一些实验部分学生参加。除基础课程外,"魅力化学"拓展课程结构如下(见图7-7)。

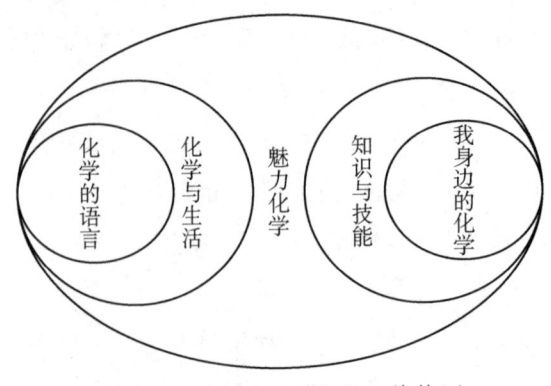

图7-7 "魅力化学"课程结构图

6."趣美生物"课程群

"趣美生物"课程群侧重培养学生生命观念、理性思维、科学探究、社会责任等核心素养,课程的设置从生活应用、外出实践、实验扩展、科学探索四个方面进行规划。

七年级上学期以生活实践为主,设置"叶脉书签""干花压制系列制作活动"等课程,将生物课本知识融入到生活实践中,共安排 26 课时。在七年级下学期以外出实践和实验扩展为主,设置"检测生物组织中的糖类、脂肪和蛋白质""蛋壳内膜用于渗透实验""孢子印画""植物标本采集与制作"及外出活动,对课本知识进行扩展,激发学习兴趣,共安排 26 课时。八年级通过实验扩展和科学探索版块,培养学生理性思维、科学探究、独立思考、勇于创新的能力,安排"植物水墨画""实验改进系列",共安排 52 课时。课程贯穿七、八两个年级,循序渐进,依托社团活动,每周上课一次。观察活动机动安排,由社团辅导老师负责具体实施。除基础课程外,"趣美生物"拓展课程结构见图 7-8。

图 7-8 "趣美生物"课程结构图

7."习法论道"课程群

"习法论道"课程群以国家课程标准为依托,以社会主义核心价值观为统领,以初中学生的生活经验为依据,以学生与他人、与集体、与社会、与国家,以及与全球关系中的自我发展为线索,遵循生活逻辑,在生命教育、法治信仰、国家认同、道法实践四方面进行课程建构。课程种类丰富,程度不同的课程内容贯穿于整个初中阶段。"生命起航""青春有约"帮助学生领悟生命、学会珍爱生命,知道生命的意义在于对社会的贡献,以喜闻乐见的话题为载体,全面正确认识自己、自信乐观度过青春期。"世界之窗""与法同行"引导学生关注时政新闻,开阔视野,与时俱进。"大国崛起""厚重河南"以培养学生家国情怀为目标,感受我国日新月异的发展变化。"少年有梦""走向未来"引导学生树立正确的人生理想,热心公益,服务社会。课程群建构注重价值认同,涵养品格,体验内化,践行反思相融合。除基础课程外,"习法论道"拓展课程结构见图 7-9。

8."崇真历史"课程群

历史课程是人文社会科学中的一门基础课程,"崇真历史"旨在普及历史常识,引领学生掌握基本的、重要的历史知识和技能,逐步形成正确的历史观,为学生进一步的学习与发展打下基础。课程群围绕唯物史观、时空史观、史料实证、历史解释、家国情怀的核心素养,引导学生进入历史情境,在掌握基础知识的情况下与历史进行对话,突破思维定势。

图7-9 "习法论道"课程结构图

"博古通今"通过介绍国内重要博物馆及其特色珍贵馆藏,使学生了解和认识中国古代社会的发展历程,了解考古工作与历史学的基本内涵,培养史料互证观念。"近代风云人物"通过介绍在中国近代史发展中发挥过突出作用的历史人物,使学生初步学会从历史的角度观察和思考社会与人生,逐步树立正确的世界观、人生观和价值观。"百家争鸣"通过举办"秦始皇是千古一帝还是一代暴君"等辩论赛,激发学生深度思考,将历史人物放在具体的历史背景中,从不同角度来进行评价,培养历史思维,提高语言表达能力。"历史上的今天"以时间为线索,梳理历史上每一天所发生的大事件,给当下带来借鉴与感悟,旨在培养学生的历史研究思维,培养学生全面的历史素质,鼓励学生在学习历史过程中多角度地思考,更辅助学生今后对历史的专业性研究。"精品文物展"通过陈列青铜、书法、珍宝、家庭老物件等让学生近距离接触历史文物,在观察比较中得出历史结论,提升兴趣、增长见识。除基础课程外,"崇真历史"拓展课程结构见图7-10。

图7-10 "崇真历史"课程结构图

9."拥抱地球"课程群

"拥抱地球"课程群是结合国家地理课程

标准、教材及我校学情,立足培养学生地理学科区域认知、综合思维、人地观念、地理实践力等核心素养而开设的课程。"拥抱地球"课程群是在区域地理、地理环境、关注家乡祖国全球、解决生活中地理问题、实践调查等方面进行的课程设置。"世界之旅"是展现各区域自然与人文特点,阐明不同区域的地理概况、发展差异及联系的拓展课程;"绿水青山"是揭示自然环境各要素之间、自然环境与人类活动之间的复杂关系,培养学生综合思维的课程;"地球家园"是结合人口、资源、环境和发展问题,阐明科学的人口观、资源观、环境观和可持续发展的观念,培养学生热爱家乡、热爱祖国、关注全球的课程;"地理放大镜"是联系生活实际,解释与解决生活中地理现象和问题,提升学生地理实践力的课程;"小小实践员"是包括图表绘制、学具制作、实验、演示、野外观察、社会调查和乡土地理考察等丰富内容的实践性课程。除基础课程外,"拥抱地球"拓展课程结构见图 7-11。

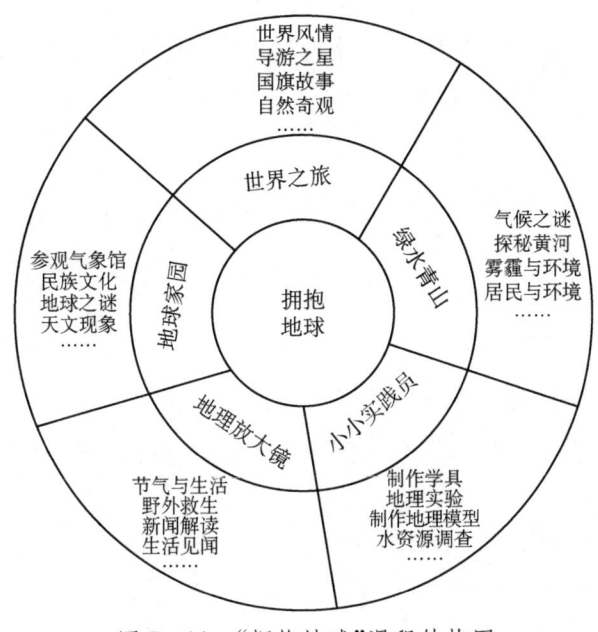

图 7-11 "拥抱地球"课程结构图

10. "花漾体育"课程群

依据体育学科核心素养:运动能力、健康行为、体育品德,建立学生终身体育的基础,通过"SunFlowers 啦啦操""风雷篮球""青扬田径""七一毽球"等"花漾体育"课程的开展,激发和保持学生的运动兴趣,掌握属于自身优势的特长技能,培养"特长优+学业优"的双优人才。"花漾体育"课程结构如下(见图 7-12)。

11."艺想美术"课程群

"艺想美术"课程群以美术学科为核心,以手工实践活动、特长培养、结合生活实际的美术创作为主要培养内容,围绕我校特色课程发展理念,以提高学生的知识技能、审美为目的进行的课程。分别设置"POP 字体""创意绘画""橡皮章"等校本课程和"卡通动漫""水粉水彩""版画篆刻""书法摄影"等社团活动课程。

图 7-12 "花漾体育"课程结构图

校本课程实施对象为七年级"艺想天开"校本课程学生,七年级上学期开设"pop 字体""创意绘画",七年级下学期开设"橡皮章",授课时间为每周二下午第四、第五节课。

绘美课程实施对象为绘美社成员,"卡通动漫""水粉水彩""版画篆刻""摄影"等课程同时进行,授课时间为每周四下午第四、第五节课。

特长培养实施对象为九年级特长生,针对毕业生走特长路线开设课程:"素描静物""水粉静物""速写",课程结构如下(见图 7-13)。

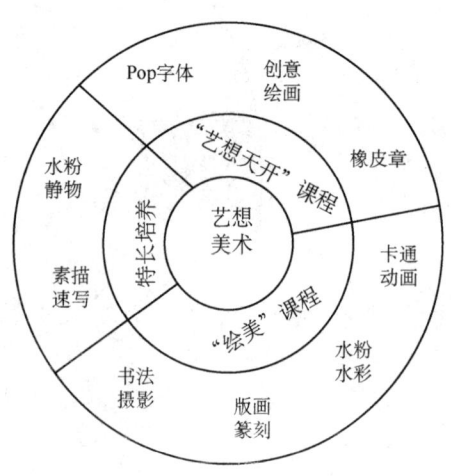

图 7-13 "艺想美术"课程结构图

12."回声音乐"课程群

"回声音乐"课程群是以音乐学科为核心,依据新课标中"以音乐审美为核心,以兴趣爱好为动力;强调音乐实践,鼓励音乐创造;突出音乐特点,关注学科综合;弘扬民族音乐,理解音乐文化多样性"的课程基本理念,结合我校"春暖花自开"的课程理念和学生实际建构开发的课程群。"回声音乐"取义于《列子》卷五《汤问篇》"昔韩娥东之齐,匮粮,过雍门,鬻歌假食,既去,而余音绕梁欐,三日不绝"。"绕梁三日"形容音乐高昂激荡,虽过了很长时间,好像仍在回响。"回声音乐"旨在激发学生音乐学习的兴趣和动力,从而实现音乐学科审美与育人的教育。

在课程实施中,开设"我爱演奏""我爱歌唱""回声校本合唱课程"等课程,普及类音乐课和校本课程课相结合,由全体音乐老师负责实施,要让学生人人懂得基本乐理知识,人人会唱歌,人人会识谱,人人会用一种小乐器演奏。学校音乐教室、音乐器材室按需开放,并提供相应的音乐器材及活动场地,确保音乐课程顺利实施。课程结构见图7-14。

图7-14 "回声音乐"课程结构图

(二)"自得学科"课程评价要求

课程评价在课程实施过程中发挥着教育导向和质量监控的作用。课程评价应根据教育的性质和任务,重视学生个性健康发展和人格完善,必须以尊重学生为基本前提,符合客观公正原则、全面性原则、激励性原则。

课程实施过程评价,主要是对教学的评价,实施过程包括了各种教学形式和教学环节,评价集中在教师的"教"和学生的"学"两个方面。对教师"教"的评价主要体现在以下几方面:教师对课程教学有很强的责任心,认真备课,精心组织教学,能根据课堂情境和学生反应而不断改变教学,教学计划得到认真执行,注意听取学生意见,能够保证教学时间,完成计划的教学内容;教师采用了与课程相适应的教学方法,各种教学技巧运用娴熟,能借助各种教学手段提高教学效果,能充分调动学生参与教学,教学方法基本恰当,课堂气氛活跃,师生互动积极,探究气氛浓郁,学生表现出了很高的学习兴趣,参与度高。

课程实施效果的评价,主要是了解课程目标的达成度,学校课程的实施效果评价需要与课程设计的目标联系在一起,根据综合学校课程的总体设计,学校课程的开设主要是发展学生的潜能,要对国家课程进行拓展,促进学生个性特长的发挥,培养学生的创新精神和实践能力,因此学校课程的课程实施效果评价主要是评价本门课程的目标达成度、学生的发展情况、学生的满意度,其他方面对课程实施效果的评价等。[1]

课程评价内容与方式要与时俱进,不断发展,以达到更客观、更全面地评价学生的目的。学校将认真探索学生学业成绩与成长记录相结合的综合评价方式,全面反映学生的成长历程,形成较为完善的评价体系。

三、创设"自乐节日",落实节庆文化课程

节日是传承民族文化的重要载体。中华民族的节日洋溢着浓厚的东方文化色彩,对节日的由来和蕴含的意义进行深入挖掘,引导学生走进历史、了解传统、认识传统、继承传统,激发学生的爱国主义情感和民族自豪感,是非常有意义的。同时,结合节日教育活动的实施,逐步形成活动育人课程,培育活动课程育人的良好氛围和品牌特色。

"自乐节日"课程是通过节日主题活动课程激发学生参与的兴趣,丰富学生的经历和情感。我校的节日课程分为"传统节日课程""现代节日课程""校园节日课程"三大系列。

(一)传统节日课程

青少年学生是祖国的未来,应担负起继承传统、传承文明的重任,从传统节日中汲取文化营养,继往开来开拓创新,使传统文化发扬光大。开展丰富多彩的传统节日课程、挖掘传统节日文化的内涵,营造浓郁的传统文化教育氛围,进一步提升校园文化,凸显学校的特色教育。课程实施如下(见表7-4)。

表7-4 郑州市第七十一中学"自乐传统节日"课程实施表

节日	教育主题	系列活动内容和目标	重点活动
元旦 (1月1日)	传承爱国	知道元旦的具体日期,了解元旦的来历,通过上网查找或访问等方式,了解一些简单的天文地理知识。在探究学习中了解中西方元旦的区别,古今元旦的演变。	诵读与元旦有关的诗文。"激扬青春畅想未来"班级联欢。

---

[1] 陈芸.初中《防灾避险》校本课程的开发和实施[D].南京师范大学,2011.

(续表)

节日	教育主题	系列活动内容和目标	重点活动
春节 (农历正月初一)	感受年俗传统,传承中华美德	学生通过查询、社会调查等多种形式,了解春节的由来、习俗等,知道我国是一个具有悠久历史的文明礼仪之邦。开展"我与家长共做家务""我向长辈拜个喜年"的活动,让学生在亲子活动中感受和谐的氛围,培养学生"勤劳节俭、孝敬长辈"的优良品质;开展"合理使用压岁钱"的交流讨论活动,引导学生学会关爱。	"我眼中的春节"调查活动。开展"合理使用压岁钱、尽我所能助他人"活动。
元宵节 (农历正月十五)	团圆美好亲情	了解元宵节的传说、习俗,知道中华民族是一个期盼团圆、重视亲情的民族。"团团圆圆庆元宵"主题活动,让学生在"红红火火挂灯笼""开开心心猜灯谜""热热闹闹赏春联""甜甜蜜蜜吃汤圆"的体验活动中感悟协作、共处、团圆、亲情、美好、幸福。	开展"鸿雁我书传真情 明月千里共婵娟"给家人或者远方的朋友写书信活动。
清明节 (4月)	缅怀感恩传承	了解清明节的由来、习俗,懂得饮水思源和民族传承。让学生在"远足扫墓"等系列活动中了解英烈事迹、缅怀先烈的丰功伟绩。让学生在"与父母去祭祖"中懂得怀念和感恩。	开展以"可爱的中国、永远的丰碑"为题的手抄报制作,开展"传承民俗文化,缅怀革命先烈,弘扬时代精神"主题演讲。清明节网上祭先烈活动。
端午节 (农历五月初五)	爱国气节驱邪	了解端午节的由来、习俗传说等,知道我们民族是一个充满智慧富有气节的民族。小组探究主题辩论:古人用黄酒和艾叶驱邪是迷信还是科学。开展"品粽子话屈原"主题论坛。	开展"端午节、离骚颂、爱国心、民族情"中华经典诵读活动。包粽子,缝香囊。
中秋节 (农历八月十五)	思念团圆亲情	通过了解中秋节的由来、习俗、传说故事等,知道中华民族是一个珍视亲情的民族。开展探究性课题研究《中秋前后的月亮变化》,培养学生的科学精神。开展中秋故事、诗歌、歌曲欣赏活动	"明月千里寄相思"书信征集活动,感受和传承中秋文化。
重阳节 (农历九月九日)	敬老孝道责任	了解重阳节的由来、习俗,知道敬老是我们民族的优良传统。让学生在"我为祖辈做件事"亲子活动中学习关爱;组织学生到社区开展"敬老、爱老"活动,体验和懂得帮助老人关心老人也是我们每个人的社会责任。	"九九重阳节,浓浓敬老情"体验活动。

(续表)

节日	教育主题	系列活动内容和目标	重点活动
国庆节 （10月1日）	爱国主义、集体主义教育	知道国庆节的具体日期，了解节日的来历和伟大意义。通过调查、访问老红军或上网查找资料，了解中国解放的历史，懂得要珍惜今天的幸福生活。了解国家发生的历史性巨变，培养民族自豪感和爱国情怀，树立为中华崛起而读书的远大志向，并逐步转化为热爱集体、热爱学习、报效祖国的具体行为。	"阅读爱国主义故事，激发爱国热情"为主题的读书笔记展评。国庆节征文，手抄报评比活动。开展向国旗敬礼网上签名寄语活动。
冬至 （12月22日）	团员亲情	了解中国传统习俗冬至，深刻感受传统习俗的氛围，培养学生对中国传统文化的热爱之情。	冬至文化讲座，过冬至温暖至包饺子。

（二）现代节日课程

通过现代节日课程的实施，为学生创造一个张扬个性、发展能力的舞台，让中国传统和现代的节日文化得以传承并获得可持续发展，增强学生的文化意识和民族自豪感。课程实施如下（见表7-5）。

表7-5　郑州市第七十一中学"自乐现代节日"课程实施表

节日	教育主题	系列活动内容和目标	重点活动
植树节 （3月12日）	绿色家园 从我做起	通过"爱绿、植树、护绿"实践体验活动，增强广大师生生态和环保意识。通过活动做到人人宣传绿色，人人保护绿色，人人营造绿色，人人拥有绿色。	开展"我为校园添绿色"植树活动，认领校园里的绿色植物和鲜花进行养护。
妇女节 （3月8日）	我爱妈妈 感恩母亲	开展"给妈妈写一封信"或"体验母亲的辛劳"为主题的感恩、孝敬教育活动。自己动手制作一张爱心贺卡，写上一句最想对妈妈说的话，并在班内进行展示。	开展"四个一"活动，跟妈妈说一句感恩的话，给妈妈倒一杯贴心的茶，帮妈妈做一件力所能及的家务事，为妈妈建一份档案（记录妈妈的生日、星座、爱好、喜欢的食物、了解妈妈的喜好和心愿）。
劳动节 （5月1日）	劳动光荣	感谢每天在我们身边默默奉献的全体教师。让学生了解教师的工作，正确认识教师的付出，更加尊重他们。提高学生的劳动和服务的意识，树立学生劳动光荣的观念。	班级围绕"做最美的劳动者"出一期黑板报。组织师生进行"我的家我打扫"卫生清扫活动。

(续表)

节日	教育主题	系列活动内容和目标	重点活动
青年节 (5月4日)	五月绽放 青春梦想	了解五四青年节的由来和历史,在活动中了解五四精神,树立远大理想。	开展五四青年节入团仪式,了解新文化运动,开展共青团知识竞赛活动。
教师节 (9月10日)	浓浓师生情,温暖满校园	发扬光大尊师重教传统,使学生学会感恩老师的爱心、感恩老师的劳动、感恩老师的教诲。通过活动加强师生交流,增进师生感情,改善师生关系。	出一期敬师黑板报,自制贺卡祝福语。
南京大屠杀国家公祭日 (12月13日)	铭记历史 居安思危	了解南京大屠杀的历史事实,铭记历史,勿忘国耻,居安思危。	举行南京大屠杀纪念日纪念默哀活动。

(三) 校园节日课程

校园节日一直以其丰富有趣的内容、生动活泼的形式,深受学生喜爱。根据学校课程理念,学校开发自己的校园节日。校园节日蕴藏着丰富的教育资源,丰富了学生的学习生活和文化底蕴,为校园生活增添了一抹绚丽的亮色。具体实施如下(见表7-6)。

表7-6　郑州市第七十一中学"自乐校园节日"课程实施表

节日	教育主题	系列活动内容和目标	重点活动
拓展节	铸梦青春 凝聚力量	通过拓展活动增强班级的凝聚力、向心力;通过活动提升学生的团队意识,增强学生的责任心。	开展班级系列拓展活动。认领校园里的绿色植物和鲜花进行养护。
安全 教育节	珍爱自己 守护青春	通过安全教育节活动的开展,提升学生安全意识,增强学生自我保护的能力。	开展防溺水安全教育,举行签字宣誓仪式。开展交通安全食品安全教育。
青少年体育艺术节	绽放青春 超越梦想	通过活动的开展,培养学生健康的审美情趣,提高学生的艺术修养,促进学生素养的提高。	开展班级器乐合唱比赛,开展校园运动会。举办校园歌手大赛,开展校园课本剧比赛。
诵读节	诵读经典美文,传承中华文化	激发学生学习祖国优秀文化的兴趣,为学校的管理和发展增添激情、注入活力、丰富内涵,形成浓厚的校园文化底蕴。	开展诵读中华经典美文活动。

(续表)

节日	教育主题	系列活动内容和目标	重点活动
青少年文化节	春暖花开梦想起航	为了更好地激发学生的兴趣和爱好,培养学生的创新精神和个性特长,实践我校尊敬温暖的校风。为学生搭建展示平台,让学生享受成功,放飞梦想。	社团成果展示,学科成果展示。

(四)"自乐节日"课程的评价

"自乐节日"寓节日教育于主题实践活动之中,开展多种形式的主题教育活动,开发节日活动育人课程,围绕每个节日的教育主题,结合调查活动、社会实践、社团活动、志愿者服务、班团会、知识竞赛、故事会、征文、诗词鉴赏、朗诵会、文艺演出等形式,积极开展具有本校特色的主题教育活动,挖掘节日纪念日教育资源,利用节日纪念日开发活动育人课程。注重发挥学生的创新能力,创新活动内容和形式,完善校本课程文本,努力打造学校节日文化教育特色。课程评价如下(见表7-7)。

表7-7 郑州市第七十一中学"自乐节日"课程评价实施细目量表

指标	评价内容	分值
主题	节日课程主题鲜明、立意新颖、寓意深刻。主题具有时代性、科学性、针对性、实效性、教育性。	20
目标	节日课程目标明确,有明确的导向和时代性。通过节日课程的开展能够达到学生情感、态度、价值观的转变。使学生能学到知识,有感悟,自我教育能力得到增强,能促进学生身心健康发展。	20
内容	节日课程内容贴近社会现实,贴近学生实际生活,贴近学生身心发展规律。有利于文化的传承,紧扣主题,准确定位。	20
实施	节日课程的实施面向全体学生,注重培养学生的实践能力。活动设计有特色有创意,体现课程的实践性、自主性、综合性、创造性和趣味性。	20
方式	节日方式新颖、独特、多样,让学生充分展示自我。形式注重学生的感悟和体验。	20

四、建设"自信社团",落实兴趣爱好课程

(一)"自信社团"课程内容

"自信社团"课程是校园文化建设的一个组成部分,通过社团课程,可以陶冶道德情操,涵养艺术情趣,提高科学素养,锻炼强健体魄,充实课余生活,促进学生身心全面发展。"自信社团"课程结构如下(见图7-15)。

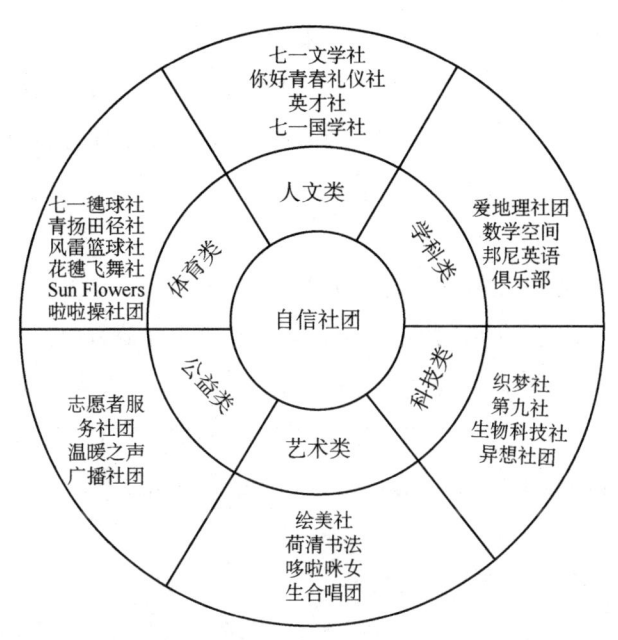

第七章 课程文化:"会话"的确证与主体的张扬

图 7-15 郑州市第七十一中学"自信社团"课程结构示意图

(二)"自信社团"的评价

通过评价,促进学生自主学习能力的发展,培养学生良好的学习习惯,激发学生对社团活动的兴趣。具体评价如下(见表 7-8)。

图 7-8 郑州市第七十一中学"自信社团"评价表

评价维度	评价内容	评价标准	评价方式
组织管理	组织机构	有社团章程和管理制度,有计划有总结。工作计划任务明确、重点突出、措施得力。工作总结全面具体。	阶段性评价与过程性评价相结合。注重过程性评价,记录活动过程、展示活动成果,社团档案完善。评价方式多元化,自评、互评、组评、师评、家长评相结合。通过社团成果展评,根据社团活动实效,推荐校内优秀社团参加金水区星级社团评比。
	管理机制		
社团建设	团员管理	社团活动常态化、规范化,做到前有计划,后有总结。活动内容符合学生身心发展规律,活动形式丰富多样。每学期活动不少于 30 个课时,过程性资料详实。	
	社团活动		
建设成果	有型成果 理论成果 学生成长	指导教师能形成社团建设理论成果。能培养带动学校其他社团指导教师的创新发展。学生通过主动参与社团活动,不断提高自主合作意识与自我教育的能力。竞技性社团在各种专项赛事中能取得优异成绩。	

社团课程把学生的发展空间从课堂延伸到课外,从学校延伸到社会。学生以独立的人格参加活动,增强了自主意识。社团辅导教师与学生以共同的兴趣和爱好建立联系的纽带,学生有自主选择辅导教师的权利,教师以指导者的身份对学生活动出谋划策、提出建议。师生之间是平等民主、合作共进的关系,这恰是我们课程改革的体现。

五、推进"自由之旅",落实研学旅行课程

研学旅行是学校课程的重要组成部分,旨在让学生在旅行中感受优美的自然风光,了解祖国悠久的历史文化,培养学生良好的科学素养、人文素养和国际化视野,养成良好的公民素养和社会责任意识;增强班级凝聚力,加强学生间的沟通和交流,培养学生团结互助、合作共赢的意识。通过研学旅行让学生在身体、心理、情操、品德等各方面得到发展。

(一)"自由之旅"课程的内容与目标

在"自由之旅"课程设计中,主要关注景点和风景名胜区相关知识,以自然风景、乡土乡情以及文化特色的了解为研学旅行的目标,研学不仅只在景点和基地开展,研学旅行过程本身就蕴藏着丰富的学习机会。行前,统筹行程安排,预先做好行前攻略,做知识及行装的准备过程,能有效地培育学生的规划能力;在行程中,观察自然植被、人居建筑,结识旅行同伴,与不同的人接触相处,是促进学生社会理解与参与能力的提升和唤醒学生检审生活意识的契机。

一是地图的认读和使用项目。为孩子们提供地图,行前在地图上标注旅行经过的地点,画出行程的路线,学会在旅行过程中使用地图,根据查找的资料,标注出当地特别的风俗人情。这个项目设计很好地与地理知识学习相结合,体现了知识在实践中的综合运用。

二是社会考察项目。在旅行过程中,自主学习乘车、登机,在火车、飞机上找座位的方法等。通过观察现象,分析并理解社会,增强社会参与能力。

三是社会参与项目。研学文化理解项目要求学生记录所住居民家的地址,绘制房屋的结构,并与居民交流,了解其主要工作,签名,合影,并做话题记录等。这些研学旅行项目的设计,渗透在研学旅行的过程中,指导学生带着有趣的学习任务去发现、去参与,增强学生对社会文化的理解能力,学会与不同的人交往。通过行程中与一景、一

事、一人、一物的相遇,从细处观察、发现和理解更为丰富的自然、社会和自我。[①] 课程内容如下(见表7-9)。

表7-9 郑州市第七十一中学"自由之旅"课程内容表

年级	主题	地点	目的
七年级	厚重河南	大河村遗址 炎黄二帝 少林寺 嵩岳书院	了解家乡的历史,激发对家乡的热爱。
	科技郑州	郑州市科技馆 郑州市气象馆 河南地质博物馆	感受科学的魅力,激发对科学的热爱。
	你好世界	走进世界名校 走进美国	了解世界历史、文化、环保等。
八年级	青春郑州	北龙湖公园 黄河湿地公园 郑州大学	感受家乡的变化,激发对家乡的热爱,增强环保意识。
	豫见中国	中国古都之旅 红色之旅 中国抗战遗址之旅	了解中国各地的风土人情,感受中华文化的博大精深。

(二)"自由之旅"研学的主要方式与评价

依据"自由之旅"课程内容与目的,学习方式以研学探究为主,开展以问题为主线和项目引导式两种方式的研学探究活动。

1. 以问题为主线的研学探究

行前学生查阅相关资料,在研学手册里提供简短介绍的图文作为学习支架,通过网络投放给学生,一方面由学生根据前期的了解信息,提出自己感兴趣的问题;另一方面教师也设计一些问题作为引导,问题的探究有利于提升研学旅行体验的品质,同时将校内的学科所学与校外的研学有机的整合起来。

[①] 沈旎.玩出名堂——研学旅行课程项目的开发与实施[J].综合实践活动研究.2017-07-15.

2. 以项目引导式的研学探究

比如河南博物馆自由之旅，博物馆的"竹简使者"项目是在博物馆项目"发现汉字"的基础上开发的，引导学生在参观博物馆的过程中发现简牍，经历描摹简牍文字，运用老师提供的字典、网络信息等，认读简牍，理解文字对文化传承的影响，尝试着还原古代驿站的场景，制作简牍，并体验简牍传递信息的过程。对学生来说，真正的学习发生在思考的过程中，而不是被动接收信息的过程。这些体验项目的设计突破"听"和"看"浅层学习，不是像讲课一样直接把知识灌输给孩子，不是强调参观的知识性，而是把培养思维习惯、研究习惯、动手实践解决问题的习惯放在了研学的第一位。

根据各地的博物馆、科技馆、文化自然景点的不同和学生的年龄认知特点，设计出"有趣、有料"的分年段体验性实践系列项目，逐步形成可供不同学段学生选择的研学旅行课程模块，保障研学旅行课程的可持续性和效度。

3. 研学课程的评价凸显过程性评价、目标性评价和发展性评价，具体评价如下（见表7-10）。

表7-10　郑州市第七十一中学研学课程评价表

评价维度	评价内容	评价标准	评价方式
过程性评价	参与过程中评价学生注意力、纪律性、文明意识和团队意识。 学生在研学过程中收集、记录和整理资料。	积极参与研学活动，认真记录整理研学过程的知识，并对研学的过程有总结、有反思。	组内自评，结合自己在研学旅行中的表现和评价标准给自己的表现评分。组内互评，小组长根据组员在研学旅行中的表现结合老师给出的标准给组员评分。班上评比，老师把各小组的评分情况收集起来，在班上以小组为单位进行班级评分。其他小组可以对被评分小组的分数进行讨论。 教师总评，老师汇集意见在结合被评分小组的综合情况进行总评，完成学生的研学旅行的学期评定。
目标性评价	活动完成的情况。 教师有关研学问题和研学项目的设计开发。	教师的工作以及学生的活动完成能符合研学活动师生共同制定的目标。	
发展性评价	参与研学之后的收获。 研学过程中对研学活动的活动认知情感体验。	研学问题和研学项目的参与程度，实现研学课程认知的深度体验。	

学校通过价值引领、组织建设、制度保障、经费保障、评价导航等途径，保障"花自开课程"规划的有效实施；聚焦提升课程品质，构建"花期不同""花香各异"的"花自开

课程"体系,在"会话"的过程中丰富和拓展人的文化实践,相信朵朵繁花定会开出温馨的乐园。

(撰稿人:徐建志　王冰　王洁　周德刚　曹军)

后　记

郑州市金水区作为国家首批课改试验区,自2001年至今,近20年的课程改革之路,是教育观念、教学方式变革之路,也是学生、教师、学校共同成长之路,更是课程品质不断提升之路。作为一个亲历课程改革全过程的教师、教研员,回顾走过的路、做过的事,应该说,学校课程建设是学校、教师和我最为熟悉而又感触最深的。

从"无"到"有",从"有"到"丰富"的校本课程。这里的"校本课程"是指学校、教师基于学生需求、兴趣、个性、潜能发展,自主研发的、具有学校特色的课程。2010年,我们明确提出建设多元、开放、富有活力的课程。学校、教师、家长、学生都参与到校本课程研发与实施的过程中,每个学校都形成了几十门的校本课程,每周一个下午的学生走班学习,成为学生们的最爱。基于校本课程研发与实施过程中的问题,2015年,我们提出了区域整体推进校本课程建设的构想。在"区域+学校、制度+行动"双向共进思想的指导下,构建"三三三模式",以九大策略,整体推进区域内学校校本课程建设,有效促进课程品质不断提升。

从"校本课程"建设走向"本校课程"建设。以往的一切都曾经被想过,困难的是再思考。为了培育学生发展核心素养,为了落实立德树人教育根本任务,我们认为,学校课程建设应超越"校本课程"层次,以系统的思维和整体的眼光关注学校的所有课程,学校课程建设从"校本课程"建设走向"本校课程"建设。"本校课程"建设要求基于学校教育哲学、办学理念、育人目标、课程理念,整体建构学校课程逻辑与课程体系,统整国家、地方与校本课程,整体规划学校课程设置、实施与评价。从"校本"转向"本校",意味着学校课程建设从局部课程建设转向整体课程提升。2017年3月,我们与上海教科院杨四耕教授品质课程团队以及郑州未来教育研究院合作,确立了"金水区提升学校课程品质的研究与实践"项目,开启了金水区课程深度变革的旅程。

两年的研究与实践,从困惑、质疑、争辩开始,到接纳、行动、参与、跟进,再到现在的主动前行,在走过的每一步里,有精彩,但是精彩的同时夹杂着难忘的煎熬;有感动,

后 记

但感动的同时伴随着难忘的痛楚。这煎熬、痛楚来自"破与立"的矛盾与纠结。"破"的是学校原有的国家课程、校本课程、综合实践活动课程的独立设计的课程规划,"立"的是三者有机融合的学校整体课程规划;"破"的是学科课程、校本课程、综合实践活动活动课程的独立实施,"立"的是三者实施方式的整合;"破"的是原有的学校教育思想、办学理念、育人目标的各不干扰、相安无事的状态,"立"的是以学校教育哲学、学校课程理念为核心而建构的具有逻辑关系的课程体系架构。随着研究工作的推进,疑惑和问题在不断的思辨中得以解决,课程意识在学校层面、在教师层面正在被唤醒,学校从"校本课程"开始走向"本校课程"建设,教师从"学科表层"开始走向"学科深处"。

时光见证着我们的变化与成长。《学校课程与文化变革》一书,是学校课程规划建设的研究成果。七所学校通过学校课程变革塑造学校特色文化,由学校特色文化引领学校课程变革,促使课程成为教育综合改革的闪亮标识。七所学校在"破与立"的过程中,完成了自我的一次蜕变与自我升华。这份成果并不完美,却见证着我们的成长,见证着我们越来越好的样子。

感谢金水区教育体育局搭建的学习平台,感谢品质课程联盟专家团队的指导与引领,感谢学校和老师们的不懈坚持与努力!

郑州市金水区教育发展研究中心　张燕丽
写于 2019 年 4 月

学校课程深度变革丛书

进入学科深处的六个秘密	978-7-5675-5810-6	28.00	2016年12月
新美课程:演绎生命之诗	978-7-5675-7552-3	48.00	2018年5月
跨界学习:学校课程变革的新取向	978-7-5675-7612-4	34.00	2018年6月
以学习为中心的课程实施	978-7-5675-7817-3	48.00	2018年8月
聚焦学习的课程评估:L-ADDER课程评估工具与应用			
	978-7-5675-7919-4	40.00	2018年11月
学科核心素养与学科课程群	978-7-5675-8339-9	48.00	2019年1月
大风车课程:童趣与想象	978-7-5675-8674-1	38.00	2019年3月
蒲公英课程：综合实践活动课程的校本创意与深度			
	978-7-5675-8673-4	52.00	2019年3月
MY课程:叩响儿童心灵	978-7-5675-7974-3	39.00	2018年10月
课程实施的10种模式	978-7-5675-8328-3	45.00	2019年1月
聚焦式课程变革:制度设计与深度推进	978-7-5675-8846-2	36.00	2019年4月
以素养为核心的学科课程图谱	978-7-5675-9041-0	58.00	2019年4月
全经验课程:在地文化与实践演绎	978-7-5675-8957-5	54.00	2019年6月

课堂教学转型丛书

上一堂灵魂渗着香的课	978-7-5675-3675-3	36.00	2015年8月
把课堂打造成梦的样子	978-7-5675-3645-6	26.00	2015年8月
整个世界都是教室	978-7-5675-5007-0	22.00	2016年6月
寻找课堂教学的文化基因	978-7-5675-5005-6	22.00	2016年5月
课堂是一种态度	978-7-5675-3871-9	28.00	2015年10月

给孩子最美好的东西	978-7-5675-4200-6	30.00	2015年11月
把每一个孩子深深吸引	978-7-5675-4150-4	24.00	2016年1月
每一间教室都有梦	978-7-5675-4029-3	30.00	2015年10月
课堂,可以春暖花开	978-7-5675-3676-0	24.00	2015年10月
课堂,与美相遇的地方	978-7-5675-5836-6	24.00	2017年1月
赴一场思想的盛宴	978-7-5675-5838-0	28.00	2017年1月
突破平面学习:神奇的"南苑学习单"	978-7-5675-5825-0	29.00	2017年1月
让学习看得见:"226"教改实验研究	978-7-5675-6214-1	32.00	2017年4月
每一种意见都很重要:"责任课堂"的维度与操作	978-7-5675-6216-5	30.00	2017年4月

品质课程丛书

活跃的课程图景	978-7-5675-6941-6	42.00	2017年11月
课程情愫:学校课程发展的另类维度	978-7-5675-7014-6	42.00	2017年11月
突破大杂烩:有逻辑的学校课程变革	978-7-5675-6998-0	52.00	2017年11月
课程群:学习的深度聚焦	978-7-5675-6981-2	45.00	2017年11月
嵌入式课程:特色课程的路径和方略	978-7-5675-6947-8	42.00	2017年11月

课堂教学新样态

一百个孩子,一百个世界:基于差异的教学变革	978-7-5675-6810-5	32.00	2017年10月
让课堂洋溢生命感:L-O-V-E教学法的精彩演绎	978-7-5675-6977-5	32.00	2017年11月
课堂如诗:"雅美课堂"的姿态	978-7-5675-7219-5	36.00	2018年3月

近处无教育	978-7-5675-7536-3	32.00	2018年3月
课堂,与美最近的距离	978-7-5675-7486-1	32.00	2018年4月
课堂,涵养生命的园圃	978-7-5675-7535-6	36.00	2018年6月
协同教学:意蕴与智慧	978-7-5675-8163-0	42.00	2018年9月
课堂不是一个盒子	978-7-5675-8004-6	38.00	2019年1月
在教室里眺望世界:基于BYOD的教学方式变革	978-7-5675-8247-7	48.00	2019年3月

特色学校聚焦丛书

每一个孩子都是一棵树	978-7-5675-6978-2	28.00	2018年1月
教育不是一个人的事:"众教育"36条	978-7-5675-7649-0	32.00	2018年8月
不一样的生命,一样的精彩	978-7-5675-8675-8	34.00	2019年3月
童味正醇:特色学校的文化图谱	978-7-5675-8944-5	39.00	2019年8月
特色普通高中课程建设探索	978-7-5675-9574-3	34.00	2019年10月